道德崩溃与现代性危机

三位“后奥斯维辛”思想家的遗产

思想與社會 Logos & Polis 研究系列

道德崩溃与现代性危机

三位“后奥斯维辛”思想家的遗产

刘文瑾 著

上海三联书店

谨以此书献给所有黑暗时代的燃灯者。

总　序

λόγος和πόλις是古代希腊人理解人的自然的两个出发点。人要活着，就必须生活在一个共同体中；在共同体中，人不仅能活下来，还能活得好；而在所有共同体中，城邦最重要，因为城邦规定的不是一时的好处，而是人整个生活的好坏；人只有在城邦这个政治共同体中才有可能成全人的天性。在这个意义上，人是政治的动物。然而，所有人天性上都想要知道，学习对他们来说是最快乐的事情；所以，人要活得好，不仅要过得好，还要看到这种好；人要知道他的生活是不是好的，为什么是好的，要讲出好的道理；于是，政治共同体对人的整个生活的规定，必然指向这种生活方式的根基和目的，要求理解包括人在内的整个自然秩序的本原。在这个意义上，人是讲理的动物。自从古代希腊以来，人生活的基本共同体经历了从"城邦"(πόλις)到"社会"(societas)与现代"国家"(stato)的不同形式；伴随这种转变，人理解和表达自身生活的理性也先后面对"自然"(φύσις)、"上帝"(deus)与"我思"(cogito)的不同困难。然而，思想与社会，作为人的根本处境的双重规定，始终是人的幸福生活不可逃避的问题。

不过，在希腊人看来，人的这种命运，并非所有人的命运。野蛮人，不仅没有真正意义上的政治共同体，更重要的是，他们不能正确地说话，讲不出他们生活的道理。政治和理性作为人的处境的双重规定，通过特殊的政治生活与其道理之间的内在关联和微妙张力，恰恰构成了西方传统的根本动力，是西方的历史命运。当西方的历史命运成为现代性的传统，这个共同体为自己生活讲出的道理，逐渐要求越来越多的社会在它的道理面前衡量他们生活的好坏。幻想包容越来越多的社会的思想，注定是越来越少的生活。在将越来越多的生活变成尾随者时，自身也成了尾随者。西方的现代性传统，在思想和社会上，面临着摧毁自身传统的危险。现代中国在思想和社会上的困境，正是现代性的根本问题。

对于中国人来说，现代性的处境意味着我们必须正视渗透在我们自己的思想与社会中的这一西方历史命运。现代中国人的生活同时担负着西方历史命运的外来危险和自身历史传统的内在困难。一旦我们惧怕正视自己的命运带来的不安，到别人的命运中去寻求安全，或者当我们躲进自己的历史，回避我们的现在要面对的危险，听不见自己传统令人困扰的问题，在我们手中，两个传统就同时荒废了。社会敌视思想，思想藐视社会，好还是不好，成了我们活着无法面对的问题。如果我们不想尾随西方的历史命运，让它成为我们的未来，我们就必须让它成为我们造就自己历史命运的传统；如果我们不想窒息自身的历史传统，让它只停留在我们的过去，我们就需要借助另一个传统，思考我们自身的困难，面对我们现在的危机，从而造就中国人的历史命运。

“维天之命，於穆不已。”任何活的思想，都必定是在这个社会的生活中仍然活着的，仍然说话的传统。《思想与社会》丛书的使命，就是召唤我们的两个传统，让它们重新开口说话，用我们的话来说，面对我们说话，为我们说话。传统是希腊的鬼魂，要靠活的血来喂养，才能说话。否则海伦的美也不过是沉默的幻影。而中国思想的任务，就是用我们的血气，滋养我们的传统，让它们重新讲出我们生活的道理。“终始惟一，时乃日新。”只有日新的传统，才有止于至善的生活。《思想与社会》丛书，是正在形成的现代中国传统的一部分，它要造就活的思想，和活着的中国人一起思考，为什么中国人的生活是好的生活。

目录

第三部分　列维纳斯对恶的超越

绪论：黑暗时代的启明

第一节　三位“后奥斯维辛”哲学家的遗产

随着20世纪崎岖坎坷的历史车轮声日行日远，21世纪的人们进入了对一个令人忧喜参半的全球化人工智能时代的展望，似乎全新的时代即将到来，似乎有可能将20世纪的遗留问题如芯片一样更换不计。可是，尽管创造了诸多新概念新术语，当代人文社科领域却始终缺少适当的话语来谈论恶的问题。人们时而出于历史进步的启蒙信念而相信，恶是有可能随社会与人性改良而得到治愈的阶段性丑恶现象；时而通过列举卷帙浩繁的数字、资料与图表，大张旗鼓地庆祝二战后的“长期和平”“武装冲突越来越有节制”与“权利革命”，证明“人性中的善良天使”已经随文化与物质环境，诸如技术、政府、商业或认知等的变化，而占据上风，压倒暴力倾向。① 然而，回顾20世纪，恶不但规模浩大，也同时具有一种人们毫不陌生的庸常性。20世纪科技的高速发展在给人类生活带来诸多福利和便利之时，也成为了恶滋长繁茂的催化剂。现代社会的恶不但从未绝缘于当代科层制与技术化的生存方式，甚至借助这种方式推广扩张。人们经由自己的生活经验保留

① 这方面的代表作如近年出版的哈佛心理学教授斯蒂芬·平克所著《人性中的善良天使——暴力为什么会减少？》（安雯译，北京：中信出版社，2015）。

了关于恶的词汇与感受，然而，若要求助于社会学、伦理学、心理学或道德哲学，“善”和“恶”就成了主观性的语焉不详的词汇，需要经由显得更为客观严谨科学的数字与图表来讨论，为“对错”“好坏”，以及“公正与不公”等词汇取代。这种生活经验与学术话语的反差在令人困惑之时，亦显出恶在现代社会的特殊面相，这一方面体现为恶的隐匿——恶隐藏于理性和科学的外表之下，另一方面则体现为恶之能量经由理性和科学化处理后的倍增效应。这并不是说现代理性是恶的根源，而是说，恶既拥有了现代理性的面貌，也拥有其巨大的能量。在此意义上，阿伦特、帕托什卡和列维纳斯留下的思想遗产，对今天仍深具启发性。

阿伦特（Hannah Arendt 1906—1975）、列维纳斯（Emmanuel Levinas 1906—1995）和帕托什卡（Jan Patočka 1907—1977）属于三位“后奥斯维辛”哲学家，这不仅就他们生活的时代背景而言，更主要是指他们的思想所处理的问题。20 世纪 90 年代以来，随着西方世界对即将逝去的灾难世纪的反思，以及对后现代潮流徘徊于或激进道德化，或消极非道德化倾向的不满，这三位来自不同国家、使用不同语言写作的哲学家，由于他们对现代性及其道德问题的反思，而开始（或再次）受到思想界的重视。

奥斯维辛不只是一个历史事件，更是现代性危机的象征。正如阿多诺在《否定的辩证法》一书中指出的，焚尸炉的烟囱意味着，通过现代科技和管理手段，就连人类的死亡都不再是个体性的：“留给个人最后的、最可怜的财产也被剥夺了。在集中营中，死掉的不再是个人而是样品”。[①] “奥斯维辛”显示人类的理性陷入荒谬境地，道德和判断力似乎已被一个新出现的恶的深渊颠覆。这个恶的深渊通过将意识形态与恐怖手段相结合，把个体生命化约为一个历史进程中的部件，从而剥夺了个体生命的自由和独特性。技术统治以合理甚至神圣的名义来让生活变得荒芜：理性失去了“认识你自己”的节制，沦为计算，背后隐藏着人类无度的强力意志和贪欲；生活以功利为目的，不再能

① 阿多诺：《否定的辩证法》，张峰译，重庆：重庆出版社，1993，第 362—363 页。

够追问“为什么?”;自由被缩减为人类自保的动物本能;个体意识、政治意识和道德意识成为多余的,甚至他人的生命也是多余的,应该从肉体上被“消灭”。如果说在19世纪,恶尽管属于人类生活无法避免的部分,但从常识上还被视为“例外”状态——恶即便被哲学家合理化为“历史发展的动力”(黑格尔),毕竟属于有待在历史进步中消失的事物,而到20世纪,恶——根本恶与恶的平庸的联合——却在人类日常生活中占据显位。这种联合如帕托什卡所说,在19世纪酝酿,让20世纪从维护“日”的价值——生命、劳动等基本权利——开始,而成为一个充满战争的“夜”的世纪。“后奥斯维辛”便意味着承认,在奥斯维辛之后,哲学同以前不一样,需要反思自己是如何成为一种意识形态式的理性主义,反思纳粹政治是如何把人变为“多余的”,或者说,变为“样品”,以致人不再具有“人性”和人的生命经验。

这三位作出卓著贡献的哲学家,其问题的出发点,不约而同都是对于他们曾亲历的20世纪欧洲社会历史灾难的反思。如阿伦特的著名文集《责任与判断》一书编者杰罗姆·科恩在“编者导言”中所说:“对于20世纪的这些政治危机……这些‘如历史的尼亚加拉瀑布般涌泻而来’的事件,没有人比阿伦特更明白,可以从一种道德崩溃的视角理解它们。”[①]列维纳斯则在自传中说,他的一生,“是被关于纳粹之恐怖的预感和记忆充满的一生”。[②] 罗曼·雅可布森在介绍帕托什卡生平时,开篇便写道:“所有民族的精神生活都是一场同道德崩溃的斗争,这是帕托什卡在一篇发表于黑暗的1939年的文章中的宣告。”[③]

将他们三位并置,固然是由于,对20世纪欧洲历史灾难的反思成为了他们思想共同的出发点,但更重要的原因则是,他们三人对于传统的道德“真理”,都有一种颠覆性省思,都指出了20世纪在道德“真理”与“神话/迷思(Myth)”之间的暧昧性质。科恩指出:“就阿伦特所

---

① 阿伦特:《责任与判断》,陈联营译,上海:上海人民出版社,2011,第3—4页。

② Levinas, *Difficile liberté* (1963), Paris, Albin Michel, 1976, p. 434.

③ Roman Jakobson, “Le Curriculum Vitae d'un philosophe tchèque,” in Jan Patocka, *Essais hérétiques sur la philosophie de l'histoire, Trad. par Erika Abrams*, Lagrasse: Editions Verdier, 1990, p. 241.

见而言，其富有争议和挑战性且难以理解的核心是，这种道德崩溃的原因不在于那些不能辨别道德'真理'的人的无知或邪恶，而在于道德'真理'根本不足以作为判断人类有能力做的事情的标准。"[①]列维纳斯则在他《总体与无限》的前言中，第一句话就说道："弄清是否没上道德的当，是极其重要的，人们很容易理解这一点。"[②]而帕托什卡则提出："在真理中生活"并非在"这种"或"那种"真理中生活，而是保持在问题处境之中。他们都深刻意识到，在20世纪，谈论道德是件很困难的事情，因为现代社会最大的不道德，正是以道德的名义开展的；现代社会的危机处境，就在于道德合理性成为了不道德的陷阱和恶的帮凶，由此道德"真理"成为一种"神话/迷思"。

如何反思这个曾在道德迷思中沉沦的世纪？如何走出这如黑夜般无边无际地笼罩的"恶之平庸"？三位不仅出生年份十分接近，且都同德国现象学有着非同寻常之渊源的哲学家，从各自的精神资源和视角出发，对此问题进行了不懈的探索。他们都指出，现代性危机与技术理性的统治有关，这种统治排挤了留给生活意义的空间，使人类沦为赤裸的、自我中心的利益人，但唯有生活意义能够提供给人抵制意识形态和现代政治暴力的内在抵抗力量。阿伦特既批评现代社会对古希腊城邦政治"Polis"之伦理——拥有行动(action)能力的人的对话性和复多性——的遗忘，指出这种政治维度的丧失是造成纳粹主义之"根本恶"的重要原因，也批评了现代人的"无思(Thoughtlessness)"是"恶之平庸"的症结。如何面对"根本恶"和"恶之平庸"在20世纪的联合，这是帕托什卡思想的出发点。在此意义上，他关于哲学、政治和历史的思考同阿伦特在《极权主义的起源》以及《人的境况》中的思考有诸多契合。他的贡献在于深刻地指出，极权主义的实质根源于现代人性的危机：人类遗忘了帮助他们抵抗日常生活利益之"统治"的灵魂深度，沦落为被力量(Force)法则掌管的世界中的一个"角色"，失去了

① 阿伦特：《责任与判断》，第3—4页。

② Levinas, *Totalité et Infini*, La Haye, Maritnus Nijhoff, (1961); rééd. Biblio Essais, 1990, p. 5.

"我"的存在之根。他强调，现代人不应忘记，作为"呵护灵魂"的生活方式，哲学是欧洲精神的源头，是现代性不误入歧途的保障。列维纳斯则借助犹太思想资源提出：唯有来自"他人面容"的启示，能够帮助现代人摆脱自我中心和智识主义的心魔，获得超越存在，朝向无限之途。虽然三位哲学家提供的途径各不相同，但我们却可以从中发现他们共同具有的对个体道德责任的强调，正是这种道德责任赋予生活意义和个体存在的独一性。

三位哲学家揭示：批判现代性不是仅仅将现代性危机归结为技术时代的问题，因而像海德格尔那样要求返回前苏格拉底的自然哲学；不是像法兰克福学派那样否定或修正理性；不是像哈耶克与伯林，将危机归结为积极自由的过错，因此需要重建消极自由、真优越于善的正当性；也不必如同解构的大师们那样，发展种种对理性的消极颠覆；更不必如同某些前现代的文化保守主义者那样，彻底否定启蒙，而返回前现代的保守。

他们指出：现代性危机在很大程度上缘于现代个体与社会道德的崩溃；现代理性对生活意义的殖民是导致虚无主义和道德崩溃的直接原因，但唯有基于个体责任感来反思现代自我，才可能克服虚无主义所造成的现代性危机。"奥斯维辛"之后，不只是理性和启蒙信念受到质疑，以往对"道德""伦理""意义"的说法都受到了质疑。三位哲学家都是以和传统道德主义完全不同的论述来讨论道德伦理和意义问题。在他们那里，道德伦理和意义不再是某种既定的现成观念，而来自人的行动以及同他人的相遇。意义建立在既有意义的悬搁、建立在"深渊"和针对自我的"斗争"之上，是对"我"之担当和"见证"的强调。

在对现代性危机的讨论中，各种对技术理性的批判和对现代主体的反思已十分丰富，然而大多是在社会学或思想史层面的考察，还缺乏对现代主体与道德责任之关系的洞烛幽微。这三位哲学家的思考各自超越了传统的概念框架，力图"回到事情本身"。他们的努力使我们看到，现代性危机与其说源于社会理论或社会建构技术的失误，不如说是由于现代主体失去了使自我浮出虚无之深渊的超越之途。他们的思考是要在充分理解现代性道路的曲折与艰难之后，重思主体的自由与道德责任之关系，重新考量现代自我的根基，如此方能让社会历史灾难终止无人负责的命运。

第二节　道德迷思与现代性危机

卡夫卡描写了一场奇怪的审判：K 被判为有罪，却直至被处死也没弄明白自己的罪名。这并非玩笑，而是一个寓言，或者说，预言。这很像我们时代的某些时刻：无人觉得自己有罪，却被不明不白地卷入某桩致命的诉讼。关于极权主义的罪责争论就是这么一桩无主官司，既让人腻烦，又无法回避。时至今日，在一些有着极权主义历史的国家，仍然很少有人承认自己有罪，因此，也很少有人能够得到宽恕。

作为 20 世纪的坐标词，极权主义社会在世界大部分地区，已是一幅尘埃落定的历史旧作，然而，这并不能阻止在 21 世纪，某些类似极权主义的原教旨现象从宗教和世俗两方面回归，并且这两方面作为彼此尖锐对立的存在。极权主义的道德"迷思"在人们内心，有如一种乡愁，常在不经意的时刻返回，辗转不去、迁延不离，仿佛大地上一道永恒的光辉，承载着人类无法释怀的、融汇了痛苦与救赎之激情的光荣梦想。在此意义上，使用"迷思"来描绘这种现象，既取其中文字面意义，也取其英文"Myth"的"神话"含义，因为极权主义的道德理想，既是一种道德迷思，也是一种孕育了"逻各斯"的"秘索思"（"Muthos"——"Myth"的希腊词源）。"秘索思"的力量，就在于那席卷于叙事中的情感、想象与逻辑的结盟。这种结盟在极权主义制度中具有奠基性作用。

20 世纪的社会历史灾难，往往都以历史救赎和道德正义的名义来展开，而 20 世纪的革命史，就是这样一部道德"神话"的堕落史。人们对革命的纠结，对革命之善恶交织的爱与恨，也是对道德"神话"的纠结与爱恨交织。因此，考察神圣的道德是如何堕落为恶的有效工具，便成了一件十分紧迫的事。道德“迷思”使我们付出的代价，要么是人们不再相信道德，要求将道德反思从政治思考中清除出去，从而成为一种道德上的虚无主义者，要么是让谎言成为日常生活方式，人们不仅不相信道德，还习惯于欺骗，习惯于把欺骗当作日常生活的必要。久而久之，人们不再相信生活中还有什么值得当真的东西。生活中唯一的真理，就是人们的生存需要和权力欲，此即我们常说的犬儒主义的生活态度。

极权主义在今天虽已备受批判，但其道德迷思却犹如笼罩在城市上空的雾霾。对其进行“治理”，仍是一桩困难重重之事，因为极权主义文化迎合了某种根深蒂固的惯性。就其词根“totality”而言，极权主义文化的特点在于一种对总体性的欲求，这种欲求有可能现实化为某种神权政治模式。当今世界，极权主义的残留有时表现为人们对某个“伟大过去”的机械复制，但这种模仿和重复毕竟只是一具空壳、一种历史惯性和无意识，或者顶多，如弗洛伊德所言，是一个需要治疗的、创伤记忆的牢笼。它们并不那么可怕，可怕的是孕育于当下对他人的仇恨、抗辩，和对自我升华之需要的道德迷思。这种道德迷思在某种原教旨主义，抑或某种叙事中生机勃勃，自我陶醉，仿佛拥有无可质疑的伟大信念和令人敬畏的绝对正义。这种膨胀到富于神权政治色彩的主体权力意识才真正充满了魅惑力和传染性。

极权主义的道德迷思不仅像极权主义制度一样，是一笔历史遗产或债务，它更是一种“精神”，一种充满诱惑的“神话”与“秘索思”。人们常常不自觉地沉浸其中，视之为天命、大道，抑或还乡，由此，才会产生历史的招魂。此即缘何，如果不想重复极权主义的历史，那么反思这段历史中支配了人们的道德迷思，以及与这种道德迷思的宏大叙事相伴相生的、作为微观叙事的“恶之平庸”，乃是一件十分重要的事情。

缘何本书选取这三位当代哲学家来展开对现代性危机的反思？此研究试图在国内外学界的现代性批判中凸显怎样的视角？

西学传统的理性批判精神，使得现代性批判成了一个讨论了很多年，且一直处于现在进行时态的话题。可以说，始于文艺复兴的现代性在西方发展五百多年以来，实际上一直处于自我批判的进程之中：从启蒙运动、浪漫主义、马克思主义、后马克思主义，到存在主义和后现代主义，等等，近现代西方思潮始终不曾停止对现代性问题的反思。受国际学界影响，近二三十年来，批判现代性研究在国内也是一个热门话题：从20世纪80到90年代的韦伯热、西美尔热、文化研究热、后现代热，到新世纪初亮相的施特劳斯热，你方唱罢我登场。值得关注的是，这个过程从被动到自觉，其中伴随着国内部分学者批判现代性动机的重大转变。这个转变可被简单概括为：以学习和借鉴西方思想和经验转向以文化保守主义、国族主义为目的。这种研究取向不仅扭曲了他们研究对象（例如施特劳斯）的本意，而且误导我们对中国社会在现代性道路上所遭遇的困难与挫折的认识。实际上，国族主义和文化保守主义恰是现代性危机的病灶，是批判现代性所要处理的现代主体在虚无主义压迫下患上的焦虑症问题。

如何理解和诊断现代性危机，既关系到如何理解西方，也关系到如何理解中国社会所面临的挑战。本书选择阿伦特、帕托什卡和列维纳斯的思考作为指引，以道德崩溃与现代性危机的关联作为问题的切入点，是在综合考察20世纪西方和中国社会问题之后作出的判断。研究者希望藉此澄清现代性危机的核心问题，并展现一条重思主体性、超越虚无主义而走出危机的可能之途。

就当代中国的问题意识而言，笔者深信所讨论的主题与过去、当下以及未来中国的命运息息相关。自1840年鸦片战争以来，全球化的现代性进程已无可避免地将中国带入了一种新的历史命运中，我们不得不同世界各民族一道，思考现代性问题。为此，我们不得不努力了解西方，如同了解自己，甚至不得不通过重新发现西方，来发现和创生自己。20世纪的中华民族同世界一些国家民族一样，遭遇了现代性的巨大危机，也同一些国家民族一样，产生了浩劫之后的民族复兴、历史反思、道德批判与记忆重塑。阿伦特、列维纳斯和帕托什卡这三位亲历浩劫并以其毕生之力来进行反思的哲人，深谙极权主义和后极权主义"神话"的内在理路，其精神历程对于我们，自然有着不可替代的启发性价值。而当我们无论是借助他们的理论来反思中国经验，还是透过中国问题意识来研究与发展他们的思想时，无疑就是在以中国为本位进行思考。这既是在拓展对自身的新知，改变自身的命运，也是在拓展世界对现代性的新知，向世界贡献来自中国的思想资源。

第三节　本书内容结构

本书共有三部分，按问题发展脉络，分别围绕阿伦特、帕托什卡和列维纳斯这三位哲学家关于恶与道德问题的思考展开论述。他们共同经历了20世纪欧洲极权主义的社会历史灾难，并对此进行了极有深度和代表性的思考。全书始于对阿伦特所提出的"根本恶"和"恶之平庸"的研究、辨析与反思，终于对列维纳斯提出的"异于存在"之善的展望。帕托什卡对后极权主义时代精神病症的诊断以及对生活世界三种运动的区分受到阿伦特思想的影响，因此作为第二部分，紧随阿伦特的论述之后。

第一部分"阿伦特与恶之难题"以阿伦特提出的两个关键词组——"根本恶"与"恶之平庸"——为中心展开，逐渐延伸到对其思想深处的悲剧观与神学观讨论。阿伦特坚持这两个词组只是关于社会或个人现象的描绘，并非理论和概念，因而未对它们进行定义和系统论述，然而它们却成为人们理解20世纪恶的关键表达。这部分围绕"根本恶"与"恶之平庸"所涉及的一些重要问题以及对两者关系的辨析展开，探讨阿伦特为何从根本恶转向恶之平庸，这种转向背后涉及的是对神义论的拒绝、对个体责任的关怀，及其尝试理解恶之问题的世俗化框架。这部分最后一章指出：阿伦特对恶的思考实际上在其世俗主义企图与其准神学叙事之间不无矛盾；面对恶的挑战，她的世俗化框架勉为其难。这部分共有六章。

第一章"重省《耶路撒冷的艾希曼》"，介绍近年在美国学界关于《耶路撒冷的艾希曼》一书所发生的论战。争论的焦点在于"恶之平庸”这一观点。以马克·里拉、斯坦格内丝以及理查德·沃林为代表的批评者们质疑“恶之平庸”在事实及理论层面的合理性。他们认为，虽然这一观点极大地有助于人们思考现代科层制中的人性问题，但以“平庸”“无思”来理解艾希曼，却是阿伦特对艾希曼的历史真实面貌的误读。里拉和沃林指出，误读的原因，是阿伦特未能摆脱海德格尔思想的影响，以及她对纳粹之恶“过于复杂的简化”。笔者认为，从“根本恶”转向“恶之平庸”，阿伦特的问题在于她大大地缩减了人们理解恶、应对恶——或者说思考人类责任——的问题框架。

第二章“阿伦特与恶的现代性悖论”将更进一步思考恶的实质及其在现代性之历史条件下表现出的特点。根本恶与恶之平庸，这两种貌似走向相反两端对恶的描述，在作为行动主体对自我意图的执迷上获得了一致，这种执迷或“过度(excessive)”就是恶的实质。它在阿伦特笔下具有悲剧性的双重面目。阿伦特揭示了恶的现代性悖论：现代性的题中之义是将恶视为特定社会历史条件的产物，将随时代进步而被消除，然而，现代生活的“世界异化”却容易加剧主体行动的盲目与道德自欺，从而导致根本恶的后果。

第三章“阿伦特的政治思想与希腊悲剧智慧”将考察阿伦特思想的重要灵感来源——希腊悲剧智慧。阿伦特称悲剧为“最优秀的政治艺术”，她的政治思想深受希腊悲剧智慧、语言和想象的浸染，对现代人处境的悲剧性有深刻认识。她的政治空间在形式上是一个隐喻性的雅典剧场，人们在其中以言说和行动来展示自己是“谁”，让有限的生命被剧场中的光芒激励和照耀；政治行动的展示性与戏剧表演共有非生产性的特点。阿伦特对行动之特性的论述深刻蕴含了悲剧情节所启示的自由与限度的智慧，她正是以此智慧来感受和洞察时代问题，尤其是恶的问题。

第四章“纳粹运动中的现代悲剧：阿伦特解读艾希曼”，借助悲剧意识来理解阿伦特对艾希曼的解读。阿伦特对20世纪社会历史灾难的观察与评述，渗透了深刻的悲剧意识，她对艾希曼的解读亦可被视为某种现代悲剧的理想类型。透过这个理想类型，我们不仅看到艾希曼行为动机和后果之间强烈的悲剧性反差，看到他的悲剧舞台的“命运”性要素——集体道德崩溃，也看到了他自身作为悲剧主角的罪错——“良知”与“无思”的奇异结盟。这种结盟，是阿伦特曾揭示的极权社会群众融“忠诚”与“市侩”于一体的矛盾分裂人格的体现。这种矛盾分裂人格，已然预示了“根本恶”与“恶之平庸”之间悲剧性与悖论性的相容关系。

第五章“从根本恶到恶之平庸：阿伦特对神义论的拒绝和替补”，探究阿伦特对恶的反思背后的神学因素考量。阿伦特在二战后和60年代分别以“根本恶”与“恶之平庸”来阐释纳粹运动。这一变化表明阿伦特是彻底还是部分改变了对恶的看法，对此问题学界一直存在较大争议。事实上，在阿伦特的思想里，恶之平庸与根本恶之间具有悖论性相容关系，但在其后期思想里，阿伦特更愿意通过恶之平庸而非根本恶来理解纳粹之恶，这在很大程度上同她对神义论的拒绝有关。她逐渐明确拒绝了根本恶中隐含的神学因素，认为这一因素既无法把握，也难以导向对个体道德责任的追究，最终转而以彻底的世俗主义态度展开对个体道德责任的探究。

第六章“未竟的世俗性：阿伦特关于恶的准神学叙事”揭示阿伦特对恶的思考在其世俗主义企图与准神学叙事之间存在的诸多矛盾，从而质疑其处理恶之问题的世俗化框架。阿伦特是个深具悖论性的思想家，这种悖论性也体现在她关于恶的准神学叙事中：她一面拒绝以任何传统资源、神学资源来理解根本恶，一面却在对根本恶的叙事中带入类似诺斯替主义的神学色彩；甚至她在《艾希曼在耶路撒冷》中关于恶之平庸与个体责任的思考，也隐隐透露出与犹太教神秘主义传统有关36个义人的叙事 *Tsadik Nistar*。这些都体现了她的思想在传统与现代、神圣与世俗、真理与自由、哲学与政治，乃至犹太“贱民”与德国知识分子身份间的张力。

本书第二部分“帕托什卡的‘斗争’”，介绍20世纪中欧最重要的现象学家帕托什卡的“斗争”哲学。虽然年轻时同为德国现象学传人，同样毕生都致力于以现象学方法思考时代痼疾，但帕托什卡的人生道路没有阿伦特那么幸运。他生前很多时候都无法过一种像样的学者生活，仅在布拉格小范围知识分子圈里存在影响，好在过世后声誉日隆。1993 年德里达出版的著作《赠予死亡》中对帕托什卡思想的讨论使得这位捷克哲学家进一步引起世界的关注。今天，其著作已由小语种捷克语译为英、法、德等多种重要语言。

在帕托什卡看来，哲学并非形而上知识的积累，而是关怀灵魂的特殊斗争，和对“日的统治”的异见。本书涉及帕托什卡的部分首先从他对“恶的平庸”与“日的统治”之内在关系的辨析入手，分析他对技术专制与虚无主义之关联的反思。然后，介绍他对生活世界的三种运动的区分，以及他借助现象学方法对“真理的运动”进行的探索。最后说明，他通过“牺牲”“斗争”等词语所描绘的抵抗的现象学，对我们今天思考知识分子的使命有何启发。我们将在本书“结语”部分第二节讨论帕托什卡关于责任的思考时评述德里达在《赠与死亡》一书中对其思想的解构。

本书第三部分“列维纳斯对恶的超越”分为四章。从对纯存在“il y a”的悲剧性着手，这部分逐步讨论恶缘何平庸、恶的现象学，以及列维纳斯别样的上帝观，展现他对 20 世纪恶之问题的深刻洞见，及其提出的独特的超越之途。

第八章“‘il y a’乃亟待救赎的悲剧：列维纳斯对海德格尔存在论差异的批判”，揭示在列维纳斯那里同恶的问题密切相关的核心观念“il y a”(法语第三人称单数的“存在”)的悲剧性。在《存在与时间》中，海德格尔试图通过存在论差异，亦即对存在的动词性特征的强调，来解构西方形而上学传统以名词性存在者对动词性存在的遮蔽，使存在论摆脱僵化与虚无主义危机。列维纳斯则质疑了海德格尔的存在论差异，描述了“il y a”作为孤独现象学的黑夜经验，及其为存在之无始无终亦“无我”而恐惧的生命情态，从而将“il y a”揭示为一出亟待生命意义之救赎的悲剧。这既是恶的问题出场，也是“他者”“创世”以及“宽恕”等关键词的意义得以敞现的机缘。

第九章“恶缘何平庸？列维纳斯论恶与神义论诱惑”，提炼了列维纳斯哲学中蕴含的对“恶之平庸”的解释。从列维纳斯的角度看，阿伦特所说的恶之平庸在20世纪是种普遍存在的现象。由于存在的坚硬和理性的暴力，也由于拒绝面对他人的痛苦，和主体自我中心化的戏剧，恶在20世纪的独特表现便是被合理化。这种合理化使恶显得不再耸人听闻，造成了恶的放纵和根本恶的后果，导致了恶之平庸与根本恶的共生。因此列维纳斯拒绝认为恶可以得到理解——在他看来，这是神义论的根本问题所在。然而这并非拒绝思考恶，而是邀请人们以同他人“面对面”的方式来超越恶，由此，恶的不可理解性指向了超越性。列维纳斯的哲学倾向于建立一种以面对面的人际秩序为一切秩序之内核的别样的现代性，这一对现代性的批判和重建思路在很大程度上影响了《现代性与大屠杀》的作者齐格蒙特·鲍曼。

第十章“从苦恼到朝向他者：列维纳斯关于恶的现象学”，描述了恶作为一柄精神上的双刃剑具有的两种可能：要么是陷于虚无之“畏”和向死而在，要么灵魂被触动而苏醒，从而感知希望。恶的问题是贯穿列维纳斯一生哲学追问的思想线索，他虽未给恶下过定义，却对恶进行了现象学描述，探索恶的超越之途。他指出，恶的首要特点是“过度”，其精神上最尖锐的表现是苦恼。这苦恼作为海德格尔意义上的“畏”，是对死亡背后之虚无的预感和揭示。然而，与海德格尔不同，列维纳斯并不对苦恼抱积极态度，而将其视为有待救赎的状态。因此他随即指出，恶的另一面是对灵魂“意向”的触动，对灵魂与大写之“你”——上帝——之间关系的激发，是感知超越性并与他人面对面的契机。

第十一章“列维纳斯与别样的上帝”，阐明列维纳斯的“后奥斯维辛”上帝观，这是他对恶的独特超越之途。面容作为列维纳斯思想的核心词汇，意味着不可见的上帝在此世的踪迹。此踪迹既非上帝存在的证明，亦非现象，而是一个不可回忆的过去同现在的异时性关系。这一不可回忆的过去构成了对此世界的“打扰”，但对它的接收亦取决于主体的“好客”与否，也就是说，取决于主体是否愿意见证它。通过“踪迹”和“见证”的现象学，列维纳斯试图揭示比传统神学更丰富的宗教内涵：上帝是一个没有存在，但却通过他人的面容临到的独一无二的“他”；启示中的真理只有通过我的担当，通过对他人说“我在此（me voici）”才能存在。这一关于上帝的别样的思考无论对现象学还是神学都构成了挑战，亦对当代汉语神学中审美化与智识化倾向形成批判。

恶作为20世纪给我们遗留的尖锐创痛，是本书摸索与探问的起点，但本书的目的既不在于要找到一种智性上令人满意的解答，也不认为存在着这样一种答案。关于恶的问题实际上是关于“我是谁？为何存在？”的生命意义和责任的问题，因此，作为本书结尾，对责任的进一步探讨便是非常必要的。本书结语“责任的秘密”对三位哲学家关于个人责任的探讨分别进行了回顾性总结，提纲挈领地点明他们留给黑暗时代的遗嘱。

第一部分

阿伦特与恶之难题

第一章 洞见与盲目：重省《耶路撒冷的艾希曼》

凭着《极权主义的起源》(1951，下文简称《起源》)一书①，阿伦特毋庸置疑地置身于20世纪最卓越的政治理论家之列。在中国，除了"极权主义"和"意识形态"之外，她最为人熟知的词汇，恐非"恶之平庸(The Banality of Evil)"莫属。正如她指出了极权主义制度如何成为人类历史上新型的恶的肇始，她也以"恶之平庸"揭示了一种新型的、现代社会特有的恶的形态。然而，"恶之平庸"及其所出自的《耶路撒冷的艾希曼：恶之平庸的报告》(1963，下文简称《艾希曼》)一书②，自诞生伊始便毁誉参半，而且半个多世纪以来，随着历史学家们对该书所涉史实的研究与出版，争议从未平歇。近年，电影《汉娜·阿伦特》的上映、历史学者斯坦格内丝(Bettina Stangneth)的力作《耶路撒冷之前的艾希曼：一个大众杀手未经检视的生活》(*Eichmann Before Jerusalem: The Unexamined Life of a Mass Murderer*)③的出版，以及学界有关巴以冲突的论战，都促使关于此书的争议在美国再次呈现白热状态。

---

① Hannah Arendt, *The Origins of Totalitarianism*, New York: Harcourt Brace Jovanovich, 1979, (originally published in 1951).

② Hannah Arendt, *Eichmann in Jerusalem: A Report of the Banality of Evil*, (the Viking Press, 1963); New York: Penguin Books, 2006.

③ Bettina Stangneth, *Eichmann Before Jerusalem: The Unexamined Life of a Mass Murderer*, translated by Ruth Martin, Alfred A. Knopf, 2014.

第一节　60年代西方知识界的一场"内战"

1961年，阿伦特向《纽约客》主动请缨，作为特派观察员前往耶路撒冷，听取对被以色列特工绑架回国的在逃纳粹分子艾希曼的审判。彼时，她已经由于《起源》一书而闻名思想界。无论作为极权主义制度的著名批判者，还是作为一名幸存的犹太人，她都感到有必要亲自去面对这个臭名昭著的纳粹刽子手，尝试理解其心灵世界，以便，如她在给洛克菲勒基金会的信中所述："探索纳粹在令人尊敬的欧洲社会引发的道德沦丧的总体性"①。随后，她在《纽约客》连续发表系列报道，并于1963年将其结集、扩展、出版。今天，这本融哲思、观察与描绘为一体的"报告"，已然成为阿伦特除《起源》之外流传最广的书。然而，这些报道和这本书最初的出版却在美国和欧洲知识界引起了一场"内战"。如同阿伦特自己在此书《后记》中所言："本书尚未付梓，便已成为争论的焦点，以及抗议的众矢之的。"②

冲突主要围绕她书中的两个观点：其一，与当时人们普遍的舆论相左，阿伦特认为，亲自参与了毁灭集中营数以百万计犹太人行为的艾希曼，既非生性凶残冷血的恶魔，亦非心理变态的怪物，既无任何针对犹太人的深仇大恨，亦无对希特勒的狂热信念，而只是一个正常得令人惊讶的"普通"人。③ 由此，阿伦特以"恶之平庸"代替了关于纳粹

① Amos Elon, "Introduction", in Hannah Arendt, *Eichmann in Jerusalem: A Report of the Banality of Evil*, (the Viking Press, 1963); New York: Penguin Books, 2006, xii.

② 阿伦特：《平凡的邪恶：耶路撒冷大审纪实》，施亦如译，台北：玉山社，2013，第312页。此书为《艾希曼》一书的繁体中译本，下文简称《平凡的邪恶》。

③ "艾希曼既非《奥赛罗》中的奸恶小人伊阿古，也不是偏激乖戾的马克白，在他的内心深处，也从来不曾像杀害先王遗孤的理查三世那样，'一心想做个恶人'。艾希曼格外勤奋努力的原因，是因为他一心一意想升官加爵，除此之外，根本毫无任何动机，而我们根本无法说这种勤奋是犯罪，毕竟他永远不会杀害上司以篡其职位。"引自阿伦特：《平凡的邪恶》，第316—317页。"艾希曼一案的棘手之处正在于，与他相似的人太多了，这些人却既谈不上邪恶，也非虐待狂，无论过去还是现在，他们都极其正常，甚至正常得让人害怕。"引自阿伦特：《平凡的邪恶》，第304页。

的恶魔神话。

无疑，作为一种理论，“恶之平庸”的提出显然十分之深刻和精彩。它揭示了一种仅只发生在20世纪的、独特却又普遍的现象：浩大的罪行，作为一项浩大的社会工程，是在许多普通人的协作和参与下共同完成的，因此，当人们试图追究罪犯的责任和动机时，竟无一人能够或愿意承担。马克·里拉正确地指出[①]，如果阿伦特只是写了一本书，讨论在现代社会中，无思与邪恶是如何奇怪地相互依赖的，那么，无人会受到冒犯，人们会将其作为对《起源》中谈论的“根本恶”的补充和部分性修正来阅读。可惜，在《耶路撒冷的艾希曼》中，阿伦特却不够明智地将自己的论题悬于艾希曼这个在大屠杀中拥有“过人天赋”的后勤指挥官身上。而她对艾希曼的了解和判断，仅基于她当时所接触到的有限材料，以及对玻璃审讯室中的艾希曼的匆匆观察，但她却自信自己对艾希曼的理解，要优于其他人，包括律师、检察官和法官。她的理解和判断，无论当时还是事后，尤其近15年来，都遭遇了历史记忆的严峻质疑。

冲突的第二个焦点，是阿伦特对大屠杀事件中“犹太人委员会(*Judenrat*)”的表现进行道德审查时所使用的语词和评述。在否定了艾希曼的恶魔神话之同时，她以冷嘲代替同情，揭发了犹太人的受害者神话。她指出，正是由于犹太人委员会的合作，艾希曼对犹太人的“最终解决”才能实现得如此之“圆满”。而这显然是一个十分敏感复杂的话题。

“犹太人委员会”指二战期间在欧洲被纳粹占领的犹太聚居区内，由纳粹委任建立的所谓犹太人的自治委员会。为了能够高效地完成屠杀欧洲犹太人的任务，纳粹始终对“最终解决”的目标严密封锁消息。直到最后时刻来临之前，委员会成员普遍认为，纳粹的意图只是剥夺犹太人财产并驱逐他们，所以，委员会成员一方面配合纳粹的管理需求，例如：清点人数、财产，组织聚居区里的劳

---

① Mark Lila, “Arendt & Eichmann: the New Truth,” *The New York Review of Books*, November 21,2013.

动生产等，另一方面则尽最大可能，在极其有限的条件下，维持犹太人在聚居区里的生活。他们当中固然有少数为保护自己及家人而同纳粹合作，但大多数人却只考虑怎样尽可能为犹太人争取最多时间、延迟处决时刻的到来。他们当中不乏为拒绝同纳粹合作而自杀者。

阿伦特在书中集十页左右篇幅对此进行评论。她的评论既不离题，亦非首发，诚如她在书中所言："法庭中曾提及犹太领导人在这场浩劫里发挥的作用问题，而这场审判是我报道与评论的对象，我在书中讨论这个问题是理所当然。"[①]早在50年代中期，这个问题就已经开始在以色列以及其他地方，被犹太人小范围地讨论。大范围的公众注意则始于这场审判以及历史学家希尔伯格(Raul Hilberg)的重要著作《欧洲犹太人的毁灭》(1961)[②]。希尔伯格在自己的书中提出了两个日后引起大量争议的观点：其一，犹太领袖同纳粹合作；其二，由于几个世纪的迫害造成了犹太人懦弱的文化习性，他们在大屠杀中没有进行足够的抵抗。阿伦特在撰写《艾希曼》之前，已经作为评委阅读过希尔伯格送审某出版社的书稿。虽然她没有支持该书稿的出版，却在自己的写作中大量援引希尔伯格的研究而没有足够地标识，以致希尔伯格指控她抄袭。

阿伦特的评论之所以引发巨大的冲突，并不在于她公开了犹太人的"丑事"，而在于她描述和批评这个丑陋不幸的伤口时所使用的语词和语气。在这件事情上，如同许多学者已经指出的，人们所指责的，与其说是她谈了什么事(What)，不如说是她如何谈这件事的(How)。[③]在由阿伦特的学生扬-布鲁尔(Elisabeth Young-Bruehl)为自己导师写的传记《爱这个世界——阿伦特传》(1982)中，谈及这场争论，作者也

① 阿伦特：《平凡的邪恶》，第313页。

② Raul Hilberg, *The Destruction of European Jews*, New Haven: Yale University Press, 2003; (originally published in 1961).

③ Walter Laqueur, "A Reply to Hannah Arendt", *The New York Review of Books*, Februrary 3, 1966. 后收于 Hannah Arendt, *The Jew as Pariah: Jewish Identity and Politics in the Modern Age*, New York: Grove Press, 1978. 引文参见此书 p. 278。

不得不认同上述观点，并客观地承认："此书的结论让人吃惊，也包含了许多事实上的小错误，经常使用讽刺的文风和武断的语调，几个富于争议的段落写得格外缺心眼。"①

阿伦特的评论主要由于这三个方面的表现而引起众人反感：其一、修辞的嘲讽与尖刻。例如，在谈到犹太人心目中的圣人、几次放弃逃亡机会而坚持与同胞一道受难的柏林犹太人领袖 Leo Baeck 拉比时，她使用艾希曼副官的方式，称其为"Jewish Führer"。而"Führer"乃是纳粹对希特勒的专称。迫于压力，在此书的第二次印刷时她终于删掉了这个称呼。② 又例如，在描述犹太委员会所写的公告时，她颇为主观地评价说："从中我们可以发现这些人多么享受他们的新权力……我们可以知道这些犹太官员成为杀人工具时的感受：像船长……，像救星……"③第二个引人反感的方面是，她将个别案例普遍化。对这一点，扬-布鲁尔在传记中正确地指出："协助纳粹的许多事例……有些是明显做错的，但是，许多事例尚有讨论余地。阿伦特的许多犹太人读者都清楚这些。她的一般化推理让很多人觉得过分。面对极端的道德困境，同情心与对错事的直接指认同样重要，而在阿伦特那里似乎就缺少这种同情。"④其三、她将个人的主观判断和解释绝对化。在缺乏足够历史证据支持的情况下，她不乏轻率地作出了这样一种大胆推测："各地的犹太人皆有其领袖，而这些领袖几乎毫无例外都以某种方式、出于某种原因与纳粹合作。所有的真相就是(The whole truth was)：如果当时犹太人没有组织也没有领导，情况会变得很混乱，但被害者的数目不至于会达到四百五十万至六百万之多。"⑤这种事后推测的合理性遭到了来自各方的历史研究者的批评。在此问题上，她显然是过于自大地使用了太多最高级的和不容置疑的强判

① Elisabeth Young-Bruehl, *Hannah Arendt: For Love of the World*, New Haven: Yale University Press, 2004, (originally published in 1982), p. 338.

② Elisabeth Young-Bruehl, *Hannah Arendt: For Love of the World*, p. 363.

③ Hannah Arendt, *Eichmann in Jerusalem*, p. 118.

④ Elisabeth Young-Bruehl, *Hannah Arendt: For Love of the World*, p. 344.

⑤ Hannah Arendt, *Eichmann in Jerusalem*, p. 125. 阿伦特：《平凡的邪恶》，第 146 页。

断语词，如："undoubtedly"[1]"darkest"[2]"The truth was"[3]"almost without exception"[4]"The whole truth was"[5]，等等。[6] 她甚至说："身为犹太人，这些犹太领袖在自身民族大灭绝中所扮演的角色，无疑(undoubtedly)是这整个黑暗故事中最黑暗的一章。"[7]关于这句备受质疑的评断，正如里拉所指出的，如果我们不去小心翼翼地琢磨她所说的黑暗(dark)该如何理解，如果脱离其上下文语境，这个句子简直就是将在劫难逃的犹太领袖和无思的艾希曼等同，甚至对犹太领袖进行了更严厉的评判。[8]

令她的批评者尤难接受的是，她在同一本书中完成了两者：一方面指出施害者的"平庸"，另一方面则指出受害者的"邪恶"。如此一来，人们过去习惯的对施害者和受害者的区分便暧昧模糊起来，如同她自己在书中所说，"检方一直苦心营造被害人与加害人界限分明的印象，此书会破坏这种非黑即白的画面"[9]。不仅如此，她还以二者之间的"合作"来取代这种区分，直至揭示出"合作"背后内在的逻辑关联——一种"集体道德沦丧"。她说："耶路撒冷大审判并未将这部分的真实面公之于世，而我不断思考大屠杀中的这段故事，因为从中可以清楚发现，纳粹德国在高尚的欧洲社会引发一场集体道德沦丧——沦丧的不仅是德国，而几乎是所有的国家，不仅是加害者，而且还有受害者。"[10]这种可怕的集体道德沦丧，就是阿伦特所说的"dark"。

---

① *Eichmann in Jerusalem*, p. 117.

② Ibid.

③ Ibid., p. 118.

④ Ibid., p. 125.

⑤ Ibid.

⑥ 参见 Siegfried Moses 对她的愤怒批评："你的表达'the whole truth was…'绝对让人以为这是一个能够证明的推断。"引自 Elisabeth Young-Bruehl, *Hannah Arendt: For Love of the World*, p. 347。

⑦ Hannah Arendt, *Eichmann in Jerusalem*, p. 117. 译文参照中译《平凡的邪恶》，第 139 页，有改动。

⑧ Mark Lila, "Arendt & Eichmann: the New Truth."

⑨ 阿伦特：《平凡的邪恶》，第 141 页。

⑩ 同上书，第 147 页。

在阿伦特看来,真正导致大屠杀的,是这个黑暗时代的集体道德沦丧。艾希曼之流的"恶之平庸"只是这个道德危机时代的病灶。其肇因,乃是现代社会的"无思(Thoughtless)"。我们必须强调,阿伦特无意于像有些人误解的那样,想要开脱艾希曼的罪行,或将施害者与受害者等同。她想在这本书中表达的,无非是她心中的一个信念或真理:现代人的"无思"状态造成了对人的政治与道德责任的破坏。为此,她在自己的晚年,一直致力于解决"无思"的问题。

阿伦特在《纽约客》发表的五篇文章所引起的论争从美国传到英国,又从英国传到欧洲大陆。扬-布鲁尔在她的传记中说道:"论争火爆地持续了近乎三年,当汇集这些论文的文集,现正重版第 20 次时,论争仍蓄势待发。"[①]阿伦特顶住雷霆压力,在几个月后立即将这一系列文章结集、扩展、出版,不惜为此与许多相交多年的朋友割袍断义,其中包括著名的犹太神秘主义思想家肖勒姆(Gershom Scholem)——她和本雅明共同的朋友。肖勒姆在写给阿伦特的公开信中说,他承认犹太人在大屠杀事件中不乏软弱乃至卑劣的表现,但她的书却过分放大犹太人的软弱,不仅缺乏客观性,而且"带着恶意的夸张语调"。[②] "你的书是以一种没有心肝的、常常近乎讥讽与恶意的口吻,来谈论这些触及我们生命要害的事件。我对这本书提出异议。"[③]另一位老朋友 Siegfried Moses,作为"来自德国的犹太人委员会(Council of Jews from Germany)"发言人,向她发出了宣战书,并从耶路撒冷飞到瑞士,试图当面劝说阿伦特放弃此书的出版。[④] 在这场苦涩的论争中,令阿伦特最感痛心的,是老友 Kurt Blumenfeld 直到离世也未能与她达成谅解。[⑤] Blumenfeld 对她的事业,尤其是她对这场审判的有关采访,曾给予诸多支持和信任,待她如同亲人。

---

① Elisabeth Young-Bruehl, *Hannah Arendt: For Love of the World*, p. 339.

② "'Eichmann in Jerusalem': An Exchange of letters Between Gershom Scholem and Hannah Arendt," in Hannah Arendt, *The Jew as Pariah: Jewish Identity and Politics in the Modern Age*, New York: Grove Press, 1978, p. 241.

③ Ibid.

④ Elisabeth Young-Bruehl, *Hannah Arendt: For Love of the World*, p. 347.

⑤ Ibid., pp. 352 - 353.

自然，她的书也遭到了一些犹太机构的强烈抗议。这些机构指责她的言论是对反犹主义的支持，并要求全美的拉比们都谴责她。在纽约的知识分子圈中，虽然她仍不乏铁杆粉丝，但更多的，是那些昔日曾爱戴她、款待她的人们的不满和批评。直到1963年11月肯尼迪遇刺事件分散了人们的注意力，这些批评声浪才逐渐减弱。

第二节 烽烟再起

阿伦特虽声称自己一生"不爱任何民族（People）或集体（Collective），只爱朋友"[①]，但在这场论争中我们看到，在朋友和信念的两难之间，她曾作出的一次抉择。她的理由是，人应当忠于自己的思考。[②] 作为女性思想家，阿伦特这股不屈不挠、斗争到底的倔强劲，酣畅淋漓地体现在近年由德国女导演冯·特洛塔（Margarethe Von Trotta）执导的电影《汉娜·阿伦特》中。

2013年，这部典型的知识分子电影在美国上映，激起了众多赞誉，也招来不少诟病。而这些赞誉和诟病，与其说是针对电影本身的（例如影片的编剧、艺术效果、情节表现力、演技等），不如说是针对《艾希曼》一书。因为这部电影虽最终以《汉娜·阿伦特》命名，但所讲述的内容并非阿伦特的一生，而是有关《艾希曼》一书的诞生和争议。该片片名甚至曾拟为《争议》。

冯·特洛塔女士是"68学运"之后兴起的德国新浪潮电影运动中的一名资深导演。她特别热衷并擅长于刻画头脑发达、心智强悍、特立独行以至令人生畏的女性形象，成功执导了许多女性主义题材电影，例如：以一位真实的女性恐怖分子为原型的《德国姐妹》（*Marianne and Juliane*，1981），有关19世纪末、20世纪初一位德国马克思主义

① "'Eichmann in Jerusalem': An Exchange of letters Between Gershom Scholem and Hannah Arendt," p. 246.

② Ibid., p. 250.

运动的女性伟大先驱的传记片《罗莎·卢森堡》(1986),以及关于一位中世纪著名的博学修女 Hildegard von Bingen 的传记片《异象》(*Vision*,2009)。可以说,电影《汉娜·阿伦特》正是导演这一系列带有某种自况色彩的女性主义题材电影的最新拓展。

冯·特洛塔表示,她早就想要给阿伦特拍一部传记片,旨在表现阿伦特独树一帜的女性思想家风骨。在她看来,这场争议也许最适于表现哲学家那很难用电影语言来再现的思想。电影的确生动展现了棱角分明的阿伦特在这场复杂论争中的自信甚至自负、勇敢甚至傲慢、执着甚至固执,同时也展现了人们对她的期待与失望、热爱与不满、尊敬与批评。

为这部电影喝彩的人称赞导演成功演绎了作为思想者的阿伦特:"除了几位密友之外,影片中的阿伦特总是独自一人,陪伴她的一无所有,唯有她的思想和永远在场的香烟。这里存在一种危险:她的香烟可能会成为一个空洞的密码、显白的象征。然而,这只香烟逗留在那儿,随着她的呼吸而动,在她的沉默中倾听。是那贯穿整部电影的她沉默的凝重,冲击着观众,并驱使我们和她一道思考她的观察及其含义。于是观众们被改变了:从观察阿伦特到与她一同思考。"①

批评这部电影的人如里拉,则尖锐地指出:导演选择了一个不得当的题材来表达对自己心目中的女英雄的赞美。影片中女主角的戏份显然在于,这是一位坚强而富有才智和信念的女性,一方面出于对世界的爱而积极介入公共生活,另一方面则有着无比丰富的私人故事和情感恩怨。然而,"大屠杀绝非可作为感伤之旅的场所,这点无论如何强调都不过分"。②

里拉进一步指出,电影最大的问题还不在于没有品位,而在于其中传达的对"truth"的理解:"乍一看电影不是关于别的什么,而只是关于真相(truth),为此,阿伦特对抗那些心胸狭隘、男性居多的对手。但

---

① Roger Berkowitz: "Lonely Thinking: Hannah Arendt on Film", *the Paris Review*, May 30,2013.

② Mark Lila, "Arendt & Eichmann: the New Truth."

其实，电影真正的主题不是忠实于真相、全部真相、除此之外别无其他的真相，而是忠实于**你自己**（remaining true to *yourself*）”。[①] 在里拉看来，阿伦特在艾希曼事件中的问题在于，将忠于自我等同为忠于真理，因此才会以自己的理念来代替了对真实的艾希曼的判断。而导演则继续无视这个错误以及人们的批评，选取了一个尴尬的事件来赞美阿伦特的思者风采和心灵故事，因为导演同艾希曼事件中的阿伦特一样，视“忠于自己”为最高的“truth”。

因此里拉认为，这部电影只是一部属于导演这样的激进左翼知识分子们的德式道德剧。他们将纳粹罪行归结为对上级命令和社会规范的盲目服从，因而准备反抗一切准则与社会规范，并视这种反抗之举为道德勇气的体现。然而，他们却并不真正关心大屠杀、犹太人、对犹太人的仇恨，以及艾希曼究竟是怎样一个人。对于他们，这一切都会被自恋地理解为德国人与自己的关系——不愿为自己而思考。[②]

里拉认为，《艾希曼》一书也同样部分地带着这种色彩。在他看来，这本书包含了两种动机。[③] 一是公允地对待一切造成“最终解决”的因素与成分，理解它们如何影响了其施行者和受害者。在这方面，阿伦特无疑作出了独特的卓越贡献。另一种动机则是试图寻找一种解释模式，让恐怖可以得到理解，并使人们有可能进行判断。但这种动机却最终令阿伦特迷失，让她从自己的思想前见出发来判断艾希曼，轻易被他的伪装迷惑。里拉不留情面地道出：阿伦特对艾希曼的判断——无思，乃是“一种过于复杂的简化（an overly complicated simplification）”；它源于海德格尔对现代社会的批评——由于丧失“本真性”，人们沦为无面孔的庸众和机械社会中的齿轮。

基于海德格尔与阿伦特之间从思想到情感的戏剧性纠葛，尤其，基于海德格尔同纳粹之间直接与间接的合作，我们不难感到，里拉在文末包含了诸多尚未展开的话题。而囿于作为一篇影评的主题和篇

---

① Mark Lila, “Arendt & Eichmann: the New Truth.”

② Ibid.

③ Ibid.

幅，他只是迅速引用索尔·贝娄的小说人物独白来作结。这段独白是关于阿伦特的："在政治和心理上，德国人都有一种天才的观念。平庸只是幌子。对于摆脱谋杀带来的诅咒，有什么办法比使其看上去庸常、乏味、琐碎更好？那是一种阴谋，用来对抗生命的神圣不可侵犯。对于抛弃良知的强烈愿望，平庸是可接受的伪装。难道这种筹划无关紧要？"[①]

由此，我们看到里拉对阿伦特这本令人争议不休的书的复杂态度：他既肯定了这本书在理解现代社会在制度性犯罪方面的思想贡献，又否定了阿伦特对艾希曼作为"恶之平庸"的理解，以及对恶源于"无思"的解释。里拉反对阿伦特将艾希曼主要描绘为一个缺乏动机、被动服从的纳粹分子。他质疑这种歪曲会遮蔽艾希曼的真相，即：艾希曼的确是一个自觉而狂热的反犹主义者。他潜在地指出，这种对恶的解释——恶是一种"无思"的状态——会遮蔽恶的真相。对这个真相，"恶之平庸"只是一面幌子。

里拉的文章在《纽约书评》登出后，立即遭到了巴德学院阿伦特中心学术负责人伯科威茨（Roger Berkowitz）的反击。[②]伯科威茨认为，里拉误解了阿伦特所说的"恶之平庸"的内涵，将其错会为平庸之恶，即：如同"齿轮"般的普通人所犯的恶，以及恶行是平庸的。伯科威茨指出，"恶之平庸"是指那些如同艾希曼那样的人们，认为自己出于信念和义务来遵行上级命令，自愿乃至积极地成为行政机器上的杀人工具。他们封闭在自己狭小的认知世界中，不愿从别人的角度来思考。"无思"不是说他们从不思考、没有文化或不懂哲学，而是说，他们没有能力从别人的角度来换位思考。"平庸"不是指他们的所作所为，而是指他们人格的"肤浅（shallowness）"，或者说他们对他人的"沉默（dumbness）"。然后，伯科威茨认为，里拉和许多人一样，误以为新近发掘的历史材料，德国纳粹分子萨森（Willam Sassem）在 20 世纪 50

---

① Mark Lila, "Arendt & Eichmann: the New Truth."

② Roger Berkowitz, "On Mark Lilla on Hannah Arendt," www.hannaharendtcenter.org, November 15, 2013; "Arendt & Eichmann," *The New York Review of Books*, December 13, 2013.

年代艾希曼逃亡阿根廷期间对其进行的访谈，能够证明阿伦特错解了艾希曼，其实不然，对这些材料的部分内容，阿伦特在写书前已有涉猎。她知道艾希曼的反犹主义，但仍然作出了“恶之平庸”的判断。这些新材料的发掘并不会从根本上影响她的判断。伯科威茨说，里拉固然可以试图证明阿伦特弄错了艾希曼，但以她未曾忽视过的有关艾希曼的材料来证明她的忽视，说服力十分有限。①

里拉则回复道，②要说清楚在使用“恶之平庸”这一表达时，阿伦特的确切含义，从来都很困难。这个表达从一开始提出就遭到人们反对，而阿伦特自己也曾感到懊悔。的确如伯科威茨指出的，阿伦特曾说过，艾希曼的作为超越了一名纳粹分子的义务，但在她笔下，艾希曼主要被刻画为一个“符码(cipher)”，一个缺乏目标的人，其资质的庸常明显表现为他出庭时的语无伦次。其证言令阿伦特感到如此可笑，以致称他是一个“完全没有动机”“从来认识不到自己做了什么”的人。这是阿伦特的著作留给人们的主要印象，这一印象与新近发掘的历史材料和著作中所呈现的艾希曼的形象构成了强烈的反差。伯科威茨试图否定新材料和新著作对阿伦特构成的挑战，这并不明智。艾希曼在阿根廷的逃亡生活留下了1300多页的材料，阿伦特只读过了其中相当有限的、遭到删节的部分。这些材料充分证明了艾希曼是一个全身心投入、极端狂热的纳粹分子。这是阿伦特生前完全没有料到的。

关于“恶之平庸”，里拉和伯科威茨的论争涉及很多隐而未发的层面。从表面上，他们的分歧是“恶之平庸”的解释效力，即：“恶之平庸”所能解释的，究竟是“资质”平庸、没有强烈动机的纳粹分子，还是“资质”超群、自觉自愿的狂热纳粹分子，甚至希特勒本人。在深层上，问题涉及对20世纪60年代后阿伦特对恶和道德责任之思考的评价，特别是将恶与无思相关联，反之，则将道德责任与思考、判断相关联。对于里拉，艾希曼具有强大的动机，说明了艾希曼并非阿伦特所说的没

① Roger Berkowitz, “Arendt & Eichmann.”

② Mark Lila, “Reply to Roger Berkowitz's ‘Arendt & Eichmann’,” *The New York Review of Books*, December 19, 2013.

有动机的“无思”，那么，恶与无思，至少在艾希曼身上，就并不具有阿伦特在“恶之平庸”中所设想的那种对接。因此，恶的“真相”，至少不仅是无思的问题，也许根本无法在思与无思的框架中得到理解。

第三节　重磅炸弹

在这场争论中不断出场、炙手可热的新历史材料和著作，是德国前纳粹分子萨森在50年代艾希曼逃亡阿根廷期间对其进行的访谈，以及德国学者斯坦格内丝对这一访谈及其他重要材料进行发掘与整理后出版的著作。这本书名为《耶路撒冷之前的艾希曼：一个大众杀手未经检视的生活》，主标题同阿伦特的书仅一字之差。显然，书如其名，其内容正是针对阿伦特的书而发。虽然此书还原艾希曼作为一个狂热纳粹分子面目的企图并非首发，但这本资料详实可信、论证清晰有据、批评准确合理的历史学著作，的确给有关《艾希曼》之争投下了一枚重磅炸弹。

资深历史学者、大屠杀问题专家Deborha E. Lipstadt评论道：如果说，以往的研究削弱了阿伦特所呈现的艾希曼的形象，那么，斯坦格内丝的研究则可以说是“粉碎了”这一形象。[①]里拉甚至指出，面对包括斯坦格内丝的研究在内的新发现，“即便阿伦特活着，恐怕也不得不让步”。[②]以对海德格尔纳粹问题的批判著称的学者理查德·沃林(Richard Worlin)，则趁热打铁，发文《恶之平庸：摆脱一个传奇(The Banality of Evil: The Demise of a Legend)》[③]，称赞斯坦格内丝成功反驳了阿伦特对艾希曼的“美化”，并指出：“正如斯坦格内丝在《耶路撒冷之前的艾希曼》一书中反复提醒我们的，当阿伦特奔赴耶路撒冷，

---

① Jennifer Schuessler, “Book Portrays Genocidal Nazi as Evil, but Not Banal.” *The New York Times*, September 3, 2014, page C1.

② Mark Lila, “Arendt & Eichmann: the New Truth.”

③ Richard Wolin, “The Banality of Evil: The Demise of A Legend,” *Jewish Review of Books*, Fall 2014.

听审艾希曼时，她携带的部分行李，是一套已装置好的社会历史前定论与前见。当她试图使用具有误导性的‘恶之平庸’来理解艾希曼的行为时，这一点再明显不过。”[1]

斯坦格内丝的书披露：20世纪50年代，逃亡于阿根廷的艾希曼生活在一群前纳粹分子组成的集团中。采访者萨森和他一样是在逃战犯。当时萨森及其团伙们正在出版一本“新”纳粹的刊物，以期美化正面临严厉指控的第三维希政权。他采访的目的，本是希望促使艾希曼同他一样，否认大屠杀的存在。然而事与愿违，艾希曼不但丝毫不想否认，而且还引以为豪，甚至遗憾自己做得不够“好”。艾希曼亲口表明，他从内心深处视犹太人为其“人民(*Volk*)”的敌人。犹太民族和他的“人民”处于一场没有回旋余地的、你死我活的生存斗争中。消灭犹太人、特别是消灭犹太儿童，对于他的“人民”的生存与发展，是绝对必要的。艾希曼视之为对自己“人民”和“血统(*Blut*)”的崇高使命，以及自己在历史中的作用。他说：“我没有任何后悔”，“老实说，如我们现在所知，Korherr[2]认定有一千零三十万犹太人，如果能杀光这一千零三十万，我才会感到满意，并且说：好的，我们现在消灭了敌人。”[3]

斯坦格内丝说，萨森固然没有达成自己的目的，这场采访却让艾希曼为耶路撒冷的审判作了一次练习，以致以色列的审讯员发现，在回答历史问题时，艾希曼驾轻就熟。只不过在耶路撒冷，艾希曼为自己精心塑造了另一副面孔，他是个骗子，阿伦特则上当了。

斯坦格内丝坦承其书有两个目的：[4]第一，展示所有能够发现的材料，及其所带来的挑战；第二，与阿伦特对话。在承认阿伦特的才华与贡献的同时，斯坦格内丝认为，在缺乏足够信息的情况下，阿伦特为自己的前见所误导，错解了艾希曼的真实面貌。艾希曼在阿根廷的言

---

① Richard Wolin, “The Banality of Evil: The Demise of A Legend,” *Jewish Review of Books*, Fall 2014.

② 一名纳粹德国的统计学家，受德国纳粹军官希来姆委派，统计犹太人数量。

③ Bettina Stangneth, *Eichmann Before Jerusalem: The Unexamined Life of a Mass Murderer*, pp. 303 - 304.

④ Ibid., pp. xxiv - xxv.

行表明，他不但不是阿伦特所认为的无思，而且还特别能想。斯坦格内丝和不少学者一样认为，阿伦特如历史学者布朗宁(Christopher Browning)所指出的："找对了范型却找错了人。"[①]

在文章"恶之平庸：摆脱一个传奇"中，沃林盛赞了斯坦格内丝的研究之后，借机重申了自己过去的观点：[②]阿伦特主观地用功能主义观点来解释艾希曼的恶，将艾希曼视为一个"公务员杀手""办公室杀手"，而不认为他是一个自觉的意识形态倡导者。这种解释一方面迎合了20世纪60年代古巴导弹危机之后，美国人对大众社会和现代性问题的担忧，因而广受欢迎，另一方面，通过将问题的症结归咎于现代社会的某种结构性缺陷，灾难的始作俑者——受过良好教育的德国文化精英们——却得以减轻罪责，与此同时，令大屠杀失去了反犹主义的特殊性，而成为了某种抽象的、具有普遍主义色彩的"大众社会""官僚主义"以及"现代性"问题。在沃林看来，阿伦特此举是在有意无意地为自己热爱的德国文化以及早年的情人海德格尔护短。我们看到沃林和里拉的观点有不少接近之处。

早在出版于2001年的书《海德格尔的弟子》中，沃林就已对阿伦特在艾希曼事件中的表现进行了详细分析和尖锐批评。他认为，尽管德国文化背叛了犹太人，海德格尔背叛了自己的学生情人，甚至尽管阿伦特本人也曾在《起源》中指出："在奥斯维辛已经犯下的罪恶正好揭示了德国历史或德国国民性的实质"[③]，然而，对早年倾心的德国文化的忠诚，以及对在1950年取得和解的昔日情人海德格尔的忠诚，终究令阿伦特变得盲目。[④]"就这样，阿伦特选择了一个理解大屠杀的叙

---

① Jennifer Schuessler, "Book Portrays Genocidal Nazi as Evil, but Not Banal."

② 即沃林在发表于2001年的专著《海德格尔的弟子》中，关于阿伦特《耶路撒冷的艾希曼》一书的观点。Richard Wolin, *Heidegger's Children: Hannah Arendt, Karl Löwith, Hans Jonas, and Herbert Marcuse*, Princeton: Princeton University Press, 2001.

③ 转引自中译本理查德·沃林：《海德格尔的弟子》，张国清、王大林译，南京：江苏教育出版社，2005，第60页。

④ 理查德·沃林：《海德格尔的弟子》，第60页。此外，作者认为，阿伦特也受到了她持左派立场的丈夫海因里希·布鲁歇尔的影响。左派知识分子更多地从"结构""上层建筑"的角度反思纳粹问题。

事框架，那个框架同她本人作为一个被同化了的德国犹太人深刻的文化双重性是一致的。从《起源》到《艾希曼》，在她透彻地了解犹太人灾难的各种努力中，人们可以窥探到阿伦特极不愿意去面对有关德国责任问题的内心世界。阿伦特思考了所有方面，却偏偏忽视了最明显的一点：德国历史发展的误入歧途才导致了希特勒的上台。在她看来，除了这一点以外的所有假说都值得探讨：犹太人的政治幼稚、政治现代性的派生物、大众社会的崛起、官僚制度，甚至'肤浅性'。"[①]

沃林的文章一发表，便招来前面曾与里拉进行过激辩的伯科威茨，以及耶鲁大学教授、阿伦特研究专家本哈比（Seyla Benhabib）的奋力反击。[②] 伯科威茨和本哈比的基本观点一致，都认为：虽然斯坦格内丝还原艾希曼面目的研究十分出色，揭示了阿伦特没有能够发现的艾希曼作为纳粹分子的狂热程度，而且她对阿伦特的批评也比较谨慎小心，但她和沃林都犯了同样的错误，即：简化了阿伦特的"恶之平庸"的内涵。

与2013年同里拉的辩论相比，伯科威茨在这次同沃林以及斯坦格内丝的辩论中，似乎愿意更多地承认阿伦特对艾希曼理解上的事实性错误，即：阿伦特确实低估了艾希曼对纳粹意识形态的倾心程度。但伯科威茨始终强调，斯坦格内丝的"发现"没有对艾希曼的"无思"构成根本颠覆，因为在阿伦特那里，艾希曼对纳粹意识形态的狂热与他的"无思"不会构成冲突。阿伦特所说的"无思"是指他无法从别人的角度进行思考，而意识形态分子在阿伦特看来，正是这样一种"无思"者。伯科威茨建议人们重读阿伦特在《起源》中的著名章节"意识形态与恐怖"。阿伦特在这里指出，极权性质的意识形态将事物的发展理解为一个机械的逻辑进程，意识形态分子遗忘了意识形态缘起的观念，而只关心以意识形态来统治现实。他们从不思考，从不面对现实与他人，只相信意识形态逻辑的机械推演。在此意义上，阿伦特认为

① 《海德格尔的弟子》，第61页。

② Roger Berkowitz: "Did Eichmann think?" *The American Interest*, September 7, 2014. Seyla Benhabib, "Who's on Trial, Eichmann or Arendt?" *The New York Times*, September 21, 2014.

艾希曼既无思，又是一个意识形态分子，意识形态与无思，并不构成冲突。

同样，本哈比认为，斯坦格内丝没有理解阿伦特谈“恶之平庸”的哲学背景。本哈比甚至说，如果人们理解阿伦特所使用的德语以及她的哲学，就会知道，即使阿伦特阅读了斯坦格内丝后来辛苦发掘的全部材料，也不会改变她有关“恶之平庸”的观念，因为她说艾希曼“无思”，不是由于忽视了斯坦格内丝所强调的艾希曼的纳粹情结的狂热程度，也不是认为艾希曼的罪行是平庸的，而是接续艾希曼对康德的错误引用，在康德哲学的意义上来定义的。艾希曼在法庭上为自己辩护时，声称自己的行为是出于对康德道德命令的尊重。阿伦特则指出，他偷换了康德的道德命令的内涵，用元首的意愿取代了实践理性。正是接续对艾希曼扭曲康德原意的批评，阿伦特接着指出艾希曼“没有能力思考”，因为在康德那里，思考意味着，既是为自己，也是从每个他人的立场出发，这就是那个著名的观点：要如此行动，仿佛你行动的原则可以成为所有人的普遍命令。从阿伦特的哲学角度而言，即便艾希曼确有斯坦格内丝所“发掘”的狂热纳粹面目，他也仍会被视为“无思”。因为他既没有真正为自己思考——在元首命令和“你不可杀人”的传统道德诫命之间掂量，也没有站在他人的角度思考。“无思”的判断是出于康德而非海德格尔。

沃林也迅速还击本哈比，[①]火力交织在最尖锐的两个问题上：其一，“无思”的观念究竟属于海德格尔还是康德的影响？沃林指出，海德格尔哲学对阿伦特的影响一直有目共睹，例如在《人的条件》一书中，当思考前苏联发射卫星“史普尼克1号”的存在论意味时，阿伦特就使用了“天空”和“大地”等晚期海德格尔词汇。同样，海德格尔对现代生活的技术性维度之批判，也深深影响了阿伦特对艾希曼的理解和描述。尤其在《耶路撒冷的艾希曼》“后记”中，她明确提及艾希曼的“无思”时，是将他描述为一个被动的公务员：“艾希曼格外勤奋努力的

---

① Richard Wolin, “Thoughtlessness Revisited: A Response to Seyla Benhabib,” *Jewish Review of Books*, September 30, 2014.

原因，是因为他一心一意只想加官晋爵，此外毫无任何动机，而我们无法说这种勤奋是犯罪……说得明白些，他其实完全不知道自己在做什么……他并不愚蠢，只不过是丧失思考能力"。沃林认为，虽然《艾希曼》中有一小段话，借助康德的判断理论，谈论从他人的角度思考有助于人们扩展自己的视野，但直到70年代，阿伦特才认真研究了康德的道德律令。对《艾希曼》，康德哲学还没有产生如本哈比所声称的关键影响。

其二，按照本哈比（其实也是伯科威茨）的解释，纳粹的世界观可以被描述为"恶之平庸"。对此，沃林针锋相对地进行了如下两方面驳斥：首先，这种解释与阿伦特并不相符，在阿伦特看来，艾希曼不是出于对意识形态的信念，而是作为一个公务员，来执行一种大规模的行政性杀戮。关于艾希曼的行为，阿伦特1964年接受德国记者和历史学家 Joachim Fest 的访谈时说道："我不相信意识形态起了多少作用"。阿伦特不是如本哈比（以及伯科威茨）所言，低估了艾希曼的意识形态动机，而是压根不认为艾希曼有意识形态的动机。其次，无论是将艾希曼视为一个意识形态拥护者，还是无意识形态的小布尔乔亚，人们固然可以争论艾希曼是否"平庸"，然而，是否可以如本哈比（以及伯科威茨）所认为的，导致屠杀六百万人之恶行的狂热的纳粹主义，乃是"无思"所致的"恶之平庸"？这种"恶之平庸"是否同阿伦特在《极权主义的起源》一书中对纳粹行为的评价——"根本恶"——相矛盾？

本哈比再次回击沃林，[①]尤其是针对他的第一个问题——究竟阿伦特是通过康德还是海德格尔，来思考艾希曼的"无思"与"平庸"。本哈比不耐地说，沃林一贯喜欢以"*Cherchez Heidgger*！（到海德格尔那里找！）"的指导思想来理解阿伦特，臆想阿伦特被对海德格尔的盲目爱情冲昏头脑。海德格尔虽的确影响过阿伦特，但阿伦特对艾希曼的判断上却没有海德格尔的影子。事实上，从50年代开始，阿伦特的

① Seyla Benhabib, "Richard Wolin on Arendt's 'Banality of Evil' Thesis," *Jewish Review of Books*, October 14 2014.

一些笔记和文章都证明她已经在关注康德。这些笔记中已经谈论到了思考、判断与从他人角度思考之间的关系，这些都同她对艾希曼的“无思”之判断有关。另一方面，阿伦特并没有盲目跟随海德格尔哲学，相反，她对海德格尔有许多颠覆之处，更没有将极权主义简单归结为现代性问题。

沃林则认为，[①]本哈比之所以坚持康德而否认海德格尔在《艾希曼》中对阿伦特的影响，是因为她对阿伦特的英雄崇拜遮蔽了判断力。阿伦特罔顾耶路撒冷大审中法官的公正判决以及当时已经能看到的萨森对艾希曼的部分访谈（这已足够揭发艾希曼的真实面目），而坚持认为艾希曼的“恶之平庸”是由于他的“无思”，这种明显的错误不仅使人想起海德格尔对现代技术社会导致“无思”与“庸众”的批判，而且使人难免要从她的个人意愿中去找原因——她试图为自己早年深切认同的德国文化开脱，尤其自从1950年她与海德格尔和解之后。正是这种意愿，使得她甚至声称：“纳粹只是一种垃圾现象（gutter-born phenomenon）”，“与人文或观念史的语言无关”。她的解释使得大屠杀成为一种普遍性现象，而无法解释为何唯独发生在德国，同时也淡化了其反犹主义色彩。而另一方面，阿伦特对反犹主义的研究，却很成问题。即使在《起源》一书中，虽然她正确地指出纳粹的行为是“根本恶”，但她对反犹主义的研究，却是在复制那些反犹文本所呈现的刻板形象和陈词滥调。她将“再现”与事实混淆，这等于是通过研究对犹太人的批评来得出对犹太人的批评。

科瑞·罗宾（Corey Robin）撰写长文《阿伦特的审判》[②]来发表自己关于这场争论的意见。在沃林与本哈比之争中，他旗帜鲜明地站在本哈比这边，认为阿伦特的“无思”来自对康德的解读，应被理解为不能从别人的角度思考。罗宾与伯科威茨、本哈比一样认为，阿伦特并没有如很多人（例如里拉和沃林）误解的那样，将艾希曼视为一个小官

---

① Richard Wolin, “Arendt, Banality, and Benhabib: A Final Rejoinder,” *Jewish Review of Books*, October 14, 2014.

② Corey Robin, “The Trials of Hannah Arendt,” *The Nation*, May 12, 2015.

僚主义者，而是把他当作一个失败的野心家（他希求职业的成功和历史的光荣），只不过是通过一种官僚渠道来运作个人野心。阿伦特既不怀疑艾希曼是否反犹，也不怀疑大屠杀的反犹性质，而是将艾希曼的所为与其内心状态分开，将大屠杀行动与反犹主义的动机分离。进行这种分离不是轻视动机，而是强调行动本身的重要。阿伦特关心的，是艾希曼做出了何种行为，以及艾希曼是否能从别人的角度反思自己的行为。因此，历史学家们对艾希曼动机的发现并不能影响阿伦特关于他的"恶之平庸"的思考。

罗宾抱怨说，阿伦特的批评者们不愿像阿伦特那样，将大屠杀作为一个历史事件，而是将之定性为最高的恶，以便在一个失去道德确定性的时代，以之作为政治和道德的保障与基础，即：在多元时代，尽管人们不再能分享客观一致的善、正当和公义的理念，但至少还知道什么是恶。而阿伦特却坚持将大屠杀作为一个历史事件，以便透过这一事件来理解现代社会中每一微小个人行动所包含的道德责任。她看到，在现代世界，个人行动和非人程序是交织在一起的，但程序性的行动，也应当被理解为一系列的个体选择。罗宾说，阿伦特所追求的，是一种更高的政治道德，向人们提出了更高的道德要求，在此意义上，《艾希曼》是一本非常犹太化的书，因为它具有极强的犹太道德意识——大善大恶都蕴含于微小的行动之中，并如此来要求犹太人（如它对犹太人委员会的严厉态度）。然而，罗宾讽刺说，这样一本犹太意味的书却不为犹太人所接受。

第四节　新问题的开始：恶的维度何在？

这番互不相让的尖锐交锋向我们揭示出很多隐藏其后的复杂问题，例如：阿伦特与海德格尔以及德国文化的复杂关系；阿伦特的犹太问题——她是否有人们批评的那种犹太人的自我仇恨，以致对自己民族的苦难缺乏必要的同情性理解？或者，她是否如罗宾所说的，以犹太人的方式来对待犹太人，却不被自己的同胞接受？罗宾暗示：她才是一位真正的犹太义人。

如果我们大致将里拉、斯坦格内丝和沃林看作争论中的一方，而将伯科威茨、本哈比、罗宾看作争论中的另一方，那么我们可以看到，对阿伦特的批评不是要否认“恶之平庸”是理解现代官僚社会中的个体道德责任的一种合理理论，而是质疑阿伦特是否以这种深刻的洞见，来遮蔽了其他有关恶的真相；是否以一种澄明，遮蔽了另一种盲目。

关于“恶之平庸”的争论，关键也许不在于艾希曼究竟是否平庸，也不在于“无思”究竟来自于海德格尔还是康德，而在于如何理解极权主义中恶的“真相”。而之所以需要反复讨论极权主义的恶之“真相”，倒不在于人们能像执手术刀或显微镜的科学工作者那样，直观艾希曼或任何其他个人的灵魂，并给出关于这灵魂性质的终极判词。他人的内心，即便如艾希曼那样，曾被受害者、法律工作者以及各个相关领域的学者以极大兴趣高度曝光，在终极意义上，终究只能是一个谜。人们只能根据其行为给出意见，而无法肯定自己揭示了谜底。在《圣经》传统中，恶是什么？源于何处？这些问题始终保持着某种神秘。然而，这些并不意味着，对恶的思考和理解没有意义。实际上，对恶之问题的适当理解之所以必要，是因为这将直接关系到我们对人类责任如何可能的思考，关系到我们打算如何应对恶。诚如沃林和斯坦格内丝所指出的，正因为阿伦特在此问题上的影响十分重大，而艾希曼的“恶之平庸”已经成为了理解现代性和极权主义之恶的一种典范，所以对其观念的批评或吸收就十分重要。

阿伦特“恶之平庸”提出了一种极具启发性的现代恶的新形态。在对肖勒姆的回复中，她承认自己对恶的理解发生了转变：“你十分正确：我改变了看法并且不再谈论‘根本恶’……现在我的确认为，恶不再是‘根本’，而只是极端(extreme)。它既没有深度，也没有任何恶魔般的维度。它能过度生长并污染整个世界，只因为它如同霉菌一般在表面蔓延。如我所说的，它‘拒绝思考(thought-defying)’，因为思考试图到达某种深度，进入根部。而思考面对恶，就会受挫，因为那儿没有任何东西。这就是恶的'平庸'。只有善(good)才拥有深度并能是根本的。"①

从"根本恶"到"恶之平庸"，这其中发生的是怎样的改变？笔者认为，关键在于，正如有学者指出的，根本恶是在一种神学框架中思考恶，而"恶之平庸"则显然拒绝了这种框架。② 我们应当在此种神学意味的消失中理解阿伦特所说的"恶没有深度"。在深受基督教影响的西方文化中，恶要么像歌德笔下的墨菲斯特，作为一种否定性来刺激着人类不断追求的欲望，要么像陀思妥耶夫斯基笔下的宗教大法官，以自己来取代上帝，想要成为人类的新神。这些恶都拥有某种堕落天使的深度，与善构成某种辩证关系。仿佛善越大，恶也越大。而当阿伦特说，恶没有深度时，她不仅改变了自己过去对恶的理解，也在某种意义上改变了对极权主义制度之终极意味的理解：在"根本恶"的理解中，极权主义观念指涉了一种现代性内在的虚无主义潮流，这种潮流以一种总体化的统治，破坏了人类尊严，将无数人类变成了多余的，应当被消灭；而在"恶之平庸"中，极权主义失去了这种终极性意味。

阿伦特在 1969 年给洛克菲勒基金会 Kenneth Thompson 的信中写道："我们如何能够在一种全然世俗化的设定中接近恶的问题？"③显然，她更愿意将恶纳入一种回避超越性视野的人类责任和判断中进行理解。她在批判恶的同时向我们显明，恶成为了现代生活中某种被合理化了的常态，成为普罗大众的日常生活，即：每个人都可能貌似合理地拒绝过去的伦常自然要求个人承担的责任，回避一种更高的道德要求。在现代社会，个人的理由即可以是完整的理由，不再需要承受"思"，承受绝对深度的考量。如果说，传统的恶还同善构成一种辩证关系，现代恶则由于失去了与绝对善的辩证关系，而变成只有个人理

---

① "'Eichmann in Jerusalem': An Exchange of letters Between Gershom Scholem and Hannah Arendt," pp. 250 - 251.

② Dana Villa, *Politics, Philosophy, Terror: Essays on the Thought of Hannah Arendt*, Princeton: Princeton University Press, 1999, p. 56 - 58.

③ 转引自 ibid., p. 57。

由的东西。在此意义上，恶没有深度，恶是一种自然权利。

问题在于，阿伦特在向我们睿智地指明这种“恶之平庸”的同时，却也大大地缩减了人们理解恶、应对恶——或者说思考人类责任——的问题框架。或许部分地由于此原因，尽管她晚年的思考始终直面如何应对恶，如何承担人类道德责任的问题，但在提出诸多洞见之时，亦终究难以应对诸多质疑。

第二章 阿伦特与恶的现代性悖论

如何面对现代社会的恶，是阿伦特一生最重要的牵挂，至终都在冥思苦想的难题。1945 年，她曾写道："恶的问题将成为战后欧洲知识分子的基本问题。"[①]1964 年，年近耳顺的阿伦特被载誉迎回德国，接受著名电视节目主持人君特·高斯的访谈。面对德国观众，她毫不客气地说，对她而言，1943 年是具有决定性的一年。那年，她了解到纳粹死亡营的残酷真相，逐渐从拒绝相信到不得不面对事实，感觉犹如面对"一个裂开的深渊"。[②] "发生了某种我们无法与之和解的事情。我们之中永远无人能做到。"[③]身为犹太人，同时作为热爱和继承德国文化的知识分子，这句话在她显然具有十分深远的含义。这不仅因为，面对恶的问题，是知识分子的道德责任，也是因为，纳粹之恶与文化，尤其与德国文化有着深刻的不解之缘，有待澄清和反省。而她则处在矛盾的中心。

阿伦特尖锐地提出了 20 世纪恶的新形态，即："根本恶"和"恶之平庸"。她敏锐地感受到这个问题："准备谋杀他年迈姑姑的人，和丝毫没有考虑他们行动的经济效用……就建造工厂来生产尸体的民族，这二者是有所差别的。"[④]这差别便体现了 20 世纪恶的新形态。这些

---

① Richard J. Bernstein, *Radical Evil: A Philosophical Interrogation*, Polity Press in association with Blackwell Publishers, 2002, p. 1.

② *The Portable Hannah Arendt*, Edited with an Introduction by Peter Baehr, New York: Penguin Books, 2000, p. 13.

③ Ibid., p. 14.

④ 理查德·J. 伯恩斯坦：《根本恶》，王钦、朱康译，南京：译林出版社，2015，第 2 页。

问题由于直面时代创痛而获得了广泛回响，亦为阿伦特的思想赢得了人们的持久关注。她对恶的问题的揭示实际上是对启蒙和现代性问题的挑战，让人不得不重新面对悲剧揭示的人的限度问题。她既向盲目乐观的理性和科学主义者提出了警示，也不同于悲观反现代的浪漫主义和后浪漫主义者，而是让人们在新的社会历史条件下重新思考自由与责任、行动与限度的古老问题。对于20世纪的社会历史灾难，她通过“根本恶”对意识形态与恐怖相结合的权力运作模式提出根本质疑，通过“恶之平庸”对现代科层制中的个体道德责任进行反思，为此超出她一直专注的政治领域，以致责任与道德判断成为了她生命晚期的主题。此外，虽不甚明晰，她也表明了根本恶与恶之平庸的内在关联。与其说她带给了人们对恶的新发现，不如说她揭示了人性在特殊历史处境下特殊的表现形态。

阿伦特对现代人的生存处境有强烈的悲剧性感受。她对20世纪政治与社会灾难的反思在很大程度上得益于古希腊悲剧智慧，尤其是悲剧对于行动在开端启新与被动忍受之间的双重性与脆弱性之洞察，因而能犀利指出极权主义作为人类行动在原因与结果、动机与行为、有能与无能间的极度不相称性。她指出，“根本恶”与“恶之平庸”中都包含了一种由行动者的狂热与盲目而引发的灾祸，而这一点，是平克所代表的乐观的理性主义者们忽视的。平克虽正确地认识到，恶的问题常表现为“道德标尺的偏差”与“自欺”，[①]但却乐观地将恶当作“我们认知上和情感上的几个小缺陷”，[②]并认为，虽然这些小“缺陷”能给人类带来巨大灾难，但这些灾难本来是能够避免的：“一旦人认识到我们心理上这种宿命的怪癖，我们的社会生活，以及我们的历史和现实看起来都变了个样子。”[③]他将写作《艾希曼》的阿伦特视为“解构纯粹邪恶迷思的先驱”，[④]却忽视了《艾希曼》中的悲剧性反讽。

对行动的反思，是希腊悲剧的智慧所在。悲剧诞生和繁荣于城邦

① 斯蒂芬·平克：《人性中的善良天使——暴力为什么会减少？》，第564—569页。
② 同上书，第657页。
③ 同上书，第569页。
④ 同上书，第574页。

民主时代、人类文明的第一次启蒙运动时期，本就以教育城邦民众如何恰当行使自由与行动能力为鹄的，因此对理解 20 世纪人类以寻求伟大或解放为目的的行动之悲剧性格外具有启发意义。而阿伦特对 20 世纪悲剧的反思，基于现代性的新型背景展开。这个新历史时代背景，为传统悲剧情节注入了前所未有的催化剂，使行动者的狂热与盲目之对照达到了前所未有的激烈程度，由此产生了阿伦特所说的 20 世纪恶的新形态："根本恶"与"恶之平庸"。这两种看似矛盾的对恶的描述，都带有一种共同的"过度"性色彩。行动者的狂热与盲目，缘于对自我意图的执迷，其后果，便是阿伦特在《人的境况》中指出的，行动沦为制作，制作沦为动物物种生命过程。阿伦特试图通过唤起政治精神和个体道德责任来抵抗这种"过度"。

第一节　根本恶的"过度"：无所不能的人性与多余的人性

1951 年，《极权主义的起源》出版。阿伦特在《初版序言》中写道："如果说在极权主义的最后舞台的确出现了一种绝对恶（绝对是因为它不再出于人能理解的动机），那么可以说，若非这种绝对恶，我们也许永远无法得知恶的真实激进本质。"[①]在此书中，阿伦特一方面致力于描绘极权主义制度背后隐藏的，体现在社会组织、法律和心理等方面的动力机制，一方面揭示人类政治、文明和精神方面的各种要素是如何被席卷消融于这难以抗拒的动力机制中，直至发现，在这场前所未有的以历史必然性为名、使一切有机性传统要素解体的社会运动进程中，"似乎一切都失去了具体价值，让人的理解力无法辨认，也不再合乎人们的意愿"。[②]

在阿伦特看来，极权主义的特点，不仅在于其在地理空间上进行全球性征服的巨大野心，在时间向度上由历史指向未来的目的论统治

---

① Hannah Arendt, *The Origins of Totalitarianism*, pp. viii - ix.

② Ibid., p. viii.

欲望，更在于试图据其设想，来统一规划和创造一种“新人”与“新人性”，由此剥夺和摧毁个体自由与多样化的人性。因此，她不仅在初版的结尾及高潮部分——此书第十二章第三节“全面统治”中，描绘了极权主义的基本信念——“一切都是可能的”——是如何在集中营进行试验，将人和人性变为“多余”，还在七年后(1958 年)此书的修订版中，添加了新的最后一章“意识形态与恐怖”，作为全书的总结。

这画龙点睛的一章指出：作为人类历史上前所未有的政府形式，极权主义制度以永远处于运动状态中的意识形态作为其合法性权威，以恐怖作为推动此运动实现的手段和统治的实质。这种统治企图“使人类自身成为法律的化身”，将人类“物种(Species)”变成“一种积极的、永不失败的法律载体”。[①] 只是该“法律”不同于人类已有的各种法律概念。它是规定自然与历史进程的超级力量，大地上绝对正义的化身；是具有科学性的哲学或世界观，跨越了科学与哲学二者的界限。它既要成为社会的客观外在法则，也要成为个体的主观内在法则，跨越客观与主观、外在与内在的界限；既体现为成文法，但又远高于成文法，跨越成文和不成文法的差别。它要代表所有人类，并视所有人为一个人，跨越人类与个体的差别；从此，人不再是人，而只是被发明的“新物种”。

由此，阿伦特指出，希特勒的真正目标不是旧式的民族主义，而是以党卫军为代表的“主人种族”。[②] 党卫军与普通人甚至党员的区别在于，他们是在意识形态上完全坚定的人。同样，斯大林的真正目标，也不是要“在一国实现社会主义”，而是无限地“运动”。[③] 这“运动”完全超越了本民族和国家利益，旨在消灭其他“人种”，来制造某个“新人种”。极权统治者“将偶然夺得政权的国家看作是走向征服全世界的

① *The Origins of Totalitarianism*, p. 462.

② 阿伦特：《极权主义的起源》，林骧华译，北京：生活·读书·新知三联书店，2008，第 563 页。“纳粹并不认为日耳曼人就是一个主人的种族，世界属于他们，而是认为，他们应该由一个主人种族领导，就像其他一切民族一样，而这个种族正在诞生。主人种族的曙光不是日耳曼人，而是党卫军。”

③ 同上书，第 565 页。

国际运动临时司令部，他们从几百年几千年的角度来认识胜利和失败，全世界性的利益总是压倒了他们自己领土的局部利益。”[①]他们以一种无限遥远的、有关未来的虚构，来蔑视直接当下的本国本土现实，以一种“超级意义”[②]来取消所有具体的现实意义。

阿伦特精辟地指出，正是这种同时作为恐怖和法则的“超级意义”，促成了一种激进的恶的本质的实现——将人和人性变为多余的。她以集中营为例，描述了通往这一地狱之途的三部曲：其一，取消人的法律-政治人格，使公民的生存状态呈无法可依之态。为实现这一目的，极权统治者有意在集中营里同时混杂刑事犯、政治犯，以及其他无罪的群体类别，以此取消法律界限，使得国家机器可以无须法律罪名便随意处罚任何个体。其二，通过精心设计某些道德陷阱来摧毁道德人格：例如株连制——让个体的反抗行为给其家人至亲带来毁灭；又例如，创造某些条件让受害者卷入极权统治的部分管理罪行中，让犯人担任部分集中营的管理和协助工作，使他们在极端处境、两难处境中对某些极其残酷的选择负责。这些手段充分体现了极权统治的旨趣所在：消灭人之为人的道德依凭，模糊施害者与受害者之间的界限，将所有人都卷入到同一个碾压人性的运动过程中，破坏一切人类团结。最后，在消灭法律-政治人格和道德人格之后，迈入第三步——消灭人的自发性，制造活死人——便是水到渠成的事情了。这一步，是通过精心安排那疯狂折磨肉体和尊严的恐怖行动来完成的。

最终，极权主义制度“成功地”将人变成毫无自发性的傀儡，像巴甫洛夫的狗一样，唯余对环境的机械反应。在此种悬置了法律的制度中，人的性格与个性都是多余的，连死亡也丧失了意义。生命只是一堆纯粹质料，可以毫无法律保护地被任意消灭。就连自杀这种抗议性死亡，其震波也由于人类团结的丧失而消弭。由于这种单子式的孤独，在人类历史上，牺牲前所未有地成为不可能的事情。不是因为无人殉难，而是因为殉难不再具有社会意义，仅余死亡的孤寂。

① 《极权主义的起源》，第563页。

② 同上书，第606页。

在阿伦特看来,极权主义最大的问题便是对人性(人的复多性)的改变,而这种改变之所以发生,是因为人企图像神一样无所不能。她曾在给雅斯贝尔斯的回信中说:"我不知道根本恶究竟是什么,但在我看来它与下述现象有关:把人变成多余的人……所有这一切都源自(或者更好地说是伴随着)一个假象,即个体的人无所不能(不仅仅是对权力的贪欲)。假如一个人作为人可以无所不能,那么事实上,人作为复数形式的存在就毫无理由了——正如在一神教中,正是上帝的无所不能使得他成为唯一者。"[①]

卡诺凡在其著作中正确地注意到了阿伦特对人性问题的关注,为此,她在解读《起源》一书时,引用了阿伦特的一句话作为题记:"只有当我们认识到近来事件发生的人性背景,明白发生之事皆由人为,因而能够且必须由人来阻止——只有那时我们才能消除这个世界的噩梦般性质。"[②]卡诺凡的引用是为了强调,阿伦特之所以视极权主义为"根本恶",是基于其对人性之自由与复多性的破坏,让这种自由和复多性处于危险之中。事实上,阿伦特对"反人类罪"这一前所未有的罪名的提出,便是基于这一理由。她在《艾希曼在耶路撒冷》"结语"中指出,反人类罪是针对人性本身、反"人类生存状况"的一种犯罪,它企图消灭人性的复多性。[③] 而对于阿伦特,人性没有定义也不应当被定义。或者说,在她那里,人性就是人的自由、差异与不可定义性。"根本恶"的"过度"便在于那种企图定义与"制作"人性的暴力。

第二节 恶之平庸的"过度":道德盲视与自欺

阿伦特关于根本恶的描述分析符合人们在 20 世纪的震惊感受,因此成为了经典命题。然而,到了 20 世纪 60 年代,她发表的与恶相

① 转引自理查德·J. 伯恩斯坦:《根本恶》,第 253 页。

② 卡诺凡:《阿伦特政治思想再释》,陈高华译,北京:人民出版社,2012,第 17 页。

③ 阿伦特:《艾希曼在耶路撒冷:一份关于平庸的恶的报告》,安尼译,南京:译林出版社,2017,第 286 页。以下简称《艾希曼》(中译本)。

关的新作《艾希曼在耶路撒冷：一份关于恶之平庸的报告》，却引发了轩然大波，甚至被视为丑闻。为何会有此种反差？

在此书中，关于艾希曼，阿伦特与绝大多数人所见不同。她看到的不是一个残酷、冷血、自觉的反犹主义者，而是一个“正常”“普通”的行政性屠杀代理人，一个“恶之平庸”的典范。虽然“恶之平庸”这个词仅在全书末尾才出现，但全书对艾希曼的观察、描绘和判断都被这种印象所主导：艾希曼怯懦、卑微，声称自己所做的一切事情不过是在遵守上级指示而完成日常工作；他视服从（元首）为天职，除此之外，他真正关心的，便是加官晋爵，以证明自己的价值；他在法庭上的反应表明，他根本意识不到自己罪行的严重程度，因为他的认识能力“平庸”到根本不足以判断自己的行为，反思其后果。

强调艾希曼的“正常”和“普通”，阿伦特本意不在为其辩护，开脱其罪行的严重程度。她并未像一些著名的犹太思想精英（如肖勒姆和马丁·布伯）以及自己的良师益友雅斯贝尔斯那样，出于某种考虑而反对处死艾希曼。相反，她清楚地表明：在政治中，服从就等于支持，由于艾希曼对大屠杀这桩反人类罪的参与和支持，他理应被处死。①

阿伦特的意图，也不应被简化为对制度性犯罪、功能主义和现代理性的谴责。尽管《艾希曼》一书的确对我们思考极权政府的本性以及现代科层制问题具有极大启发，但其不同凡响之处在于，阿伦特并未由于提出了“恶之平庸”，便将罪责仅仅归咎于极权政府或现代科层制而非个体，并未仅仅认为“桶坏了”，而非“苹果坏了”。她的意图包括了对彼此互动的两组因素的观照：一方面是现代社会非政治化和功能主义化造成的道德盲视，另一方面是“无思”造成的道德个人主义或道德自欺。两方面相互影响，但并非完全在同一层面观察问题：前者主要从社会学层面展开对道德状况的反思，后者则从超社会学的哲学视野着眼——阿伦特由此开始了生命后期超政治的道德哲学思考。虽然后者为本而前者为标，但人们似乎比较容易强调前者而忽视后者。或许这是由于，同前者相比，后者是一个更难于解答，甚或无解的

① 《艾希曼》(中译本)，第 307 页。

问题。

在《艾希曼》中,她的确指出,在极权主义制度和现代科层制下,普通个人比过去更容易犯下某种巨大的罪行而不惊惧醒悟。“对政治学和社会学来说,有一点无疑非常重要:极权政府的本性,抑或每一种科层制的本性,在于把人完全变成职员,变成行政机器上的小齿轮,从而令他们丧失人性。”[①]这一观点,无疑令许多致力于反思残酷之社会原因的后阿伦特社会科学研究获益良多。

例如,耶鲁大学心理学教授米格拉姆(Milgram)的实验表明,[②]生活中不乏友善的普通男女,一旦进入权力与服从的结构性关系,就如同被施了魔法,很容易进入角色转换,成为残酷的执行人。而且,施害行为的执行愈是科学化与程序化,施害者同受害者的空间和心理距离愈是间接遥远,行动便愈是残酷。同样,另一位心理学家津巴多(Zimbado)著名的“斯坦福实验”也试图表明:导致残酷行动的社会原因远远多于个体原因;对残酷的纵容与其说是源自参与者的邪恶,不如说是源自邪恶的社会安排;与其说是“苹果坏了”,不如说是“桶坏了”。[③] 而《现代性与大屠杀》[④]的作者,齐格蒙德·鲍曼则批评过去的社会科学研究仅是力图将大屠杀经历包容在社会功能失调的理论框架中,认为大屠杀只是现代性的某种失误和歧途,忽视了大屠杀所揭示出来的现代性的一种可能性。他指出:“大屠杀不是人类前现代的野蛮未被完全根除之残留的一次非理性的外溢。它是现代性大厦里的一位合法居民;更准确些,它是其它任何一座大厦里都不可能有的居民。”[⑤]其著作的主旨便是阐明:大屠杀是一个典型(但非必然)的现代现象,其中包含的社会学、心理学和政治学方面的教训,应当进入当代社会的自我认知、制度实践和道德反思。

---

① 阿伦特:《艾希曼》,第 308 页。

② Stanley Milgram, *Obedience to Authority: An Experimental View*, Harper Perennial Modern Classics, Reprint Edition, New York: Harper & Row, 2009.

③ 津巴多:《路西法效应——好人是如何变成恶魔的?》,孙佩妏、陈雅馨译,北京:生活·读书·新知三联书店,2010。

④ 鲍曼:《现代性与大屠杀》,杨渝东、史建华译,南京:译林出版社,2002。

⑤ 同上书,第 24 页。

鲍曼在《现代性与大屠杀》附录——为该书获阿玛菲尔德奖而作的讲演中指出：“这么多年以来——或者可以说一直到今天——阿伦特的呼声一直响彻于荒野。在那个时候，她的分析所遇到的愤怒来自于欲使自我意识无可指责的意图。只有那种认为纳粹罪行与我们、我们的世界和我们的生活样式全无干系的解释，才为人们所接受。这种解释可谓有一箭双雕的作用：既谴责了被告，同时又赦免了胜利者世界的罪过。”[1]这段话虽漫画化了人们批评《艾希曼》一书的原因，却正确点明了，缘何此书虽受诸多谴责，却依然在岁月长河中获得称许：此书揭示了纳粹罪行与我们、我们的世界和我们的生活样式可能存在着深刻关联。就此而论，阿伦特确如平克所言，成为了近半个世纪以来，“解构纯粹邪恶迷思的先驱”。[2]

虽然阿伦特强调，其意图并非要找出“我们每个人身上的艾希曼”，[3]强调她自己是将艾希曼当作独一无二的个体而非象征，[4]但此书的确表明：现代科层制有时能极大助长恶的繁茂，以致许多像艾希曼那样犯下可怕罪行的“普通”人，所犯罪行的严重程度与其人格的“普通”程度不成比例。然而，阿伦特的用意还不止于此。透过艾希曼，她进一步追问，这种集体道德崩溃是如何发生，如何离不开每个普通人甚至受害者本人在其中的独特“贡献”。这种“贡献”要么是无知，要么是贪婪，要么是冷漠，要么是沉默。正是由于个体内在“贡献”与外在机制相结合，才发生了这种仅只发生在20世纪、独特却又普遍的现象：浩大的罪行，作为一项浩大的社会工程，是在许多普通人的协作和参与下共同完成的，因此，当人们试图追究罪犯的责任和动机时，竟没有一人能够或愿意承担。由此才产生“恶之平庸”。

因此，“恶之平庸”并非指罪行平庸，亦非仅指庸人犯罪，并非平庸的恶，而是指罪责意识与犯罪后果不成比例，甚至是罪责意识阙如。在阿伦特那里，“恶之平庸”固然反映了现代官僚组织方式的结构性缺

---

① 《现代性与大屠杀》，第274页。

② 平克：《人性中的善良天使》，第574页。

③ 阿伦特：《艾希曼》，第305页。

④ 同上。

陷，但更暴露了现代个体责任感的“平庸”——责任感的缺席与道德自欺。就《艾希曼》一书而言，与其说阿伦特“解构纯粹邪恶迷思”或批判现代性，不如说她更关心现代个体的道德沦丧与灵魂危机。这就是为何她要亲赴耶路撒冷，亲眼目击这位著名战犯，并单单为**这个人**来写下这本书的原因之一：“本书既不讨论犹太民族历史上最悲惨的一段，也不探讨极权主义问题，不追溯第三帝国时期的德意志民族历史，更不是一篇探讨恶之本质的理论文章。每个审判的焦点都是作为被告的**那个人**，他有血有肉，有自己的历史，总是有独特的品质、个性、行为方式和生活境遇。”① 对艾希曼作为一独特不可替代之个人的强调，乃是对其独特不可替代之罪责的强调。

阿伦特批评艾希曼“无思”，其实是对他缘何缺乏责任心和自欺的诊断。“无思”是指既没有能力自己思考，也没有能力从别人的角度以及行为后果去思考。阿伦特试图从“无思”与恶之间“吊诡的相互依存关系”中②，得出恶之平庸与道德自欺的内在关联，并认为，这才是艾希曼的真正可怕之处。“艾希曼在临终一刻，似乎总结出我们在人类漫长罪恶史所学到的教训——‘恶之平庸’才是最可怕、最无法言喻，又难以理解的恶。”③

阿伦特惊叹艾希曼的“庸常”比蓝胡子恶魔的惊悚更像现代人的噩梦。“从我们的法律制度和我们的道德准绳来看，这种正常比所有残暴加在一起更加可怕，因为它意味着，这类新的罪犯，这些实实在在犯了反人类罪的罪犯，是在不知情或非故意的情况下行凶作恶的，这也是纽伦堡审判中被告及其律师反复强调的。”④ 这意味着，许多像艾希曼那样的人，有可能会在自己根本意识不到的情况下，犯下后果极其严重的罪行；也意味着，许多“正常”的人类已经失去了思考的能力，不再能够为自己的行为负责。在阿伦特看来，这才是我们应当从艾希

① 阿伦特：《艾希曼》，第 304 页。

② 同上书，第 317 页。

③ 阿伦特：《平凡的邪恶》，第 279 页。此处译文经对照原文后，发现台版更准确，故而采用台版译文。

④ 阿伦特：《艾希曼》，第 294 页。

曼那里习得的教训。“他并不愚蠢，他只不过不思考罢了——但这绝不等于愚蠢。是不思考，注定让他变成那个时代罪大恶极的人之一。……这种远离现实的做法、这种不思考所导致的灾难，比人类与生俱来的所有罪恶本能加在一起所做的还要可怕——事实上，这才是我们真正应该从耶路撒冷习得的教训。”[①]

但阿伦特强调，“恶之平庸”并不等于“人人都是艾希曼”。这种简化只是以现代科层制决定论来开脱罪责的借口，恰是艾希曼在法庭上为自己辩护的理由。如果人人都有罪，就等于谁也没有罪了。这并不合乎正义。[②] 相反，“恶之平庸”其实是提醒人们：与其说人人都“有可能”成为艾希曼，不如说人人都“有责任”避免成为艾希曼。虽然在现代世界，个体行动总是同社会进程交织在一起，道德选择中的个体很容易经由经济、社会、媒体、意识形态宣传以及种种国家暴力机构而被收编，进入一个总体性、程序性的系统结构，但社会进程也应当被理解为一系列个体行动的结果。每一微小的个体行动，尽管从宏观而言微不足道，但都包含着一种道德选择，对未来产生某种可见或不可见的影响。关键在于，人们是愿意承担起自己那一份道德责任，还是愿意随波逐流，沉浮于不见个人、只见群体的滚滚红尘。而这份出自个体的道德责任，与平克推崇的、基于理性考量得出的“人性中的善良天使”完全无关。

第三节　“世界异化”与现代性的“失度”

以上可见，阿伦特对极权主义的解释既从功能主义，也从主体性角度作了探究。事实上，在她那里，正是这双方相互作用，构成了自由与命运的冲突，也体现了她对极权主义和现代性问题的悲剧性理解。这种理解正是貌似迥异的“根本恶”与“恶之平庸”的内在相关性，也使

① 《艾希曼》，第306—307页。

② 同上书，第305—309页。

她的思想具有了某种不同于进步主义的保守色彩。

个人企图像神一样无所不能或主持正义，曾是一种体现在古希腊悲剧英雄，如俄狄浦斯、安提戈涅身上的情致，也是其最终酿成灾难的过失乃至傲慢自负的道德缺陷。而在现代处境下，这种无所不能、傲慢自负的意志尤其容易因历史必然性的科学主义所膨胀。阿伦特在《人的境况》[①]最后一章（第六章）“积极生活与现代”中，便着力描绘了这种由唯意志论与科学主义、“内省的信心”与自动化生产过程结合所导致的行动被制作倒转，而制作又被生产过程倒转的危险。

《人的境况》写于《起源》之后，很大程度上是对《起源》未能深入探讨的理论问题的发展，尤其可被视为对《起源》修订版中增加的最后一章“意识形态与恐怖”的补充。《人的境况》和“意识形态与恐怖”均写于她对斯大林问题有更多历史性了解与理论性思考之后。这些思考回应和深化了她在《起源》中提出的现代性悖论：一方面，人类似乎如上帝一样无所不能地创造历史和未来；另一方面，他们又丧失了对自己所启动的这项行动的判断力与控制力，以致只能任由自己被动地成为一个自动化生产过程中的零件，既无道德，也无希望。

在这本书中，她借用“人在自己那里重新发现阿基米德支点”这一来自卡夫卡的隐喻，揭示了现代人在科学认知、社会生活、精神信仰乃至道德判断等方面的内省化、自我中心化、原子化乃至碎片化的面貌，表达了她对现代社会的世界异化（world alienation）、他异性经验丧失的尖锐批评。她指出，现代社会的世俗化过程，并不意味着人被抛回世界，而是被抛回自己。“当现代人丧失了彼岸世界的时候，他无论如何也没有赢得这个世界，严格来说，没有赢得生命；他被抛回到生命，被抛入内省的内在封闭领域，在那里他的至上体验是心灵的自我推理过程、自己和自己玩的空无一物的过程。这个过程所剩的唯一内容是胃口和欲望，是他误当作‘激情’的无意识冲动，他认为它们是‘非理性

---

① Hannah Arendt, *The Human Condition*, (2nd ed.), with an Introduction by Margaret Canovan, Chicago & London: The University of Chicago Press, 1998. 阿伦特：《人的境况》，王寅丽译，上海：上海人民出版社，2009。

的’，因为他发现他无法‘思考’它们，即无法对付它们。唯一潜在的不朽的东西——像古代的政治国家和中世纪的个体生命一样不朽的，是生命本身，即人类种群生生不息的生命过程。”①在此，阿伦特以敏锐的感受力、丰富的理解力和强大的思辨力勾勒了现代人是如何由创制世界蓝图的启蒙运动，到走向诉诸心灵、自我的浪漫主义，直至最终走向受制于动物物种、种族主义的生命过程。这也是一个由仿佛超越地球的星际探索，到徘徊于最贫乏卑琐的功能化生命，由进步信念抵达堕落深渊的过程。这种悖论性联结实际上提示了《起源》中的“根本恶”与《艾希曼》中“恶之平庸”之间的互补性关联。

阿伦特对现代人悲剧性生存境况的揭示并非独辟蹊径，而是有其深刻的理论渊源。我们至少可以从中看到托克维尔和马克斯·韦伯的身影。

自20世纪40年代中期以来，阿伦特多次着手研究托克维尔。她从托克维尔对美国革命与法国革命的比较、公民社会和新政治科学的研究中，发展出许多自己的见解。她和他都将政治作为自己思想体系的起点与中心，以及批判现代性的坐标，也都指出了政治行动既开放又受限，既主动又被动，既自由又无法控制的悖论性质；更重要的是，她和他都揭示了大规模现代革命运动和极权运动中共有的“失度”。我们不难从阿伦特对极权主义的思考中辨认出托克维尔在《旧制度与大革命》中的洞见。托克维尔的研究表明，当传统不再照耀未来，现代社会的激进民主诉求是如何可能以关于某种“必然性”的宗教形式展开，与极端暴力相结合，堕落为前所未有的专制与恐怖形态；还指出，法国大革命的群众基础，正是那些既彼此相似，又彼此冷漠，缺少共同关系性纽带的孤独个体。②沃林正确地说道：“在《极权主义的起源》中，阿伦特正是借助于托克维尔的路径来解释有组织的恐怖制度以及与之相应的原子化群众抵制力的丧失，后者是极权社会显著特点之一。”③

---

① 阿伦特：《人的境况》，第253页。

② 托克维尔：《旧制度与大革命》，冯棠译，北京：商务印书馆，1992。

③ 理查德·沃林：《海德格尔的弟子》，张国清、王大林译，南京：江苏教育出版社，2005，第57页。

韦伯对阿伦特的影响虽不那么引人注目，但亦深刻体现在阿伦特对现代性脉络与问题的追溯中。因此，当鲍曼在其极负盛名的《现代性与大屠杀》一书中，得益于阿伦特的启发而反思社会学对道德问题之理解上的困顿时，不由得提醒人们：有必要重回韦伯的现代性批判，正视韦伯关于现代性的不祥预感，看到恶同现代性问题之间的微妙关系。[①] 鲍曼指出："正是人类手段不断增长的力量，以及人们不受限制地决定把这种力量应用于人为设计的秩序这两者之间的结合，才使得人类的残酷打上了独特的现代印记。"[②]他认为社会学家应当如韦伯那样清醒地看到："比其他任何已知的社会组织形式组织得更加彻底的社会，已经向技术的不受挑战或不受约束的规则屈服，埋没了他者那张人性的脸，并因此把人类社会性的善恶中性化推到了一个史无前例的深度。"[③]

韦伯在阐述现代科层制、价值理性与工具理性分疏、世俗理性的铁笼以及诸神返魅之时，便对现代性悖论作出过揭橥。在《新教伦理与资本主义》中，他讨论了近代资本主义精神中以职业概念为基础的理性行为是如何从新教禁欲主义里产生出来的，并指出了其悖论性命运：这种资本主义精神在实现的同时便伴随着一种失去——其宗教基础的死亡，从此，人们的日常生活伦理交由一种世俗理性化来统治，这种世俗理性化在获得经济发展的极大成功之时，逐渐与其精神及文化中的最高价值脱离，成为一种无须掩饰的获利冲动。"专家没有灵魂，纵欲者没有心肝；这个废物幻想着它自己已达到了前所未有的文明程度"，[④]这是韦伯在书末对世俗理性囚笼中的现代文明作出的著名警告。而在"以学术为业"的演讲中，韦伯又指出了现代性的另一个悖论：经过了理性化祛魅后的世界，难免"诸神复魅"的命运。"今天的'日常生活'也具有某种宗教性质。那些古老的神，魔力已逝，于是以

---

① 鲍曼：《现代性与大屠杀》，第 14 页

② 同上书，第 283 页。

③ 同上书，第 285 页。

④ 马克斯·韦伯：《新教伦理与资本主义精神》，于晓、陈维纲译，北京：生活·读书·新知三联书店，1987，第 143 页。

非人格力量的形式，又从坟墓中站了起来，既对我们的生活施威，同时他们之间也再度陷入无休止的争斗之中。"[①]对这种状态，科学无法给出终极判断。"在这些神和它们之间的斗争中，起主宰作用的绝对不是'科学'，而是命运。"[②]与此同时，每个人必须根据自己的终极立场来决定，在他看来，哪一方是上帝，而哪一方是恶魔。

阿伦特与韦伯对现代性的思考有许多相近之处，不仅存在于理性化统治带来的善恶中性化影响，也在于看到个体在终极价值上的碎片化和绝对自我中心化处境。对这种处境，阿伦特称之为"世界内置性异化(innerworldly alienation)"：[③]"自笛卡尔以来，现代哲学的一个最坚定趋势，以及现代对哲学的最独创性贡献，就是对自我(有别于灵魂、人格或一般意义的人)忘乎所以的关注，并试图把所有经验，对世界的以及对他人的经验，都还原到人和他自身的经验上。马克斯·韦伯关于资本主义起源的发现的伟大之处，恰恰在于他证明了一种巨大的、严格意义上世俗性的活动，可以在完全不关心世界，无论如何不享受这个世界的乐趣的情况下发生，相反，这个活动最深刻的动机乃是对自我的忧虑和操心。现代的标志是世界异化，而非马克斯所设想的自我异化。"[④]而"世界内置性异化"将带来的危险，不只是失去他人和世界的孤独，更是行动的盲目，和受命于某个非人格神、某种必然性的奴役。

在此意义上，阿伦特备受争议的"恶之平庸"的观念，便显出其对现代性问题的悲剧反思。悬置艾希曼的历史真实面目问题不论，阿伦特在《艾希曼》中呈现的"理想类型(Ideal Type)"，也具有悲剧人物常有的盲目性，由此造成了行动意图与后果间的巨大反差。阿伦特在书中讨论的艾希曼的"无思"——不能从行为的后果或他人的角度进行

① 马克斯·韦伯：《学术与政治》，第40—41页。

② 同上书，第40页。

③ Hannah Arendt, *The Human Condition*, p. 251. 阿伦特：《人的境况》，第202页。中译将"innerworldly alienation"译为"内心世界异化""内在世界异化"，笔者认为译法不错，只是似乎不如译为"世界内置性异化"更能表达阿伦特的意思。

④ 阿伦特：《人的境况》，第203页。

思考——是一种既令人费解，又在我们的时代十分普遍的现象。对这种“无思”换一种表述，便是悲剧人物的盲目。以致有学者指出，阿伦特对艾希曼的恶的解释，是她回归古希腊的自然延伸。[①] 但这里有一个问题：既然办公室里的艾希曼在阿伦特笔下不过是一个杀人机器上的齿轮，一个只关心自己升官晋级的平庸之辈，这么一个形象又如何能同希腊悲剧中极具行动能力、性格鲜明的英雄角色相提并论？两种剧情类比的相似性何在？

关键是要理解，在当今生活情境中，人们行动的方式已经发生了改变。正如战争不能离开长期在办公室与实验室里的新型武器研发与电脑控制，人们的行动也无法离开一系列记录、报告、文件与宣传活动。今天的好莱坞影片中表现的极具杀伤力的反面角色，绝不面目狰狞、手持冲锋枪，而是文质彬彬的科学家或文员造型，安静地坐在电脑、仪器与显示屏旁边，随时准备发动下一个程序，甚至自己就是程序中的一个部分。他们远程操控谋杀，却能使自己的双手和良知保持干净。20 世纪，最可怖的行动以极其平静的面貌发生在许多人的日常工作中，仿佛那是一种必然，犹如时光不能停下脚步。阿伦特指出，这最符合希特勒建立千年帝国的野心和方式：“红头文件不单是我们时代的组织化方式强加给纳粹的必然性，也受到了他们的热烈欢迎并被他们强化。如此他们把每一桩每一件罪行记录下来复制至少十份，以留给历史并为了历史。”[②]因为每一份文件都加强了那个非人的组织化程序的能量，为时代造“势”，为人造“命运”。同样不可忽视的是，每一份文件背后，都有个体的选择和行动在其中。因此，艾希曼虽貌似如其所辩解，仅为国家机器上一小齿轮尔，但更是其试图洗白的反人类罪的主动参与者。

阿伦特绝非反对现代性和启蒙运动，但她的确揭示了现代性潜在的危险及其悲剧性质。这种危险和悲剧性来自“世界异化”的命运带给主体的挑战：人的操控性幻欲与技术的不可操控性现实相遇。在

① Corey Robin, “The Trials of Hannah Arendt,” *The Nation*, May 12,2015.

② Ibid.

此处境下，现代人的主体性遭遇悖论性地放大与缩小，与此同时，恶的动机与后果亦悖论性地不成比例。然而，大或小，很多时候只是一种自欺。阿伦特想让人们从世界异化回归世界的本真。在她看来，只有与他人在一起的政治共同体，或与自己在一起的对话共同体，才是世界的真实尺度。

第三章 阿伦特的政治思想与希腊悲剧智慧

阿伦特对现代人处境的悲剧性有深切感受，而古希腊前哲学传统，尤其是城邦政治与悲剧，不仅是她写作《人的境况》这本较有纯哲学色彩著作的理论参照，更是她与时代对话，反思极权社会的思想资源。阿伦特思想最重要的研究者之一玛格丽特·卡诺凡曾指出，阿伦特在古希腊找到了批判当代生活的"阿基米德支点"。[①] 其实更准确地说，这个"阿基米德支点"是不同于柏拉图哲学传统的前哲学的城邦政治及其戏剧。在阿伦特看来，现代性问题很大程度上在于前者之现代变体兴盛而后者所代表的公共精神式微，也就是说，柏拉图式政治哲学以一种现代面貌延续，加剧了现代世界对理念统治与制作的依赖，破坏了维护人类自由与多元性的公共空间。

政治无疑是阿伦特思考的核心。而戏剧，尤其是索福克勒斯的悲剧，是对阿伦特作为圆形结构("Polis")的政治思想的最佳呈现。阿伦特虽未专文论述城邦政治和希腊悲剧的关系，但她阐述自己对政治的见解时，时常引用希腊悲剧人物形象、言辞作为对理论的补充说明，以更感性具象的方式来丰富思想的展现。例如在《论革命》一书结尾，她引用了索福克勒斯戏剧《俄底浦斯在克罗诺斯》中一段"流芳千古、惊世骇俗"的诗行："切勿生而超出所有词语说出的意思；生命中次好的

---

① 玛格丽特·卡诺凡：《人的境况》之《导言》，第1页。收于阿伦特：《人的境况》。

东西，其来也急，其逝也疾。"[①]她指出，这诗行"让我们懂得了使普通人，无论老老少少，去承受生命之重负的究竟是什么。它就是城邦，是人们无拘无束的自由行为和活生生的语言空间，它让生命充满华彩"。[②] 她也曾直接称赞古希腊戏剧是"最优秀的政治艺术"，"人的生活转化为艺术的政治领域"。[③] 更重要的是，阿伦特对其政治思想的核心概念"行动(action)"的论述，直接蕴含着深刻的悲剧洞察力。她对极权主义运动所揭示的现代性问题，以及对作为"polis"的政治的理解，很多时候是透过行动的悖论性——亦即行动的悲剧性——来领会的。甚至就连"判断"，这一在她生命后期成为她思考核心的超出其政治范畴的概念，亦在很大程度上同悲剧作为城邦民主教育的观赏活动有关。[④] 可以说，阿伦特对极权主义问题的省思深深浸润于悲剧语言、想象及智慧的积淀。

第一节　阿伦特治希腊学的方法

进入问题之前，我们有必要就阿伦特希腊学的合理性与方法论进行一些说明。古希腊城邦政治与文化构成了阿伦特反思当下的灵感之源，她对城邦政治的解读激活了极具创见的思想，不仅有助于诊断时代痼疾，亦对传统希腊学研究富有启发。尽管如此，我们仍需承认，阿伦特的希腊学，如同一些希腊学专家指出的，存在某些短板甚至硬伤，诸如：她美化了城邦社会，淡化那里也存在奴役、男权专制、海外殖民，以及强势者的非道德主义；她错误地表现了希腊人对繁衍生殖

① Hannah Arendt, *On Revolution*, New York: Viking Press, 1963; Published in Penguin Books with an introduction, 2006, p. 273. 阿伦特：《论革命》，陈周旺译，南京：译林出版社，2007，第 263—264 页。译文参照中译修订。

② Hannah Arendt, *On Revolution*, p. 273. 阿伦特：《论革命》，第 264 页。

③ 阿伦特：《人的境况》，第 147 页。

④ J. Peter Euben, "Arendt's Hellenism," in *Cambridge Companion to Hannah Arendt*, Ed. Dana Villa, Cambridge: Cambridge University Press, 2001, p. 159.

的态度——认为那是狭隘黑暗的，而夸大了希腊人在公共与私人生活之间的对立；她为批评哲学对政治生活的控制而对柏拉图的《理想国》进行了简化性的解读，忽视其戏剧性反讽；她对某些文学作品的援引与解读也同样带有片面化倾向，忽视文本中存在的多种声音，譬如，她有时将《伊利亚特》中的某些文字直接读作对英雄伦理的肯定；等等。[①]这些不足会否从整体上影响她有关希腊城邦政治与戏剧学说的有效性，进而影响她批判当下问题的合理性？这在一定意义上涉及我们对她治学方法的理解。

阿伦特的治学方法独立而自由，称其特立独行，亦不为过。她始终坚持，思想是为了对世界的关爱而采取立场，是在世界中自由活动的另一种模式，而非一成不变的教条。借用她自己的词汇，她的思想充满在当下世界同人们一起"行动"的意味，一如她对莱辛的"自身思考(Selbstdenken)"所作的描绘："绝非那种从属于一个封闭、完整、有机地生长和培育出来的个体的活动，这一个体从来都只顾察看世界中对他自己最有利的位置，从而凭借思想重又把自己置入与世界的一致之中。……思想并非产生于个体，它也不是某个自我的显示。相反，个体……选择思想，是因为他在思考中发现了在世界中自由活动的另一种模式。"[②]在阿伦特那里，思想与行动相连，是为了进入一场与当下世界的论辩，而非步入某个静止的结论与真理。由此不难理解，她的希腊学旨趣绝非欲在传统研究领域和套路上耕耘与收获，而是要表达对当下世界的见解。例如，在《何为自由?》一文中，她为论证自己的观点而对读者们说道："为此还是让我们再回到古代，回到古代的政治传统以及前哲学传统吧，这样做的目的不是为了卖弄学问，甚至也不是出于传统的持续性，而是因为对一种只在行动过程中经验到的自由的

① J. Peter Euben, "Arendt's Hellenism," in *Cambridge Companion to Hannah Arendt*, Ed. Dana Villa, Cambridge: Cambridge University Press, 2001, p. 159.

② 阿伦特："论黑暗时代的人性：思考莱辛"，收于阿伦特：《黑暗时代的人们》，王凌云译，南京：江苏教育出版社，2006，第6—7页。

阐述，从未达到可与古典时代相媲美的清晰性。”[①]

当然，这并不意味着阿伦特可以罔顾事实与已有的知识积累，而是需要她的知识准备与学术素养具备进行高水准思想对话的资格。就此学术能力的要求而言，她的希腊学以及对希腊悲剧的认识与理解，十分精湛并得到了学界的普遍认同，因此才具备在该海域进行“深海采珠”的资格。[②] 本章研究的基本合理性亦奠基于此。事实上，笔者发现，阿伦特对希腊悲剧的理解与近年在此领域作出卓著贡献并得到广泛承认的希腊学者，如韦尔南、纳斯鲍姆、戴维斯等有许多接近之处。[③] 这使得笔者认为，尽管阿伦特的希腊学在某些历史细节上有欠准确，在某些概念上有夸张之嫌，但就整体以及同本文相关的话题上，仍深具学理上的有效性。

将阿伦特与古希腊的关系比作“深海采珠人”是不错的。当用这个比喻来概括本雅明的工作时，阿伦特忍不住说道：“只要我们还在使用‘政治’(politics)这个词，希腊词语 polis 就仍将继续作为我们政治实体的底座，也就是，作为海的底部而存在。”[④]无疑，当她在古希腊这个“海底”与“当前”之间往返穿梭时，她正像自己笔下描绘的“深海采珠人”：她沉入到历史的海底思考，不是为了复原它曾经的样子，使已消失的过去复活，而是为了将一些经受住岁月腐蚀的奇珍异宝、一些永不消逝的“原现象(Urphänomene)”带回水面，带到动荡纷争的当

① Hannah Arendt, *Between Past and Future: Eight Exercises in Political Thought*, Penguin Books, 2006. 阿伦特：《过去与未来之间》，王寅丽、张立立译，南京：译林出版社，2011，第 157 页。译文根据英文原文有增补。

② J. Peter Euben, “Arendt's Hellenism,” p. 163.

③ 阿伦特同韦尔南分享悲剧揭示城邦政治体现的相异性关系、古典启蒙精神，以及自由的悖论性等观点，同戴维斯分享行动的双重性和悲剧英雄的道德困境的观点，同纳斯鲍姆分享悲剧与城邦政治的同构，它们对善之脆弱性的理解与实践智慧，亦分享对柏拉图哲学反悲剧性的批判。参见让-皮埃尔·韦尔南：《神话与政治之间》，余中先译，北京：生活·读书·新知三联书店，2001；让-皮埃尔·韦尔南：《古希腊神话与悲剧》，张苗、杨淑岚译，上海：华东师范大学出版社，2016；戴维斯：《哲学之诗——亚里士多德〈诗学〉解诂》，陈明珠译，北京：华夏出版社，2012。纳斯鲍姆：《善的脆弱性——古希腊悲剧与哲学中的运气与伦理》，徐向东、陆萌译，南京：译林出版社，2007。

④ 阿伦特，《黑暗时代的人们》，第 192 页。

前，作为“思想的酵素”，启发人们思考。

第二节 圆形剧场与政治空间

阿伦特对政治的兴趣，主要基于对极权主义以及与之有关的政治目的论传统的批判。在她看来，极权主义是以意识形态和恐怖相结合，来完成对人性的自发性和复数性的消除；与之相对，城邦政治是对人的复数性与自由的庇护；悲剧则既是对“何为政治”的舞台呈现，也是对现代人行动灾难的警示与反思，还是经由呈现与观赏而实现的对公民思考与判断力的教育。

阿伦特借助对城邦政治的理解，将政治界定为有别于私人空间的公共空间，即与他人在一起的行动和言说。在此，人们相互看见和听见，认识彼此的他者性并展示“我是谁”。跟我们习惯理解的政治概念十分不同，她既反对传统的政治哲学通过某种“本质”和“目的”来理解政治，也拒绝现代政治科学将政治等同于专事处理国家框架、法律秩序、行政管理、机构运作的机制与规范。在她看来，若排除了人与人之间的自由行动与言说，这些所谓的政治哲学和科学就是反政治的。

阿伦特关于政治作为公共空间的思想与她对悲剧的认识显然密不可分。如果我们熟稔希腊戏剧及剧场结构，就会对她有关政治空间、行动及其特点的论述更易领会。不妨从外在形式与内在旨趣两方面来观照她的政治思想与悲剧智慧的关联：就外在形式而言，她对政治空间的想象基本上以希腊剧场为原型，甚至可说是一个有关剧场的隐喻；就内在旨趣而言，政治和悲剧一样，是展示行动之复杂性和悖论性的舞台，皆以人的自由与限度、开端启新与脆弱性为思量。

虽然阿伦特曾将“公共”这一“居间(in-between)”之物生动地比喻为实现“同在”的“桌子”，[①]但它显然既非某个物理空间，亦非权力机构，而是一个隐喻性空间。此空间虽与公共建筑有关，却不限于公共

① 《黑暗时代的人们》，第34页。

场所。其中的“同在”无法用物理学思维观照。因此，即便置身人群，假如缺少居间之物——那张特别的“桌子”，人们便会十分孤独，犹如置身茫茫黑暗，既不知有他人，亦丧失自己。因为此时，相对而坐的两个人，既没有什么东西来让他们彼此联系，也没有什么东西将他们彼此分开。[①] 对于这个与私人需求区分的公共空间，若从现实角度，我们难以想象。即便古代雅典城邦召开公民大会，其中讨论的话题既不可能与私人需求完全无涉，其处所亦不可能实现所有人的看和听。但她却别出心裁地揭示了一个独特的隐喻性的共在空间。

这个空间显然无法回避与海德格尔思想的关联。正如有学者指出，阿伦特关于政治空间的灵感部分缘于对海德格尔作为“在世存在”的“Dasein”之“世界”概念的变形，亦与它有根本差异。[②] 在《存在与时间》中，海氏既指出，此在的空间性是通过世界之为世界而获得根基——“唯有回溯到世界才能理解空间”，[③]也指出，世界向来总是我和他人共同分有的世界，“在世存在”就是我与他人共同存在(Mitsein)。[④] 阿伦特既指出，海氏关于“在世作为共在”的分析为哲学家思考政治领域开辟了前所未有的可能，也认为，他以“向死而在”为本真、与他人共在为非本真的此在表达了哲学家对政治的成见。[⑤]

阿伦特在《什么是存在哲学》(1946)中揭露了海氏对“共在”的贬低与对纳粹的亲和之间的内在关联。她指出：海氏以自身的向死而在作为时间性与有限性的“世界”，必然是一个只关心“成己(being-a-Self)”、不关心他人的单子化世界；而后，他又用“民族(folk)”“土地(earth)”这些充满神话性而泥沙俱下的概念作为支持孤独“自我”的根基。“显然，这类概念只会带我们出离哲学而进入某种朝向自然的迷

---

① 《黑暗时代的人们》，第 35 页。

② Seyla Benhabib, *The Reluctant Modernism of Hannah Arendt*, Lanham: AltaMira Press, 2000, p. 51.

③ 海德格尔：《存在与时间》(中文修订第二版)，陈嘉映、王庆节译，北京：商务印书馆，2016，第 163 页。

④ 同上书，第 169—174 页。

⑤ Seyla Benhabib, *The Reluctant Modernism of Hannah Arendt*, p. 51.

信”，[1]而纳粹正好利用这类伪根基来机械地组织一个个孤独的个体。于是，一方面是孤独的单子式社会生存，另一方面是虚假的超“自我”的精神动员，海德格尔为纳粹提供了这两方面的思想准备。

的确，在《存在与时间》中，“常人”的共同存在与本真的自己存在已铺垫了萨特所说“他人即地狱”的对立。海氏颇为世故地指出，无论与他人为友或为敌，“常人”共同存在的性质无非彼此争竞、庸庸碌碌。[2] 这决定了他对公众意见的消极态度：“庸庸碌碌，平均状态，平整作用，都是常人的存在方式，这几种方式组建着我们认之为‘公众意见’的东西。……公众意见使一切都晦暗不明而又把如此掩蔽起来的东西硬当成众所周知的东西与人人可以通达的东西。”[3]

海氏对人情世事的描绘固然练达，却为此在预备了一条孤独而危险的迷途。经历了历史风云与人生险境，有了生活阅历的阿伦特，审视自己年少不经时曾心仪过的偶像的论断，则致力于扭转被他片面贬低的“共在”，以之为实现“自我”之本真存在的场域，探索一个与他人面对面的公共空间。此中，人们彼此间的关系既平等，又保持差异；既有共享的根基，又分据各自的视角。

这个基本上以希腊剧场为喻体的空间，其本体和喻体的相似性首先体现为：这是一个显现和表演的空间。“公共”首先意味着，任何在其中出现的东西都被所有人看到和听到，这种由他人在场而获得的显现构成着“实在”。甚至我们自己对自己的显现——不仅被他人而且被我们自己看到和听到——也需经由他人的看到和听到来保证。为此，阿伦特举亲密关系和身体剧痛的例子：在这两种情形中，无论当事人的主观感受多么强烈，但由于其私密性和不可见性，这些经验都只能停留于存在的黑暗中，不具备“实在”性。[4] 就连基督教团体，在她看来，由于其成员关系是对家庭成员关系的仿效——拥有同一位“天

---

[1] Seyla Benhabib, *The Reluctant Modernism of Hannah Arendt*, p. 54.

[2] 海德格尔：《存在与时间》，第 181—182 页。

[3] 同上书，第 183 页。

[4] 阿伦特：《人的境况》，第 32—34 页。

父”的弟兄姐妹——也是非“实在”和非公共的，[1]因为家庭成员构成一个躯干(corpus)、一个身体(body)，不具备公共空间的“亮光”与“舞台”。唯有公共空间，这个在众人注视下变得辉煌的“舞台”，才能燃起人们生命中的德行之火，激励人走出黑暗，追求自身的卓越和不朽。

阿伦特对公共空间的描述无法不使人联想到那意图容纳城邦全体成员，甚至包括女人和奴隶的雅典露天剧场。它依山傍海，挨近神庙，呈圆形坡状。它的建筑学保证人们无论坐在剧场中的哪个位置，都能清楚看见和听见发生在舞台上的事情。演出的剧目与城邦之事密切相关。在演员表演与观众观看之间，还有合唱队作为沟通二者、评论与升华的桥梁。事实上，雅典剧场就是对“Polis”的空间想象。而“Polis”的本义乃是这样一种圆形结构——它保证从圆周的任何一点到权力中心的距离相等，暗示公民权力平等。[2] 阿伦特则如此说道：“公共世界是一个所有人共同聚会的场所，每个出场的人在里面有不同的位置，一个人的位置也不同于另一个人的，就像两个物体占据不同位置一样。被他人看到或听到的意义来自于这个事实：每个人都是从不同角度来看和听的。这就是公共生活的意义……一个对象呈现在多数观众面前，而从这所有角度的总和中产生出实在性。”[3]

第三节　表演活动的非制作性

阿伦特强调政治作为行动和言说的表演性，仿佛是剧场中心的演出：“在希腊前哲学经验中，政治如同舞蹈或演戏者的表演(performance)一样，‘产物’就是表演行为本身。”[4]这一方面如前所

① 《人的境况》，第 35 页。

② 韦尔南：《希腊思想的起源》，秦海鹰译，北京：生活·读书·新知三联书店，1996，第 5 页。

③ 阿伦特：《人的境况》，第 38 页。

④ 阿伦特：《人的境况》，第 162 页。Hannah Arendt, *The Human Condition*, p. 207. 译文依照英文版添加了“表演”的英文原文。

述，强调政治空间作为照亮人类生命黑暗的“荣耀”——不朽之光，另一方面则强调政治行动的非目的性、非制作性和非功利性。

虽然学者理查德·沃林曾据此批评阿伦特“审美化的政治”不关心政治的目的，只强调政治“审美”和“戏剧性的”品质，因而只是像尼采一样，追求“伟大”和“角力”，像海德格尔一样，首先关心存在意义上的自我肯定，既像尼采，又像海德格尔一样，具有反民主的性质；[①]但笔者认为，沃林的观点过于受到他对海德格尔批判立场的影响，难以接受阿伦特晚期对海德格尔纳粹时期表现的含混态度，以致不能客观看待阿伦特的思想。沃林将在政治空间中对于“人是谁”这一问题的关怀简化为现代个人主义的审美政治，而这种审美政治的确同纳粹有千丝万缕的联系。[②]

政治表演在阿伦特那里既不同于有表里虚实之分的“作秀”，也不同于演员的职业生产技术，而是当事人要么出于荣誉、荣耀或平等之爱，要么出于恐惧、疑虑或仇恨，以致超越理智权衡、功利计算和内在动机而作出的行动与言说。这是一个动态即兴、纯粹为公开展示而展示的过程。展示本身即与卓越、德行相关。阿伦特如此解释她十分欣赏的共和主义奠基人马基雅维利的德行(virtù)概念：“它的意思最恰当地可阐释为‘秀异’(virtuosity)，也就是我们归于表演艺术(有别于制作的创制技术)的一种卓越，它成就于表演本身当中，而不是成就在活动产生的、在活动之后仍独立存在的一个最终产品中。马基雅维利的德行的秀异性质，让我们想起希腊人总是用吹笛、跳舞、治疗、航海这类比喻来表示政治活动与其他活动的不同，也就是说，他们把政治比作那些精湛表演在其中起关键作用的艺术。”[③]

---

① 理查德·沃林：《海德格尔的弟子》，张国清、王大林译，南京：江苏教育出版社，2005，第68—69页。

② 关于现代审美政治同纳粹的关系，参见哈贝马斯：《现代性的哲学话语》，曹卫东译，南京：译林出版社，2011；菲利普·拉古-拉巴特：《海德格尔、艺术与政治》，刘汉全译，桂林：漓江出版社，2014。其实阿伦特本人在《极权主义的起源》第十章第二节“暴民与精英的短暂同盟”中，对文化精英与极权主义之关系的分析已包含了对这类“审美政治”的批评。

③ 阿伦特：《黑暗时代的人们》，第145页。

因此，阿伦特虽视政治为公开表演，但这表演就是“实在”本身；虽称其为“艺术”，但又强调其纯粹行动的非制作性质。在她看来，这也是戏剧不同于其他艺术——例如：写作、绘画、音乐、雕塑，甚至影视——之处：戏剧不留下任何产品，其作品随表演行动结束而消失。在《人的境况》中，她讨论“行动”这一使人之为人的独特性彰显出来的政治要素时指出：[①]戏剧是对行动全面立体的模仿；戏剧的名称恰恰来源于希腊动词“dran”，即“去行动”；戏剧模仿不仅存在于剧本创作和演员的技艺中，而且只有在剧场上演，进入公开展示之后，才真正获得生命。因而，戏剧是“最优秀的政治艺术”。[②] 的确，戏剧表演在古希腊，完全不属于任何生产性制作活动，而是有着显著政治意味的城邦庆典。无论演戏或观戏，都不是个人生产或消费，而是公共性的城邦盛举。这一天不仅几乎所有人都要出席，还要举行评审极其严格、意义十分重大的戏剧竞赛，以便选出能代表城邦精神的优胜作品。在此意义上，希腊戏剧恰如阿伦特所言，“只有这里是人的生活转化为艺术的政治领域，同理，它也是唯一以人与人的关系为全部主题的艺术”。[③]

对比阿伦特的“公共空间”与哈贝马斯的“公共领域”，我们会更清楚阿伦特对公共空间非生产、非功利和非目的性的强调。哈贝马斯于1962年出版了《公共领域的结构转型》，此书“公共领域”概念的灵感应极大归功于阿伦特的“公共空间”，不过二者也存在显著差异。[④] 哈贝马斯的“公共领域”是指启蒙运动时兴起，由面向布尔乔亚的印刷出版物联系起来的意见共同体。准确地说，应当称为“资产阶级公共领域”。[⑤] 该领域不是一个让所有人在场观看与展示言行风采的即时空间，而是一个由非人化的传播手段联系起来的作者、读者和诠释者群体。它固然传递信息，传播思想，表达意见，但也试图获利和控制舆论，具有非常强烈的实用、消费与功利色彩。由此可见，虽然都谈论

① 阿伦特：《人的境况》，第147页。
② 同上。
③ 同上。
④ Seyla Benhabib, *The Reluctant Modernism of Hannah Arendt*, p. 199.
⑤ 哈贝马斯：《公共领域的结构转型》，曹卫东等译，上海：学林出版社，1999，第1页。

"公共性",但阿伦特与哈贝马斯的所指已十分不同。与更接近今天人们生活现实的"公共领域"相比,阿伦特的"公共空间"犹如一个乌托邦。但她正是意图以此乌托邦来追溯一种纯粹的政治生活方式,批判现代社会的"非政治"性。

当今时代,网络与新媒体技术以及信息产业的迅疾发展使影像传播和虚拟社交获得了前所未有的兴盛。与此同时,金钱、权力对信息技术的深度渗透使得过去承载公共对话的公共领域已越来越被"殖民化"。这些都使得信息的真实性大打折扣,也极大破坏了传统公共领域的对话伦理和商谈理性,造成了人们对民主政治更深的疑虑与忧思。此时,回顾阿伦特对"公共空间"的"在场性"和政治艺术"非产品性"的强调,我们不由佩服其先见之明。她早已犀利地指出过现代社会让天才服从其产品,从而羞辱那创造此产品的活生生的人的荒谬,[①]也早已辨析过公共空间的显现与现代社会中的公众赞赏的区别。她指出:现代社会中的公众赞赏常常是某种被使用和消费的东西,不足以构成一个让事物免于时间毁灭的空间;[②]而梦想通过艺术作品的"不朽"来获得自身的"不朽",则不啻于现代人的自我贬低。她坚信:"相信某人是'谁'的问题在伟大和重要性上超过了他所能做的任何事情和他所能创造的任何东西,乃是构成人的骄傲的不可缺少的因素。"[③]在影像即存在,虚拟与真实莫辨,虚构即真理的时代,阿伦特还难得地保留着古典的纯朴。她对在人与人的行动和对话中展示"某人是谁?"的政治空间的区分与守护,在一个人与机器越来越彼此相似的时代,像一个怀念生命之本真与伟大的救赎神话。

第四节 行动戏剧与政治艺术

在阿伦特这里,政治空间作为可被所有人看见和听见的显现性或

① 参见阿伦特:《人的境况》,第166页。

② 同上书,第37—38页。

③ 同上书,第166页。

实在性，与其存在的内在理由——行动的自由——完全一致。而她对于行动之复杂性和悖论性的理解和阐述，与希腊悲剧，尤其是索福克勒斯悲剧的主题，有相当深刻的关联。阿伦特论述行动总是包含两种相反相成的状态：一方面是个人主动的开端，另一方面是多人被动的卷入、忍受和相互作用。行动的开端和遭遇的结果永远不会一致，因为行动总是同他人一道，关涉到对他人，以及他人的他人所产生的影响，而这是行动的开启者完全无法预料、终止，只能被动承受的。“行动和遭受就像一个硬币的两面，一个行动开启的故事包含着由它造成的业绩和苦难。行动所造成的后果是无限的，因为行动虽然不知道是从哪里来的，但它一发动就进入了这样一个渠道：每个行动都造成反动（reaction），每个反动都造成连锁反应，从而每个过程都是新过程的起因。”[①]这便是行动的双重性、悖论性、无限性与危险性。

阿伦特对行动的论述让我们不由想到索福克勒斯的《俄底浦斯王》和《安提戈涅》：俄狄浦斯王意图逃避杀父娶母的预言；安提戈涅和克瑞翁意图维护各自的绝对正义，或者以灶神之名，或者以城邦之名。他们皆是积极的行动者，但也都由于各自的盲目而成为了各自行动所引发的一连串他人的行动与反行动的受害者。索福克勒斯的悲剧通过丰富的艺术手法向观众展示了行动者的意图与其后果的巨大反差，让观众从悲剧英雄身上看到：人是一个悬而未决的问题，而“认识你自己”从不是件容易的事。

阿伦特对行动的关怀背后，同样饱含对于“认识你自己”的关切。事实上，尽管有意淡化对人性问题的追问——这容易陷入她所批判的“手段—目的”这片沼泽地中，她对政治和行动问题的关切，始终没有同某人是“谁”（不同于是“什么”）的问题分离。“谁”是在动态关系中的定位，而“什么”则是一个静态观念。她说：“剧中行为人不可把捉的身份（它逃避一切形式的普遍化，从而逃避一切形式的对象化），只有通过对他们行动的模仿才能传达出来。这就是为什么戏剧是最优秀

① 《人的境况》，第 149 页。

的政治艺术的原因”。[1] 显然在她看来，戏剧相比其他艺术的卓越之处在于，戏剧揭示出：某人“不可把捉的身份”（是“谁”）不属于理论、意图和人的自我设计，而属于行动的生活实践。而这正是《俄底浦斯王》所展示的：俄狄浦斯自以为掌握了“人是什么”的知识，却陷入自身行动的囹圄，以致在剧终，歌队长哀叹：“不要说一个凡人是幸福的，在他还没有跨过生命的界限，还没有得到痛苦的解脱之前。”[2]阿伦特则引用这句话来说明：“一个人在言行中彰显自我，而他甚至都不了解自己或不能提前考虑他要揭示的是谁。”[3]因此，“某人是‘谁’的本质，不是他自身的对象化活动的结果”，[4]而是他的言语和行动最终揭示出来的样子。

阿伦特由此强调，政治同悲剧一样，既是彰显某人是“谁”的自由空间，也是提示我们，人无法是“什么”的空间，让我们看到现代人十分推崇的自主性（Sovereignty）其实非常有限。她甚至指出，人们不仅不能主宰自己行动的后果，也不适合讲述自己的故事，哪怕他们愿意给出关于自身意图的真实陈述。“讲故事人讲述的东西对于行动者本人来说必定是隐藏的（只要至少他还处在行动中或卷入行动的后果中），因为对他来说，他行动的意义不在接下来的那个故事里。”[5]每个人故事的适当讲述者，只能是他人。这正是每个行动者的局限：无论有多大本事，他都无法预见其行动在未来和他人那里将产生的后果。每个人是“谁”，只能取决于他的言行以及此言行将开启的关系之网。

如此，行动与自由问题悖论性地关联起来。行动虽有开端启新的能力，也有被动性的局限；若片面忽视其被动性，行动就有沦为“制作”的危险。行动虽能揭示一个人是“谁”，但不应用来决定人是“什么”；行动的自由是一个人展示自己是“谁”的自由，但并非决定自己是“什么”的自由。同样，人无法成为人类事务领域的最终主宰者，生活总是

---

① 《人的境况》，第 147 页。
② 埃斯库罗斯等：《古希腊戏剧选》，罗念生译，北京：人民文学出版社，1998，第 229 页。
③ 阿伦特：《人的境况》，第 151 页。
④ 同上书，第 165 页。
⑤ 同上书，第 151 页。

与他者一道；人可以是自由的，但从来不是自主的。这是人对行动的自由应当具有的清醒认识。

反之，自由也必然与行动相关。在阿伦特看来，自由不是哲学问题，不应当是斯多葛式从世界退回自我的内在自由，而是“作为一个日常生活的事实而为人知晓的领域，是政治领域”①，是行动的自由。那种没有行动能力的内在自由，同人是“什么”的问题一样，只是一种虚构；因为，人“首先是在与他人的交往中，而不是在与自我的交往中，意识到了自由或自由的对立面”。②

在质疑现代人的“自主性”的同时，阿伦特也质疑那种认为人类事务背后有“一只看不见的手”的宿命观念。因为这种历史哲学诉诸某种必然性与决定论，没有给人类行动，从而给人的自由留下地盘。而每个行动，“如果不从行动者的角度看，而从它发生的过程框架和它打断的自动化进程来看，都是一个‘奇迹’，即某种根本出乎意料的东西”③。她相信，由于人的行动，历史有无限“奇迹般”的因素，无限可能。人虽不是人类事物的最终决定者，但可以开端启新。人是有限的行动者，只有有限的自由，但这“有限”却能经由他人与世界而产生无限可能。这“有限”让人适度理解自身：既不把自己看得过大，当作世界唯一正确的开端，舍我其谁，也不把自己看得过小，对世界潮流与当下的黑暗过于悲观绝望，以致回避责任和放弃努力。行动的无限性有可能反过来成为行动者的希望所在，激励生活在黑暗时代的人们相信，无论处境何其艰难，正确的行动本身便会带来光明。“在最有限环境里的最微小行动，也蕴涵着潜在的无限性，因为有时候，一个行动，甚至一句话，都足以改变整个局面。”④

由此我们看到，阿伦特对自由与限度，开端启新与脆弱性的思考同悲剧智慧的深刻关联。一方面，悲剧诞生于人类文明的第一次启蒙时代，基于对人的理性与行动能力、开端启新能力的信心。希腊悲剧

① 阿伦特：《过去与未来之间》，第 138 页。

② 同上书，第 141 页。

③ 同上书，第 161 页。

④ 阿伦特：《人的境况》，第 149 页。

常取材于对往昔流传下来的神话故事的改编。剧中人围绕某桩血腥罪行展开“类法庭式”的辩论,在辩论中展现各方理由与立场分歧,由此展示一个跟传统神话(秘索斯)世界截然不同、被人的行动和话语充满的时空。但另一方面,悲剧又表达了对人的自由和行动能力小心翼翼的态度。索福克勒斯在《安提戈涅》的结尾处留下教诲:“谨慎的人最有福,千万不要犯不敬神的罪,傲慢的人的狂言妄语会招惹严重惩罚,这个教训使人老来时小心谨慎。”①这教诲也对应着此剧中的第一合唱歌《人颂》——与其说是《人颂》,不如说是对人的警告。在这首歌里,形容人的“deinon”一词所对应的含义可以从“奇妙”“厉害”到“怪异”“凶险”,乃至“悲惨”“无家可归”②。阿伦特则明确表示:悲剧“比其他的文学形式更能代表一种认识上的扩展。悲剧英雄通过再次经历他在受难之路上、在受苦中、在对过去苦难的再次经历中发生的事情而获得知识,因而个体行动之网就转化为一个事件,一个意蕴丰富的整体。”③这“事件”与“整体”便是关于人是“谁”的揭橥。

第五节 现代性的悲剧面孔

阿伦特对政治空间和行动性质的理解旨在同时代困境对话。她正是以在其中投注的悲剧洞察力,来观察、描绘和反思极权主义问题。希腊悲剧对行动的模仿展示了行动的伟大与脆弱,而人类行动的伟大和脆弱,正是阿伦特在对极权主义运动的考察中揭示与警示后人的新锐思想,也是她在《极权主义的起源》初版序(1950)中表达的核心观念:“现代人的实际能力比以往任何时候都大,大到足以挑战宇宙的存在,然而,恰恰是面对这个由他们亲手所造的世界,活在其中并理解其

① 《古希腊戏剧选》,罗念生译,第169页。
② 约斯·德·穆尔:《命运的驯化——悲剧重生于技术精神》,桂林:广西师范大学出版社,2014,第192—193页。
③ 阿伦特:《黑暗时代的人们》,第18页。

意义，他们却深感无能为力。这种有能与无能之间的反差令人沮丧。"[1]"人类似乎分裂为两种类型，一种人相信无所不能（他们认为，只要懂得如何组织群众，那么一切都将是可能的），而另一种人则认为，他们生命中的主要经验是无力感。……绝望的希望和绝望的恐惧往往比起平稳的判断和审慎的洞悉来，更接近上述事件的中心。"[2]

阿伦特将这两种类型的态度分别称为"鲁莽的乐观"和"轻率的绝望"。前一种态度基于自然或历史进化论观点，相信人类社会必然进步；后一种态度虽貌似与之相反，相信世界必然毁灭，但也和前种态度一样，基于某种必然性的观念。而这种人类命运的必然性观念，正是她试图通过人类行动能力的开端启新性来质疑的。因此她说："我认为，进步和毁灭是同一问题的两个方面；它们都是迷信的见解，而非信心的结果。我相信应该有可能发现一种隐形机制，它将我们政治和精神世界的全部传统因素都融为某种聚合物。在这聚合物中，每样事物似乎都失去了特定的价值，让人类的理解力无法辨认，也无法被应用于人类的目的。屈从于纯然的解体过程，这是一种不可抗拒的诱惑，因为它不仅假设了'历史必然性'的虚假辉煌，而且也使除它以外的一切都开始显得无生命、无血色、无意义，而且不真实。"[3]

在阿伦特看来，现代世界的危机就在于，人类行动的开端启新能力极大地受制于一种隐形机制，行动沦为制作，而政治沦为实现目的的手段。她指出，虽然由于行动的困难——结果的不可预见性、过程的不可逆性和作者的匿名性——这种危险自古便存在，但在现代，由于"社会"领域的崛起，生产、制作的过程科学为行动染上了以必然性为理由的过程性质，使得本已充满危险、须经由政治舞台来平衡与驾驭的行动力，被引入一个由于排挤政治空间而缺乏必要约束的领域。其结果便是，因为失去了一个可以彼此商议互动的政治空间，每个行

---

① Hannah Arendt, *The Origins of Totalitarianism*, "Preface to the first edition," p. viii.

② Hannah Arendt, *The Origins of Totalitarianism*, "Preface to the first edition," p. vii. 阿伦特：《极权主义的起源》，第1—2页。

③ Hannah Arendt, *The Origins of Totalitarianism*, "Preface to the first edition," pp. vii - viii. 阿伦特：《极权主义的起源》，第2页。译文参照中译，有不少改动。

动者都成了漫漫长夜中的独行客，听命于某个独断而非人的意志，既失去了与他人的联系，又无法与他人区分。如此，人类生存的复数性遭到忽视，行动的盲目性被急剧放大，于是造成行动在人类事务中的灾难性后果。正是在此意义上，阿伦特对20世纪的人类社会历史灾难的观察与评述，充满了悲剧意识。这种悲剧意识与洞察力，如同卡诺凡所言，始于《极权主义的起源》，在《人的境况》中得到了较充分的阐述，在《论革命》中得到了深刻具体的应用，回荡在她关于政治的所有著作中。[①]

终其一生，带着对人类处境的深刻悲剧性感受，阿伦特试图在对20世纪社会历史灾难的理解和阐述中，让人类恢复正确行动所需的审慎的洞察力和恰当的判断力。为此，20世纪50年代初，她在巴黎与一些法国文化人相遇时，欣喜地发现了自己的思想同道——加缪。她在严厉批评萨特陷在黑格尔建立的“月宫”里之时[②]，却对加缪格外欣赏，称赞他是“法国目前尚存的最好的男人”[③]。仿佛心有灵犀，悲剧也是加缪晚期心之所系。他在“雅典讲座：关于悲剧的未来中”中指出：“我们的时代恰逢文明的一场悲剧”，[④]并认为这是一个悲剧复兴的时代；他在自己的戏剧《正义者》(1949)中思考革命的悖论性，在散文著作《反抗者》(1951)中反抗革命暴力的必然性，并提出“南方思想”——关于限度的思考。这些正是阿伦特在《人的境况》《论革命》和《论暴力》中深入思考的问题。我们深感，面对时代灾难，阿伦特和加缪对悲剧智慧不约而同地重新发现，绝非一种偶然，而是时代的呼唤。他们是在与时代问题的对话中，发现了文明遗产中的珍宝，以之作为激发今人思考的“思想酵素”。

---

① 参见卡诺凡：《阿伦特政治思想再释》，第255页。

② 罗·科勒尔编：《汉娜·阿伦特与海茵利希·布鲁希尔通信集》，孙爱玲、赵薇薇译，贵阳：贵州人民出版社，2004，第218页。

③ 同上书，第220页。

④ 加缪：“雅典讲座：关于悲剧的未来”，收于《加缪全集·戏剧卷》，李玉民译，石家庄：河北教育出版社，2002，第620页。

第四章　纳粹运动中的现代悲剧：阿伦特解读艾希曼

自《艾希曼在耶路撒冷》问世以来，“恶之平庸”[①]便是一个无论在史实还是观点方面均受到诸多诟病的提法。而且这个提法同《极权主义的起源》中讨论的“根本恶”[②]似乎构成了矛盾。对此甚至阿伦特自己在回应时也不得不承认，她对恶的看法的确发生了改变。[③] 但如果我们从阿伦特批判现代性所持的悲剧性视野来观察，这个提法似乎并不那么突兀，仿佛在她的思想脉络中早已有迹可寻。阿伦特对20世纪人类社会历史灾难的观察与评述，充满了悲剧意识。这种悲剧意识与洞察力，既受惠于她所熟悉的德国思想家如尼采、本雅明和雅斯贝

---

① 在阿伦特那里，“恶之平庸”不是指罪行的平庸，而是指许多象艾希曼那样犯下可怕罪行的“普通”人，所犯罪行的严重程度与其人格的“普通”程度不成比例。正如阿伦特后来说明的那样，“恶的平庸”不是一个“理论”，而是一种仅只发生在20世纪的、独特却又普遍的现象：浩大的罪行，就像一个浩大的社会工程，是在许多普通人的协作和参与下共同完成的，因此，当人们试图追究罪犯的责任和动机时，竟然没有一个人能够或愿意承担。

② 详参 Hanah Arendt, *The Origins of totalitarianism*, p. 459。阿伦特在此借用了康德的“radical evil”这一表述，但其含义已经与康德有很大不同。康德在《单纯理性限度内的宗教》一书中使用“radical evil”来讨论那种既不听从义务的要求，也不遵循道德法则的倾向。他用形容词“radical”来限定“evil”，所用的是“radical”这个词的词源学含义，是要表明，这种品性根植于人性，特别根植于人自发选择的任意性“Willkür”的败坏。因此本文将“radical evil”中译为“根本恶”。而在阿伦特那里，“根本恶”主要是同那种消除人的自发性、把人变为“多余”的现象相关。参见理查德·J.伯恩斯坦，《根本恶》，第33、254页。

③ 参见阿伦特给肖勒姆的回信。Hannah Arendt, “‘Eichmann in Jerusalem’: An Exchange of letters Between Gershom Scholem and Hannah Arendt,” in Hannah Arendt, *The Jew as Pariah: Jewish Identity and Politics in the Modern Age*.

尔斯——此三位均有自己的悲剧理论著作，亦缘于她自身的学养与人生体验。她的悲剧意识与洞察力，如卡诺凡所言，始于《极权主义的起源》，在《人的境况》中得到了较充分的阐述，在《论革命》中得到了深刻具体的应用，回荡在她关于政治的所有著作中。[①] 阿伦特以极其独特的方式揭示现代人处境的悲剧性，不仅揭示出其中古典悲剧已提示的、对人类行动之潜能与危险并立局面的深刻洞察，更揭示了古典悲剧无法预见的现代悲剧的某种"理想类型(Ideal Type)"。她笔下的艾希曼便是这种理想类型的体现。[②]

"理想类型"是由德国著名社会学家马克斯·韦伯所开创的研究社会、解释文化现象的概念工具。它既非假说，亦非对现实的描述，而是基于某种理论观察视野而产生的对现实的提炼与阐释性概括，有助于人们深入洞悉在社会变迁中纵横交错的文化现象背后的机理。曾有学者指出，阿伦特对极权主义的分析在方法上深受韦伯的"理想类型"范式研究影响。[③] 本文亦认为，在很大程度上，阿伦特对艾希曼的解读是她对某种现代悲剧理想类型的描述性建构。只有透过这种视角，"恶之平庸"与"根本恶"之间的悖论性相容，才能得到较好理解。

第一节　根本恶中的平庸：艾希曼的野心与庸常

从《艾希曼在耶路撒冷》第二章开始[④]，阿伦特就展现了艾希曼反差巨大的形象：这个人们心目中的屠犹恶魔、法官眼中的骗子，在法庭上始终声称，自己是出于"良知"而全力以赴地执行领袖命令的"守

① 参见玛格丽特·卡诺凡：《阿伦特政治思想再释》，陈高华译，北京：人民出版社，2012，第255页。

② 学者 Corey Robin 指出，阿伦特对艾希曼之恶的领会，是她借助希腊悲剧以理解现代问题的自然延伸。Corey Robin, "The Trials of Hannah Arendt," *The Nation*, May 12, 2015.

③ Tuija Parvikko, "A Note on Max Weber's Impact on Hannah Arendt's Thought," in *Max Weber Studies*, 4.2(2004), 235 - 252.

④ 阿伦特：《艾希曼在耶路撒冷》，第25页。

法公民"；在法庭外，他则是表现不错的家庭成员和朋友，六位心理学家眼中的"正常人"，以及牧师眼中"非常具有正面想法的人"。阿伦特强调，这种反差是"整个案件中最重大的道德乃至法律疑点"。[①]

为解答此疑点，阿伦特随后在此书中考察了既对犹太人没有强烈仇恨，也对纳粹没有坚定信仰的艾希曼，是如何从早年生活（学业与职业）的失败中，一步步进入纳粹军营，然后逐级升迁，最终得到关键职位，并成为法庭上被审判的"屠犹恶魔"。而她关于"恶之平庸"的思考，便是对这个巨大反差和疑点的回应。

成为艾希曼的第一步，是 1932 年他的销售员职务被解雇。应朋友之邀，他非常偶然地成为了一名党卫军军人，此前他正打算加入一个名为"施拉哈芬共济小巢"的小市民组织而不可得。这关键的第一步，竟出于偶然："一阵时代的急流，把他从施拉哈芬这个童话中的乌有之乡，抛进了千年帝国的游行队伍……无论如何，他并非出于信仰而入党，也从来不是忠实的党员——只要被问到入党原因，他就面带窘迫地重复那些关于《凡尔赛条约》和失业的陈词滥调，或者当庭指出：'我既没料到，也没打算过，正如我所说，党好像吞噬了我。一切都发生得太快太突然。'"[②]

这故事听来有点像为命运驱赶的俄底浦斯，糊里糊涂地奔赴那个将犯致命错误的三岔路口。艾希曼也将自己的不幸归结为命运网罗：《凡尔赛条约》、德国经济危机、失业压力、社会成功人士之邀……而且 1932 年，希特勒尚未当权，纳粹行动尚未展开，艾希曼似乎无法为此命运网罗负责。在艾希曼看来，他是被动卷入命运的牺牲品和替罪羊，因而才会这样谈论自己的人生："假如他们（艾希曼的父母）在我出生时能看到，厄运女神为了扰乱幸运女神，已经把痛苦和烦恼编织到我的生命里，就不会对长子的降生那样喜出望外了。"[③]"无论我准备和计划了什么，所有事情都出了差错，无论是我的私人事务还是我几年来

① 《艾希曼在耶路撒冷》，第 26 页。

② 同上书，第 32 页。

③ 同上书，第 27 页。

为犹太人争取土地所作的努力。我不知道,一切都像遭到了魔鬼诅咒一般;我的生活,无论如何计划、有何期待,命运总以各种方式阻挠我、绊住我的腿脚。"[①]在此我们感到,艾希曼对自己命运的困惑,犹如亚里士多德在《诗学》中揭示的著名的"过失说":悲剧主角是一些"有缺陷的好人","他们之所以遭受不幸,不是因为本身的罪恶或邪恶,而是因为犯了某种错误(Harmartia)"。[②] 关键在于,人们如何解读"Harmartia"。它究竟应当被视为一种人生广泛的痛苦不幸,人既无法预测也无法承担的混沌命运,还是应当被视为人需要在其中至少部分承担责任的罪咎?根据亚里士多德伦理学判断,他显然倾向于后者,即暗示:道德上的自以为义和不谨慎,是导致灾难的重要原因。藉此,他的《诗学》暗暗反对了要将诗人逐出理想国的老师柏拉图,而支持文学对城邦以及人类共同体生活具有积极的教育意义。

在对艾希曼的"Harmartia"的看法上,阿伦特同《诗学》的态度十分接近。她明白地指出:艾希曼的不幸很大程度是自我招致的,因他不愿面对自己的责任——一种做出负责任的选择的责任。面对坏的后果,他始终强调自己行为的被动性而否认自己起初做选择时的主动性。在这方面,他是《极权主义的起源》中所描述的极权社会中"无我(Selflessness)"的群众[③]。这些群众从不反省自己的人生是否有不去成为纳粹分子的可能,从不反省是什么促使他们放弃其余可能性,而选择成为了纳粹分子,或者"沉默的大多数"。

美国诗人弗罗斯特(Robert Frost)的名诗《未选择的道路》描述了人生的选择:"黄色的树林里分出两条路,可惜我不能同时去涉足……"当人在某个关键路口选择了一条而放弃另一条时,其后来的视野、风景和可能性都将与另一条截然不同。道路存在着路径依赖效应,虽然并非没有走回头路的可能,但成本会大大增加。这便是为何当麦克白做错了第一件事,谋杀了国王邓肯之后,就不得不强忍心头的恐惧,继

---

① 《艾希曼在耶路撒冷》,第 51 页。

② 亚里士多德:《诗学》,陈中梅译注,北京:商务印书馆,1999,第 97 页。

③ Hannah Arendt, *The Origins of totalitarianism*, p. 315, p. 329. Hannah Arendt, "A reply to Eric Voegelin", in *The Portable Hannah Arendt*, p. 161.

续谋杀班柯和麦克德夫。“以不义开始的事情，必须用罪恶使它巩固。”[1]这种路径依赖效应，便是“时间的种子”——人们过去的行为，会影响现在和未来。一个正确的未来只能奠基于正确的现在。没有任何魔法能够帮助人们飞越现在，抓住未来。阿伦特在书中回顾艾希曼的“成长”历程，便是为了让我们看到，艾希曼小小的庸人欲望，是如何让他在黑暗时代的风潮中被诱惑、被引领、被攫住，最后俨然成为时代弄潮儿。

1932年艾希曼加入党卫军，本只希望在人生的种种失败后重获机会，让自己有升官晋级、做个“成功人士”的可能。如果说这个开头虽关键，但尚未铸成大错，那么后来导致他“失足”“犯罪”，以致成为耶路撒冷法庭上反人类“恶魔”的主要推手，与他此前作出人生抉择的动机，似无巨大差异。这便是阿伦特所说的恶之平庸的关键所在——动机的庸常性。1934年，为获升迁机会，艾希曼成功应聘到了帝国党卫军领袖的保安处(由希莱姆指挥，简称S.D.)。这是盖世太保的情报和调查中心、党内成员的监视机构。尽管他表示此前误会了该机构的工作性质，但亦随遇而安。数月后他进入负责犹太事务的部门，逐渐成为“犹太人问题专家”。本着谋取高位甚至有朝一日成为未来犹太国总督或“保护官”的期冀，艾希曼对组织犹太人移民的事业满腔热忱。

1938年是艾希曼人生的光辉时刻，他被派往维也纳，负责强制移民。此前不久他晋升为军官，成了一名中尉。这项任务是他的“第一份重要工作，对他向来一筹莫展的职业生涯来说至关重要”。[2] 他全力以赴，得体而高效地完成了短时间内驱逐几百万犹太人的浩大工程，“成就”令人瞩目，也令他平生第一次发现自己具有出色的“才能”——组织和协商。他如愿于短短四年内得到四次提拔，从少尉升至中校，荣登党卫军一级突击大队长。为能尽快升至上校，他甚至申请上

① 莎士比亚：《麦克白》第二幕第三场。收于《莎士比亚全集·第五卷》，朱生豪译，北京：人民文学出版社，1994，第234页。

② 阿伦特：《艾希曼在耶路撒冷》，第44页。

前线。①

直到大约 1941 年 8 月之前，作为一名"犹太人问题专家"，艾希曼的工作性质一直是犹太人的"政治解决"，然而随着局势改变，1941 年夏天，他得到了"最终解决"的授命。他承认自己曾因良心不安而有过为时四周的不快，但却从没想过像一些人那样找个借口退出。退出不会引起严重后果，只是调动到另一个权势较小但薪资也不错的岗位。然而艾希曼有各种方式来对付自己的良心，例如希姆莱的煽动性口号："我的荣誉叫作忠诚"；"挺过这些，同时克服人性的弱点，保持正派，这些令我们变得坚强。这是我们历史上的光辉一页，前无古人，后无来者"。② 又例如，使用某种看似客观科学的概念和语言规则来自欺说：面对"战争这个简单的事实"，③"最终解决"是一种必要，"允许安乐死"以"减少不必要的痛苦"则是一种仁慈。④

阿伦特甚至在书中专辟两章，详解在"最终解决"提出的良知挑战面前，艾希曼是如何完成举重若轻、直至化被动为主动的心路历程。第七章"万湖会议或彼拉多"指出，1942 年 1 月，艾希曼参加了纳粹召开讨论"最终解决"的副部长级会议后，疑虑彻底烟消云散了。因为他看到，在这个会议上，所有当时德国社会的权贵，那些他心目中"帝国的教皇们"，包括党外的官场精英在内，都竞相争夺指挥这项任务的殊荣。"那一刻，我有了一丝彼拉多的感觉，因为我不再觉得自己有罪了。"⑤黑暗时代里的人们曾要求彼拉多杀害耶稣，事后，彼拉多金盆洗手，想要推脱这流无辜之人血的罪。在这件事上，艾希曼也效法彼拉多的"谦逊"："他是谁，胆敢作出审判？他是谁，对这件事能有自己的想法？"⑥艾希曼表示，上至他心怀敬畏的权势阶层，下至受迫害的犹太阶层，他看不到任何一个人真正反对此事。

① 《艾希曼在耶路撒冷》，第 50 页。
② 同上书，第 109 页。
③ 同上书，第 110 页。
④ 同上书，第 110—116 页。
⑤ 同上书，第 119 页。
⑥ 同上。

艾希曼将自己的作为推诿于当时处境，对此，强调个体责任不可替代的阿伦特从根本上是不认同的。但她部分同意的是，集体道德崩溃的确催化了恶之平庸，这种处境正是极权社会的特点，也是促成艾希曼所标识的这类现代悲剧发生的"命运"要素。在现代社会，古代世界中神秘莫测的"命运"仿佛消失了，其替代品则是一种灾难性的社会处境。因此这一章除了探究艾希曼的心思，所做的另一件事，便是描绘当时从施害者、受害者，到德国国内"内心流亡者""缓和者"以及抵抗者的整体面貌。

在这著名的一章中，阿伦特不遗余力地曝光当时作为受害者的犹太人，尤其是犹太委员会的欠佳表现，声称正是由于他们的"合作"，这"整个黑暗历史上最黑暗的一页"才得以完成。[①] 虽其用意是揭示那种包括受害者在内、孳生恶之平庸的整体道德沦丧，且篇幅仅十页左右，但她批评受害者的方式，却难免令受害者深感再次受伤，而无法心平气和地面对"恶之平庸"的说法。因她揭发和批评受害者的软弱乃至卑劣，虽的确存在，但将之与施害者的奸诈不加区分地权衡对待，却有失偏颇。而她在这整本书中也的确表现出了对自身血统所源出的犹太民族社会历史文化的淡漠，尤其是对以色列建国的严厉态度。[②]

阿伦特虽冒险揭露艾希曼所遭遇的"命运性"处境，即："纳粹在欧洲上层社会——不仅在德国而且在几乎所有国家，不仅在施害者同时也在受害者身上——引发的全面道德崩溃"，[③]也反映了艾希曼"彼拉多式的"被动犯罪，但她并未简化艾希曼的责任，而是试图精微地呈现恶之平庸的全部戏剧性曲折，因为正是在这些夸张微妙之处蕴藏了"恶之平庸"的巨大张力。《艾希曼》第八章"守法公民的责任"便是描述艾希曼在战争最后一年，如何不仅以彼拉多式的"谦逊"卸下了杀害

① 同上书，第 123 页。除犹太委员会的配合外，阿伦特在这章中还指出了犹太人有组织抵抗的匮乏、"隔都警察"工作的出色，以及某些人为获特殊对待而接受了对本民族的分门别类。

② 阿伦特的研究专家 Seyla Benhabib 也这样认为，参见 Seyla Benhabib, "Arendt's Eichmann in Jerusalem," in *Cambridge Companion to Hannah Arendt*, Ed. Dana Villa, Cambridge: Cambridge University Press, 2001。

③ 阿伦特：《艾希曼在耶路撒冷》，第 132 页。

无辜的良知重负，还主动承担起“守法公民的责任”，并声称这是良知的声音：当直接上司希姆莱命令他全面停止“最终解决”时，他竟冒违背命令的良知危机，坚持执行元首指示。对他而言，执行元首命令才是真正的良知：“令人悲伤且不安的事实很可能是，促使艾希曼在战争最后一年变得立场坚定的，并不是他的狂热，而是他的良知，就跟三年前他有一小段时间站到相反方向一样。”①他自称在努力实践康德的道德律，按照康德的义务概念行事，这使其良知问题显得更为错综复杂、真伪难辨。在嘲讽了他两种相反的良知后，阿伦特强调，艾希曼之所以抗命守法，除了出于视元首的话为法律的毫无判断力的“良知”外，还有很重要的私人动机——对奇迹般的成功者希特勒的无比敬仰。他对希特勒的最后总结是：“希特勒可能千错万错，但有一点不容置疑：这个人有本事从一名德军准下士一跃成为八千万人的人民领袖……仅凭他的成功，就足以让我心服口服地受他领导。”②这是对“成功”的绝对崇拜，而他将之转化为良知的声音。

由此我们看到，艾希曼对“成功”的崇拜是将他置入命运网罗的关键推手。当时代风潮涌动，他预感自己说不定可以“有所作为”时，便选择随风而动。“这阵风把他从碌碌无为、无关宏旨的枯燥生活吹进了历史；按照他的理解，这一历史也就是一场一直持续不断的运动；在这场运动中，像他一样无论在社会还是家庭甚至最后在自己眼中都已经一败涂地的人，可以东山再起，依然能够创造出一番事业。”③

极权社会最能充分利用这种庸众品质：既可以为一己成功而无所顾忌，又时刻准备服从领袖所宣扬的“集体”意志，以便在“集体”中获得存在感。如果说对个人利益的自私动机是极权主义灾难的“质料性”构成，那么“集体”意志的疯狂崛起则是灾难的“形式性”构成。阿伦特并未错过对诸多现象的观察，只是未能达致对灾难的“质料因”与

---

① 《艾希曼在耶路撒冷》，第 154 页。

② 同上书，第 132 页。

③ 同上书，第 33 页。

"形式因"如何获得统一的解释，[①]以致在《艾希曼在耶路撒冷》中，她虽未否定"根本恶"的现象与后果，却否定了"根本恶"的内在动机与精神品质，而代之以"恶之平庸"的动机的多余与人格的肤浅。因此，伯恩斯坦虽认为，阿伦特给肖勒姆的信[②]对我们理解"根本恶"与"恶之平庸"的关系具有误导性，让我们误以为两者截然相对，但也不得不承认："她确实在一个重要方面改变了自己对恶的想法，即如何看待作恶的动机。"[③]也就是说，"恶之平庸"与"根本恶"在动机上完全不同，"恶之平庸"并没有与其暴行相匹配的重大动机。

然而，"恶之平庸"所涵括的动机与后果的反差恰是现代社会之悲剧性的强烈体现。阿伦特在《人的境况》中指出，由于世界的内置性异化，现代社会的特质之一便是可以急剧放大个体内在动机与外在后果、行动的能力与盲目性之间的反差。此即艾希曼的悲剧性所在。阿伦特虽至终未能对"恶之平庸"作出一个完满的道德哲学解释，却提供了一个现代悲剧的理想类型：艾希曼揭示了现代悲剧与传统悲剧的差别——传统悲剧的主角往往出身高贵、气宇不凡或雄心勃勃，而现代悲剧的主角很多时候发生了"物种性蜕化"。这种"蜕化"与现代人的生存方式有关：在一个高度科层组织化社会，人类行动的更大部分是通过对文档、电脑、实验室、数据库与媒体的管理与操控来完成的，

---

① Seyla Benhabib 也指出，即便在后来的反思中，阿伦特也未能就这个审判所提出的道德哲学问题给出一个足以整合多方面判断的合理说法。因此 Benhabib 认为，阿伦特对 20 世纪的贡献，与其说是在于提出了恶之平庸，还不如说是在于提出了"反人类罪"这一既最接近于她整体政治思想之核心，又对 20 世纪末意义重大的范畴。参见 Seyla Benhabib, "Arendt's Eichmann in Jerusalem," p. 76。

② 《艾希曼在耶路撒冷》一书出版后，犹太学者肖勒姆对此书中提出的"恶之平庸"的观点进行了批评，阿伦特也很快作出回复。她写道："你十分正确：我改变了看法并且不再谈论'根本恶'(……)现在我的确认为，恶不再是'根本'，而只是极端(extreme)。它既没有深度，也没有任何恶魔般的维度。它能过度生长并污染整个世界，只因为它如同霉菌一般在表面蔓延。如我所说的，它'抵制思考(thought-defying)'，因为思考试图到达某种深度，进入根部。而思考面对恶，就会受挫，因为那儿没有任何东西。这就是恶的'平庸'。只有善才拥有深度并能是根本的。" Hannah Arendt, "'Eichmann in Jerusalem': An Exchange of letters Between Gershom Scholem and Hannah Arendt." pp. 250 - 251.

③ 理查德·J. 伯恩斯坦：《根本恶》，第 266 页。

这种管理与操控模式可以凭科学、理性的面目卷入更多动机单纯的普通人，以专家、学者、工程师、文员或程序员的身份执行残酷任务。现代悲剧的戏剧性效果在于：一方面是主角身份对白的平庸化与剧情场景的日常化，另一方面却是恶的后果的绝对化与反人类性。此即为何尽管《艾希曼在耶路撒冷》一书存在诸多史实与观点上的问题，但仍不失为一部针砭时弊的思想杰作。

第二节　极权社会中的矛盾分裂人格：群众与“市侩”的暧昧面孔

虽然《艾希曼在耶路撒冷》中的“恶之平庸”同《极权主义的起源》中的“根本恶”似乎形成巨大反差，甚至阿伦特本人也承认发生了一种改变，但回溯《极权主义的起源》一书，我们不难发现，在阿伦特对极权社会之群众心理的分析中，类似“恶之平庸”的描述已呼之欲出。在她对极权社会中群众的矛盾分裂人格——“忠诚”与“市侩”之两面性——的分析中，“根本恶”与“恶之平庸”的相容互补关系已隐约可见。可以说，当她在《极权主义的起源》中批评极权社会里的人们深陷意图与后果，行动的能力与盲目性的悖论之时，其实已经在某种程度上预设了“恶之平庸”——恶缺少与其后果相称的重大动机——这一现象的出现。

《极权主义的起源》第十章“无阶级社会”详细讨论了极权主义社会基本人员构成并分析了其精神与心理特质。在此，她区分了群众、暴民和精英，并辨析了三者间的关系。群众构成了极权主义社会中的大多数，他们在一盘散沙的社会中失去了传统的阶级与群体归属感，面临一种单一抽象的同质化命运。群众的主要特点并非野蛮落后，而是孤独(Loneliness)和缺乏正常的社会联系。极权社会的领袖主要来自暴民而非群众。暴民是“资本主义生产的副产品”[1]——在转向政治

① Hannah Arendt, *The Origins of totalitarianism*, p. 314.

生涯以前，他们常常是在职业、社会或个人生活中失意不得志者。因此，他们常常在对主导阶级的文化充满敌意之时，又以反常形式继承其标准和态度。过去的失败既有助于他们在群众中产生魅力——似乎这种经历会保证他们与群众在同一战线上，又有助于他们同精英的暂时结盟——二者都对摧毁过去文化的极权主义运动抱有强烈的虚无主义热情，只不过精英出于对过去时代的厌恶，而暴民却想如暴发户般成为令人崇拜的“天才”。

在这一章中，阿伦特对极权社会群众精神现象的分析与后来对艾希曼的解读有不少重合之处。当我们读到艾希曼的行动完全出于对领袖命令的遵从，没有任何个人动机时，我们很容易想到，阿伦特曾在这章指出：在极权社会，群众典型的精神状态是一种“无我”和“忠诚(Loyalty)”，[①]但这种“无我”和“忠诚”，并非理想主义者的主动献身，而是人的个体性和独特性在恐怖而狂热运动碾压下的丧失。

需要将阿伦特在此所说的极权社会群众的“无我”与共同体的丧失相关联。[②]“无我”是指大众失去了将他们彼此联系的纽带——一种共同“inter-est”[③]或者同意[④]，因此是一种精神上的无家可归与无根状态。阿伦特始终强调政治个体与公共领域的共生性，以及自我的生成塑造与政治共同体的相互依赖性。她在《人的境况》中，将“私人领域”与“公共领域”相区分，将公共领域描述为一个具有最大程度公开性的共同世界，“仿佛一张桌子置于围桌而坐的人们之间”。[⑤]只有通过公共领域这个“居间(in-between)”之物，人们才得以“既相互联系又彼此分开”。[⑥]否则，人们便会倾倒在彼此身上，在黑暗中面目模糊、难分你我，窒息于人类生存之动物性需求的彻底荒凉中，唯余孤独

---

① *The Origins of totalitarianism*, pp. 323 - 324.

② *The Portable Hannah Arendt*, p. 161.

③ 阿伦特将这个词分开是为了将其作为“在……之间”“between”的意思，参见 *The Portable Hannah Arendt*, p. 161。

④ 阿伦特指出，在西塞罗的意义上，同意(“consent”)构成了“inter-est”，参见 *The Portable Hannah Arendt*, p. 161。

⑤ 阿伦特：《人的境况》，第 34 页。

⑥ 同上。

(loneliness)。而这个令群众在极权社会一盘散沙的孤独,既是促成极权社会的必要条件,又是极权社会制造的必然后果。[①] 阿伦特说,在希特勒职业生涯早期最常诉诸的战斗情感中,"群众显出的奇怪的无我是在每一次转型(transformation)中寻求匿名,只想成为一个数字和齿轮。而每次转型最终都将抹去错误的具体类型的身份认同,或社会中预定的功能。战争被体验为'所有群众行动中最有力的',它消除了个体差异,以致连苦难这一经由独一不可更改的命运产生的对个体的传统性标识,现在也被解释为'历史进步的工具'"。[②] 显然,这种"无我"不是出于个体责任与行动的牺牲,而是一种非人的、精神上的自我放逐。这不仅意味着个人对"我是谁?"这一问题的逃避和对恶的精神抵抗的消失,无人行动亦无人负责,还意味着某种随波逐流、甚至意欲成为时代弄潮儿的迷狂。

由此,便产生了一种与此奇怪的"无我"相伴生的奇怪的"忠诚"。群众对领袖和意识形态的"忠诚"并非自发的情感或责任选择,而是一种被制造出来的生存需要。作为一个个孤立而逐渐失去家庭、朋友、熟人圈等真实社会联系的人,"忠诚"使他感到,"只有当他属于一个运动,他在政党中是一个成员,他在世界上才能有一个位置"。[③] 因此,1945 年 5 月 8 日,德国正式战败时,艾希曼感叹说:"我感觉到我将不得不过上没有领导、异常艰辛的个人生活,我将得不到来自任何人的任何指示,再不会有任务和命令指派给我,也没有可资参考的规章制度了——总之一句话,一种前所未闻的生活横在我的面前。"[④]他失去了存在的方向和依凭。

这种空心的"忠诚"最大的特点是矛盾的奇特混合。希姆莱描绘被他组织起来那些人的精神状况:他们对每天发生的问题不感兴趣,却关心几十年和几百年来重要的意识形态问题,人们以为自己效力的

① Hannah Arendt, *The Origins of totalitarianism*, p. 474.

② 同上书,p. 329。

③ 同上书,p. 324。

④ 阿伦特:《艾希曼在耶路撒冷》,第 32 页。

是一项两千年才有一次的伟大任务。[①] 他们对每天发生在眼前的他人的苦难和死亡毫不关心，正常的感受力在永不停歇的运动机器中被逐渐吸干，变得厌倦冷漠而玩世不恭，只剩下对现实的逃避，却对虚假空洞的概念保持抽象的激情。人们不相信自己的所见所闻，却乐于接受意识形态和组织。

这种“忠诚”的内在结构是“轻信（gullibility）”和“犬儒（cynicism）”的奇特叠加。[②]“在一个变化无常和难以理解的世界里，群众达到了这样的程度：他们会同时相信一切和什么都不相信，认为一切都是可能的但任何事情都不可能真实。”[③]就算最终他们知道领袖说谎了，也不会离开领袖，他们会声称自己知道一切宣传都是谎言，但却佩服领袖的高超和聪明。“领袖永远正确”，这对运动而言是第一要务。与其说这是出于对领袖的个人崇拜，不如说是出于对运动本身的崇拜，而领袖只是运动中不可或缺的功能。在极端的社会运动中，人们逐渐失去了在正常社会生活处境下应有的常识与常态，处于道德上自相矛盾的分裂状态。

所以，这种“无我”的“忠诚”并不意味着群众果真不计算个人得失。极权社会在普通人身上体现出的精神风貌，常是意识形态上的“大我”同实际处境中的“市侩（philistines）”作风并行不悖、相得益彰。而极权社会唯一无需改变而只需“合理”利用的，便是群众的“市侩”品质。阿伦特指出：“对于无情的统治和灭绝机器而言，步调一致的‘市侩’群众提供了更好的材料，能促使它犯下比所谓职业罪犯更大的罪行，只要这些罪行组织得好，披上日常工作的外衣。”[④]这正是纳粹的“成功之道”。希姆莱超级善于组织和控制群众的能力正来自于他认

---

① 阿伦特：《极权主义的起源》，第 411—412 页。Hannah Arendt, *The Origins of totalitarianism*, p. 316.

② 阿伦特：《极权主义的起源》，第 486 页。Hannah Arendt, *The Origins of totalitarianism*, p. 382.

③ 同上。

④ 阿伦特：《极权主义的起源》，第 437 页。Hannah Arendt, *The Origins of totalitarianism*, p. 337.

识到,“大部分人既不是流浪汉、臆想狂、冒险家、性狂乱者、怪物,也不是社会上的失败者,而首先且至关紧要地是老老实实工作和顾家的人”。①

何谓“市侩”?阿伦特以“市侩”指称现代资本社会大量产生的精致的利己主义者——那些全部考虑都以个人利益(如个人职业发展和家庭需要)为中心的“单子化个体”。她说:“希姆莱为历史上前所未有的巨大犯罪而组织的群众,具有更多市侩而非暴民的特征。他们是那种在其世界的倾圮中牵挂个人安危甚于一切的布尔乔亚,准备为任何最微不足道的挑战而牺牲一切——信仰、荣誉和尊严。对那些除维护私生活外不考虑其他的人民而言,没有什么比私密(privacy)和私德(private morality)更易被摧毁。在经过几年掌权与系统性操控后,纳粹得以正确宣称:‘在德国,只有睡觉的人是唯一能保持私人化的人。’”②

卡诺凡指出,阿伦特在《起源》中有两种关于纳粹群众不一致的说明:一种是非功利化的狂热信徒,另一种是只关心个人利益的市侩,他们出于堕落而非狂热参与运动。③ 卡诺凡认为,阿伦特“毫不费力地接受了两种不同的解释”④,而这两种解释之间“存在着模糊之处”⑤。对此卡诺凡仅表示困惑,并未给出解答。

我们认为,在一定程度上,这种不一致与模糊之处反映了对个体动机进行历史阐释的困难:无论借助怎样的材料和媒介,都没有人能宣称自己如造物主了解造物一样,洞悉他人内在心灵的动机。即便当事人自己,当需要澄清在复杂历史事件中的动机时,亦未必能够完全透明可信。如奥尔巴赫所言:“在每个人身上,历史包含着许多相互矛盾着的题材,在各个人群中,则包含着动摇不定和模棱两可;……在所

① Hannah Arendt, *The Origins of totalitarianism*, p. 338.

② 阿伦特:《极权主义的起源》,第 438 页。Hannah Arendt, *The Origins of totalitarianism*, p. 338. 此处译文为笔者根据原文参照中译改动。

③ 卡诺凡:《阿伦特政治思想再释》,第 55—56 页。

④ 同上书,第 55 页。

⑤ 同上书,第 56 页。

有的历史参与者身上，动机真可谓五花八门，因此只能用简而化之的办法制定出宣传口号——其结果是，很多情况下，敌对双方可以使用同一个口号。书写历史是如此之难，以至于大多数历史作家不得不采用传说的写作方法。”[①]因为较之历史而言，在传说中，所有错综复杂、旁逸斜出，“所有混杂在主要事件和主要动机中的次要东西，所有干扰情节明晰发展和人物行动的简捷方向的优柔、中断和动摇都被去掉了”。[②]

但更主要的原因，群众动机的含混其实正是对极权社会中的矛盾分裂人格，或者说“无人格性”的真实呈现。在不同时刻和处境，长时段的极权运动在人群中体现出的不同面相，都从某种角度反映了极权主义的特质。阿伦特笔下的艾希曼就兼具了这种责任心上的“无我”“忠诚”与实际抉择中的“市侩”之悖论。由本文第一部分的分析我们已看到，艾希曼起初出于为摆脱失业的窘迫而偶然成为了党卫军军人，而后在咸鱼翻身、升官晋爵的黄粱美梦中，他步步摆正了自己的思想觉悟，由彼拉多式的被动犯罪，到自觉内化与承担“守法公民的责任”，将对成功元首的狂热崇拜，偷换为“良知的声音”。他的“忠诚”“良知”与“责任”，无不混杂着泥沙俱下的贪婪、自私与市侩。他声称是基于“忠诚”“良知”与“责任”而犯下“根本恶”的后果，但其真实动机，不过是人格上的鼠目寸光与蝇营狗苟。这便是阿伦特使用“恶之平庸”所意图揭示的悖论性实质。

正是由于作恶者的人格浅陋或者人格缺失，他们才能作下最大的恶——对此，阿伦特称之为“无根基的恶”[③]“无深度的恶”或“恶之平庸”。由于他们自动放弃了所有的人格性品质，要做“无名之人（nobody）”，以致连宽恕都不可能，因为宽恕只能针对人格，而不针对行为。“在无根基的恶中，不存在可以被宽恕的行为。”[④]这也是“良知”

---

① 埃里希·奥尔巴赫：《摹仿论》，吴麟绶、周新建、高艳婷译，北京：商务印书馆，2014，第24页。

② 同上书，第23页。

③ 阿伦特：《责任与判断》，陈联营译，上海：上海人民出版社，2011，第94页。

④ 同上书，第75页。

与“无思”“根本恶”与“恶之平庸”何以可能相容并立的悲剧性根源。

自《艾希曼在耶路撒冷》问世以来，“恶之平庸”便是一个无论在史实还是观点方面均受到诸多诟病的提法。而如果我们从阿伦特批判现代性所持的悲剧性视野来理解，这个提法在阿伦特思想地图中的位置与脉络其实是清晰可辨的。“恶之平庸”同“根本恶”之间，有对恶之问题的侧重点上的不同，一个强调恶的动机方面，另一个强调恶的后果，但二者并非没有关联。卡诺凡多次提醒读者：“她的背景和教育以及她的政治经验，给了她一种为古代所特有的生命的悲剧感。”[①]这种悲剧感并不指向对现代性的否定性悲观，而是她藉以洞烛幽微、启明黑暗的光源。这种悲剧意识提醒人们，现代世界虽迎来了诸多从未获得过的解放，但也潜伏着许多未曾经历的危险。那导致悲剧发生、充满混沌性的命运并未从现代世界退场，只是转化为了现代世界某种特殊的生存境遇或隐形机制。在此意义上，“恶之平庸”源于一种拥有现代视域的悲剧视野。这种悲剧视野让人们注意到，现代悲剧人物身上的过失抑或罪咎乃在于他对个体责任的推诿，以致需要“突转”和“发现”来作为最佳情节，迫使他不得不面对其后果。由此，“恶之平庸”成为了阿伦特在思想晚期，尤其是《心智生命》(*The Life of the Mind*)一书中，追问个体责任之根源的序曲。

① 卡诺凡：《阿伦特政治思想再释》，第 206 页。

第五章　从根本恶到恶之平庸：阿伦特对神义论的拒绝和替补

1948年，阿伦特发表《极权主义的起源》(后文简称《起源》)，书中对纳粹运动体现出的“绝对恶”或“根本恶”的描述分析契合人们对纳粹主义的震惊感受，成为了经典命题。在此，阿伦特借用了康德的“radical evil”这一表述，但其含义已经与康德有很大不同。康德在《单纯理性限度内的宗教》一书中使用“radical evil”来讨论那种既不听从义务的要求，也不遵循道德法则的倾向。他用形容词“radical”来限定“evil”，使用的是“radical”这个词的词源学含义——“根部的”，试图表明，这种恶根植于人性，特别根植于人自发选择的任意性“Willkür”的败坏，因此本文将“radical evil”中译为“根本恶”。但在阿伦特那里，“radical evil”主要指那种消除人的自发性、把人变为“多余”的现象，并未直接涉及对行为主体的道德评价，因而在相当程度上偏移了康德的概念。①

到了20世纪60年代，阿伦特发表的与恶相关的新作《艾希曼在耶路撒冷：一份关于恶之平庸的报告》(后文简称《艾希曼》)，引发了轩然大波，甚至被视为丑闻。在此书中，关于艾希曼，阿伦特与绝大多数人所见不同。她看到的不是一个残酷、冷血、自觉的反犹主义者，而是一个“正常”“普通”的行政性屠杀代理人，“恶之平庸”的典范。

① Hanah Arendt, *The Origins of Totalitarianism*, p. 459. 亦参理查德·J. 伯恩斯坦，《根本恶》，第23、33、254页。

“恶之平庸”揭示人类处在一种新的道德伦理困境中，阿伦特认为，过去的神学、哲学和社会学解释还不足以回应它。这一困境体现为一个悖论：一方面，是《起源》中指出的、使人成为多余的“根本恶(radical evil)”现象；另一方面，却是施害者(甚至包括受害者)的“无思”与道德自欺，以及阿伦特后来在与肖勒姆的通信中看似矛盾的说明——“恶没有深度”[①]。在这封信里，阿伦特写道：“你十分正确：我改变了看法并且不再谈论‘根本恶’(……)现在我的确认为，恶不再是‘根本’，而只是极端(extreme)。它既没有深度，也没有任何恶魔般的维度。它能过度生长并污染整个世界，只因为它如同霉菌一般在表面蔓延。如我所说的，它‘抵制思考(thought-defying)’，因为思考试图到达某种深度，进入根部。而思考面对恶，就会受挫，因为那儿没有任何东西。这就是恶的‘平庸’。只有善才拥有深度并能是根本的。”[②]

如何理解阿伦特关于恶的两种貌似截然相反的论述？这两种看法之间是否具有相容性？她是彻底还是部分改变了看法？此种改变说明什么？关于这些问题学界已有不少讨论，主要观点可分为相容说与改变说。相容说的代表是阿伦特思想的一位重要研究者理查德·J.伯恩斯坦(Richard J. Bernstein)；改变说的代表则是阿伦特的学生及其最重要的传记(《爱这个世界——汉娜·阿伦特传》)作者扬-布鲁尔(Elisabeth Young-Bruehl)。无论伯恩斯坦还是扬-布鲁尔都没有简化这个令人费解的改变。本文在基本认同相容说的基础上，尝试分析阿伦特改变的原因。本文认为她的改变主要涉及对恶的动机的理解。基于对个体责任的考量，她既拒绝了黑格尔式神义论的诱惑，也放弃了“根本恶”中隐含的神学维度，而试图仅从世俗主义角度，对个体道德责任的可能性进行探求。

---

① Hannah Arendt, “‘A Daughter of Our People’: A Response to Gershom Scholem,” in *The Portable Hannah Arendt*, edited with an Introduction by Peter Baehr, Penguin Books, 2000, p. 396.

② Ibid.

第一节　变中的不变：恶的现象与后果

在《起源》中，阿伦特描述了大量极权主义制度中的恶的现象，并称之为“根本恶”。十二年后，在《艾希曼》中，虽然阿伦特对艾希曼采用了“恶之平庸”一词进行描述，且不再使用“根本恶”这一词汇，但她从未在全书中否认过“根本恶”现象的存在。而且正是由于“根本恶”的存在，她才能在书中坚持对艾希曼犯了“反人类罪”的裁决。书中强调，“反人类罪”是对人类生存状况的特性——人类多样性——的攻击。此处从法律角度定义的罪的实质，正是“根本恶”的现象。在阿伦特那里，“根本恶”主要指那种使人变成多余的现象和制度，而非对主体道德罪责的评价。[①] 因此，关于阿伦特对肖勒姆的回复（“你十分正确：我改变了看法并且不再谈论‘根本恶’……现在我的确认为，恶不再是‘根本’，而只是极端”），我们似乎不必照单全收。基于当时那种激烈的论战气氛，她的回复显然在措辞中包含了某种夸张。[②]

事实上，“根本恶”和“恶之平庸”的彼此相容不仅体现在《艾希曼》中，甚至也早已出现在《起源》中。当阿伦特描述极权社会“群众”的性格时，她已深描了群众的“市侩（philistine）”[③]与“拔根（uprootedness）”[④]特性，而这种“市侩”与“拔根”同艾希曼在阿伦特笔下体现出的平庸与人格肤浅、不能从别人的角度思考十分一致。“市侩”是指那种一切考虑仅以私人利益为中心的精致的利己主义者。“拔根”是极

---

① 卡诺凡亦认同此观点。参见卡诺凡：《阿伦特政治思想再释》，第 25 页，注 1。

② 伯恩斯坦亦认同此观点，参见理查德·J. 伯恩斯坦：《根本恶》，第 266 页，以及 R. Bernstein, “Did Hannah Arendt Change Her Mind?” in *Hannah Arendt: Twenty Years Later*, edited by Larry May and Jerome Kohn, Boston: The MIT Press, 1996。

③ Hanah Arendt, *The Origins of Totalitarianism*, pp. 337－338.

④ Ibid., p. 475. 阿伦特在极权主义的起源中分别使用过“rootlessness（无根）”与“uprootedness（拔根）”两个词。“rootlessness（无根）”较多用于描述种族主义与部落种族主义的精神状态与形成原因：由于失去传统共同体社群的责任感而导致的以当下狭隘的土地或血缘意识为抱团理由的状况，参见 Hannah Arendt, *The Origins of Totalitarianism*, p. 196,197,232,236,239,417。

权社会群众的生存处境：他们失去了作为居间世界的公共领域，而处于孤独(lonliness)的原子式生存状态。这种生存状态意味着缺乏来自他人的承认和保障——首先是缺少我与他人的共通感(common sense)。恰是那些由于孤独、"拔根"而无"家"可归之人，最容易在虚无主义驱动下，成为将一己私利视为一切的市侩。如此，"市侩"与"拔根"这两种特性便彼此强化，具有共生性。"共通感规范并控制其他一切感觉，若无共通感，我们每个人都会被封闭在自己的感觉中，而这种感觉是不可靠并带有欺骗性的。"[①]缺乏共通感，因而无法从别人的角度思考，正是阿伦特笔下艾希曼无思的原因和表现。在此意义上，"恶之平庸"亦是恶的无根。这一点确如阿伦特在对肖勒姆的回复中所言："恶不再是'根本'，而只是极端(extreme)。它既没有深度，也没有任何恶魔般的维度。它能过度生长并污染整个世界，只因为它如同霉菌一般在表面蔓延。"如果我们将此意象同阿伦特对群众有组织的孤独状态的描述进行比较——在《起源》中，这种状态被比喻为一场对荒漠的动员，结果是被那吞噬一切的沙尘暴掩埋[②]——便不难理解她在此形容的"恶之平庸"的状态：无根而迅猛扩散，如霉菌般在事物的表面繁衍弥漫，窒息并破坏整个生态环境。

伯恩斯坦是相容说的著名代言人。为说明阿伦特从未将"根本恶"等同为动机上的恶魔性，而后在写作《艾希曼》时发生实质性转变，他特别强调阿伦特与雅斯贝尔斯在1946年《起源》写作期间的一次通信。[③] 在那次通信中，雅斯贝尔斯提及对"恶之平庸"的看法，阿伦特大致赞同，且在《艾希曼》及对肖勒姆的回复中采用了某些类似表述。

在这次对话中，两人讨论纳粹罪行能否从法律上的"犯罪"范畴进行理解。阿伦特认为，纳粹罪责逾越和粉碎了一切现行法律体系。(实际上她这一观点贯穿始终，也体现在《艾希曼》结语部分，不过此处她强调艾希曼之流是"新型罪犯")。雅斯贝尔斯则认为，这种评价不

① *The Origins of Totalitarianism*, pp. 475 - 476.

② Ibid., p. 478.

③ 理查德·J. 伯恩斯坦：《根本恶》，第261—262页。

太合适，会使纳粹罪责带上“伟大的”恶魔色彩。他说：

> 我们必须看到这些事情完全平庸的性质，看到它们庸常的琐碎性，因为这是它们真正的特点。细菌可以造成它们席卷各国的流行病，但它们不过仍旧是细菌。我认为丝毫有关神话与传奇的暗示都是可怕的，而所有不确定性都是这样一种暗示……你的表述方式几乎已经走在诗歌的道上了。而一个莎士比亚式的人永远也无法为这些材料提供充分形式（他的本能的审美感将会歪曲它们），这就是为什么他不会试图作出这种努力。[①]

阿伦特给肖勒姆的回信同样将恶比为在表面蔓延的霉菌，能过度生长并污染整个世界；她在《艾希曼》中，也曾同样拿艾希曼与莎士比亚描写的著名恶人进行对照，并否认其相似；[②]于此我们不难看到雅斯贝尔斯意见的痕迹。而阿伦特对雅斯贝尔斯的回复也表明：虽然她未必完全改变了自己的看法，例如她在《艾希曼》中仍坚持纳粹罪行作为“反人类罪”而相对于“反犹主义”的“超越性”，但已部分接受了雅斯贝尔斯对纳粹恶行之庸常性的看法。她写道：

> 你说我思考的纳粹行为具有“超越罪或无罪”的性质，这番话大体令人信服；也就是说，我完全意识到，我迄今为止所用的表达方式危险地接近于“恶魔般的伟大”，而这是你我都彻底拒绝的。尽管如此，一个动手杀死老姑妈的人和一群建造生产尸体的工厂而根本不考虑其行为的经济利益（放逐对战争后果有破坏性影响）的人毕竟有区别。有一件事我是肯定的：我们必须抵制将恐怖神话化的冲动，而考虑到我本人也不免倾向于如此表述，在这个意义上我尚未理解真正发生的事情。或许在这一切背后发生

---

① *Hannah Arendt/Karl Jaspers: Correspondence, 1926—1969*, ed. by Lotte Kohler and Hans Saner, trans. from Germany by Robert and Rita Rimber, New York: Harcourt Brace & Company, 1992, p. 62.

② 阿伦特：《艾希曼在耶路撒冷》，第 306 页。

的正是：个体的人并未出于人的理由而杀死其他人，而是一次有组织的企图，企图根除“人”的概念。[①]

不过我们注意到，阿伦特的回复有种含混和不确定性。她承认自己“迄今为止所用的表达方式危险地接近于‘恶魔般的伟大’”，并同意这是应当改变和放弃的，但又强调的确有种无法理解的恶发生了（“一群建造生产尸体的工厂而根本不考虑其行为的经济利益的人”不同于“一个动手杀死老姑妈的人”）。她对理智上知道“必须抵制将恐怖神话化的冲动”和事实上“我本人也不免倾向于如此表述”之间，存在一种无奈，犹如一个无可避免的错位和无法解决的问题——“我尚未理解真正发生的事情”。最后她只能以一种模棱两可的态度和一种不直接回答问题的描述，来回复雅斯贝尔斯的批评：“或许在这一切背后发生的正是：个体的人并未出于人的理由而杀死其他人，而是一次有组织的企图，企图根除‘人’的概念。”这个描述正是她在《起源》中提出“根本恶”的根据。

伯恩斯坦认为，阿伦特的回复表明，“与雅斯贝尔斯一样，阿伦特拒绝任何‘恶魔般伟大’的说法，也拒绝以神话或审美的方式描述犯下‘根本恶’者的意图。”[②]但如果我们对她的话仔细推敲，会发现未必如伯恩斯坦考虑的那么简单。或许更完整的理解，是阿伦特在承认纳粹恶具有动机上的某种庸常性之时，亦认为这种庸常性仍有某种非同寻常之处。此种非同寻常不仅在于其后果的前所未有、闻所未闻，亦在于其道德上盲目自欺的独特方式，在阿伦特看来迥异于传统对恶的理解。这种道德上的盲目自欺借助某种意识形态展开，如同她在后来增补的《起源》第十三章“意识形态与恐怖”中所进行的分析。“恶之平庸”便是对这种非同寻常的“平庸”的表达。在此意义上，如伯恩斯坦正确指出的那样，“恶之平庸”与“根本恶”是相容的，而且，正是经由

① 转引自理查德·J. 伯恩斯坦：《根本恶》，第 262 页。*Hannah Arendt/Karl Jaspers: Correspondence, 1926—1969*, p. 69.

② 同上书，第 262—263 页。

“恶之平庸”而铺设了“根本恶”这种使人变为多余的现象，并在《起源》一书中得到了深刻揭示，只是阿伦特自己对二者间的关系并未有十分清晰的理解与表述。

第二节　对神学传统的持续拒绝

1951年，雅斯贝尔斯读了《起源》初版序和最后几章后，在给阿伦特的回复中写了一句令人费解的话：“雅威(Jahwe)难道不是已经淡出我们的视线很远了吗？”对此阿伦特(1951年3月4日)回复说：

> 几个星期以来，你的问题“雅威难道不是已经淡出我们的视线很远了吗？”一直萦绕在我脑海，我想不出答案。对于我自己在最后一章提出的要求，我同样也没有答案……事实证明，恶比我们想象的要根本得多。客观地说，“十诫”并没有写到现代罪行；或者说：西方传统一直有这种先入之见：人所能做的罪大恶极之事出自“自私”之恶。但是，我们知道，“最大恶”或“根本恶”与这种人性可理解的作恶动机不再有任何关系。我不知道“根本恶”究竟是什么，但在我看来它与下述现象有关：把人变成多余的人。①

这次通信更清楚地表明：阿伦特不仅拒绝以“自私”这种惯常视角来解读“根本恶”，亦拒绝基督教神学。几年后，她给《起源》第二修订版(1958)增添了一段话，否定恶作为人的反常意志或魔鬼的堕落属性。这段话再次表明，她认为哲学与神学传统完全无法思考“根本恶”现象的主观动机。

> 就我们整个哲学传统自身而言，我们无法想象“根本恶”。这

① 《根本恶》，第253页。

对基督教神学和康德也是一样。神学甚至承认魔鬼本人有一个天使出身。至于康德，就其造出"根本恶"一词而言，他是唯一至少考虑过"根本恶"的存在的哲学家，然而他很快便用"反常的病态意志(perverted ill will)"这一具有可理解性动机的概念来理性化"根本恶"。所以，实际上我们无法指望任何资源来帮助我们理解这一现象——它以超强的现实力量直面我们，并打破了我们所能知道的一切标准。只有一点似乎是可辨认的："根本恶"与一个制度相关，在那里所有人都同样是多余的。[①]

根据以上阿伦特的两段话，我们可将"根本恶"的内涵分为两方面。一方面涉及对"根本恶"的**内在动机与精神品质**的定性。对此，阿伦特除了强调恶的前所未有和不可理解，坦承"我不知道'根本恶'究竟是什么"之外，逐渐明确拒绝了恶的传统根源与深度。这为她后来转向"恶之平庸"作了准备。另一方面，是她对"根本恶"的现象和后果进行的描绘，诸如：与某种特定制度相关、把人变成多余的。这是在《艾希曼》一书中同"恶之平庸"并行不悖的事件背景。如果我们同意伯恩斯坦的意见[②]，不把她关于恶的思考简单归类为"根本恶"和"恶之平庸"这两个标签，并以一个标签来截然否定另一个，那么阿伦特的改变，只是在对恶的内在动机和精神品质的考量方面，从"不知究竟是什么"并否定传统说法的含混悬搁状态，转向对"恶之平庸"的确定。而"恶之平庸"主要针对个体内在动机和精神品质方面的平庸与盲目而言，并未取消"根本恶"在现象和制度方面的所指。

第三节　以恶之平庸化解恶魔神话

那么阿伦特缘何以"恶之平庸"取代自己过去对恶的内在动机和

① Hannah Arendt, *The Origins of totalitarianism*, p. 459.

② 理查德·J. 伯恩斯坦：《根本恶》，第 266 页。

精神品质问题上的踌躇？她的改变，既出于同当时德国一些知识分子，如雅斯贝尔斯、布莱希特，以及她的丈夫布吕赫等人类似的、对“不可战胜的恶魔神话”以及“无人应当承担罪责”的忧虑，更源于其思想深处对恶的神义论诱惑的拒绝，以及对政治道德的新探求。这种政治道德要求从彻底世俗的个体责任和判断力角度来面对恶的问题。

关于阿伦特最初从谁那里受到“恶之平庸”想法的影响，扬-布鲁尔的看法与伯恩斯坦不同，她认为阿伦特是通过她丈夫布吕赫而受到了布莱希特的影响。[①] 为解释自己的戏剧《阿图罗·乌依的可抵抗崛起》[②]的创作意图——讽刺希特勒“无法抵抗的”崛起，布莱希特在《短论》中写道：

> 大政治犯们必须被揭露，尤其要在嘲笑者面前被揭露。他们其实还不是大政治犯，只是允许重大罪行产生的人，这两者完全不同。希特勒事业的失败不表示希特勒是个白痴，他事业的规模也没有使他成为一个伟人。如果统治阶级允许一个小流氓成为一个大流氓，那在我们的历史观里面他就没有什么特别的位置。他成为一个大流氓的事实，以及他的所作所为产生了重大后果，并不给他的地位添加什么……人们会说，悲剧与喜剧相比，是在以一种不那么严肃的方式处理人类的灾难。[③]

---

① 伊丽莎白·扬-布鲁尔：《爱这个世界——汉娜·阿伦特传》，第 360 页。伯恩斯坦后来也补充说，除雅斯贝尔斯外，布鲁尔很有可能是使阿伦特采用这一观念的主要来源。参见理查德·J. 伯恩斯坦：《根本恶》，第 322 页，注 26。

② 布莱希特发表于 1941 年的戏剧《阿图罗·乌依的可抵抗崛起》是一部嘲讽希特勒和纳粹党的作品。作品虚构了 20 世纪 30 年代芝加哥的一个黑帮是如何通过无情铲除对手而获得统治权。剧中的黑帮大佬们全都有其明显对应的现实指涉人物，如戈林、戈培尔等。主角阿图罗·乌依则是希特勒的漫画版。这部作品和卓别林创作于 1940 年的电影《大独裁者》一道，成为 40 年代重要的反法西斯文艺作品。在这部剧中，布莱希特有意以讽刺手法刻画希特勒，其意图并非表现现实，而是如同他在前述引文中所表达的那样，想要清理人们心中对巨大杀人罪魁常会抱有的某种危险的“敬意”。

③ Bertolt Brecht, “Notes”, in *The Resistible Rise of Artwro Ui*, trans. by Ralph Manheim, ed. and introduced by John Willet and Ralph Manheim, New York: Bloomsbury, 1981,(Format Kindle 2015). 此处引文亦部分出现于阿伦特的“贝托尔特·布莱希特”一文中，参见阿伦特：《黑暗时代的人们》，第 236—237 页。

显然，布莱希特的意图是想通过嘲讽方式，破除掉彼时风行一时的希特勒不可战胜的神话，从心理上消解人们对这位神一般的“领袖”的恐惧感。阿伦特曾在一次发表于1978年的《纽约书评》采访中引用了布莱希特的观点，并表示，在评价希特勒那样的人时，重要的是要记住：无论他做了什么，即使是他杀了无数的人，他仍然只是一个庸人。[1]可见在阿伦特那里，“根本恶”与“恶之平庸”彼此兼容，是从不同方面对纳粹之恶的描述。

同阿伦特的“恶之平庸”所引发的争议有些许相近之处，布莱希特对希特勒的描写，一种把恶当作表象的嘲讽，也同样引起了争议。有学者批评说，希特勒的真实面目被琐碎和模糊化了。[2] 但阿伦特却非常认同布莱希特的做法。在一篇款曲周至地批评布莱希特关于斯大林主义错误政治立场的文章中[3]，她仍不忘引用布莱希特关于希特勒的这几句评论并称赞道：“这比1941年的大多数知识分子的理解要深得多，而这种智力的精确性如同闪电一样，在对陈词滥调的普遍怨言中穿透而出。”[4]我们不由得猜想，她大概亦会如此认同自己对艾希曼的解读。

早在1946年的一篇文章《噩梦与飞翔》中，[5]阿伦特已表达了对恶魔神话的忧虑。她在此提出“恶的问题是战后欧洲知识分子生活的最重要问题”之时，亦指出“诺斯替式辩证法”是一种当下存在的最危险

---

① 伊丽莎白·扬-布鲁尔：《爱这个世界——汉娜·阿伦特传》，第360页。在上文提到的雅斯贝尔斯1946年10月写给阿伦特的信中，他不仅提出了有关纳粹恶之平庸的观点，也说到不应将希特勒视为恶魔。*Hannah Arendt/Karl Jaspers: Correspondence 1926 - 1969*, p. 62.

② J. P. Stern, *Hitler: The Führer and the People*, Berkeley, California: University of California Press, 1992. p. 2.

③ 阿伦特：“贝托尔特·布莱希特”，收于阿伦特：《黑暗时代的人们》。扬-布鲁尔后来指出这篇文章的原题为“为善的诱惑是可怕的”，参见 Elisabeth Young-Bruehl, *Hannah Arendt: For Love of the World*, p. 376.

④ 阿伦特：《黑暗时代的人们》，第237页。

⑤ Hannah Arendt, "Nightmare and Flight", in *Essays in Understanding 1930 - 1954*, edited and with an introduction by Jerome Kohn, New York: Schocken Books, 1994.

的陷阱。她批评战后人们对恶的恶魔化想象是出于一种从现实抽身逃离的诱惑。现实其实是“纳粹同我们一样”，“我们离纳粹没那么遥远”，但人们却忍不住产生某种“文学化”、戏剧性地想入非非，将纳粹描述为某种恶魔，而这正是人们试图回避现实、不反思自身行为与责任的“不成熟”表现。更糟的是，这种对现实的妖魔化常恰好暗合某种诺斯替式辩证法，诱惑人们想象宇宙中存在某种类似上帝与魔鬼之间的正邪之争，而人们似乎只需站在绝对正义那边，就可以忽视对当下现实的判断与责任，等待“明天注定会到来的胜利”。这种对现代人极具诱惑力的态度正是异端邪说以未来之善为名大行其道的沃土。

而对恶魔神话最有效的解决方案，在阿伦特看来，便是“恶之平庸”。实际上，这也是她对纳粹道德责任问题的反思上最具贡献的方面。“恶之平庸”揭示：在一个充斥意识形态谎言的世界，唯有来自个体心灵深处的洞察与责任，才最真实和重要。

第四节　不变中的变：恶的动机与责任的世俗化

扬-布鲁尔认为，通过写作《艾希曼》，阿伦特对恶的理解的确发生了改变：她“不再认为是怪物和魔鬼策划了对数百万人的大屠杀”。[①] 与伯恩斯坦不同，扬-布鲁尔倾向于将阿伦特对“根本恶”的内在动机和精神品质方面的理解视为恶魔性的，并指出：[②]如果说在《起源》中，阿伦特还认为，“根本恶”是出于植根人性的某种可怕魔性或罪性，那么在《艾希曼》中，阿伦特则认为，恶是个体自我决定的选择，取决于每个人的思考能力和判断力，与人性或原罪无关；如果说在《起源》中，恶的动机如此之深以致无法理解，那么在《艾希曼》中，动机则是多余的，或者肤浅的。

我们认为，扬-布鲁尔对阿伦特的判断亦有其合理性。根据我们

① Elisabeth Young-Bruehl, *Hannah Arendt: For Love of the World*, p. 367.

② Ibid., pp. 367 - 369.

上文引用的阿伦特同雅斯贝尔斯的讨论，我们倾向于认为，阿伦特在对恶的动机问题的理解原本是含混不定、悬而未决的。她既承认应当避免将恶恶魔化，也承认自己对恶所用的表达危险地接近于“恶魔般的伟大”，以及“不免倾向于如此表述”；她既否认神学传统的有效性，又无法避免表述“根本恶”时的神学色彩。这种神学色彩既体现在她大量使用诸如“炼狱(Purgatory)”“地狱(Hell)”这些富于神学意味的词汇来描述集中营的状况，①以“一切都是可能的”这种通常用于上帝的词汇来描述纳粹的“信念”，②也体现在她对极权社会领袖通常来自的暴民阶层的虚无主义精神病症作出的判断。

暴民既是转型时代的“多余人”，又拥有未来的“天才”品质。作为转型时代的“多余人”，他们仇恨习俗、不甘平庸，渴望投身某个宏大未来，施展自己怀才不遇的抱负。正是这种虚无主义的时代氛围和精神病症，在阿伦特的分析中，不仅构成暴民，也构成了文化精英的精神特征，并促成了暴民与文化精英们的短暂同盟，形成了虚无主义的时代命运。尽管阿伦特一再申明“根本恶”不同于传统神学范畴，但实际上，她对暴民内在动机的描述和分析已在无意中进入了圣经框架。只有在圣经框架中，虚无主义的精神病症才能显现出来。在圣经叙事中，恶是人对上帝的创造和恩典的背离——亦即堕落(fall)——的后果。“堕落”一词也只有就人对上帝之敬畏的偏离而言才有意义。虚无主义是这种偏离和堕落之后的状态。纳粹运动则是人在虚无主义病症中的造神冲动。

因此在《起源》中，根本恶实际上隐含着某种诺斯替主义的神学色彩。这也是沃格林在一篇评论《起源》的文章中暗示的。③ 但显然，正如阿伦特拒绝从神学传统的角度来理解根本恶，她也不愿将根本恶视

① *Hannah Arendt: For Love of the World*, pp. 445 – 447.

② Hannah Arendt, *The Origins of totalitarianism*, p. 459.

③ 沃格林：“极权主义的起源”，孙嘉琪译，未刊稿。Eric Voegelin, “The Origins of Totalitarianism” (1953), in *The Collected Works of Eric Voegelin*, *Volume 11*, *Published Essays*: *1953 – 1965*, Columbia and London: University of Missouri Press, 2000.

为某种诺斯替主义。这既是由于她对恶之神义论的拒绝，也是出于她思想的世俗主义（政教分离）倾向。有学者认为，“恶之平庸”可以从奥古斯丁为批判摩尼教而提出的“恶是善的匮乏”说来得到理解，[①]但实际上二者只有表面的相似性。阿伦特对恶之平庸的思考不仅是非神学性的，甚至是要去神学性的。如扬-布鲁尔所言，她只是“用一种世俗语言解释恶的私人性质”[②]。后来亦有学者指出，阿伦特不仅强调自己所说的恶与神学传统不同，而且还批评恶的匮乏说，认为这会使人无法看清恶的阴险面目。[③]

阿伦特之所以转向“恶之平庸”，是由于她感觉到了潜伏于时代的神义论政治道德的诱惑，而试图思考一种与之针锋相对的新政治道德。[④] 与那种相信“善从恶中产生”的神义论政治道德相比，这种新政治道德将格外强调个体道德判断力的重要。它要求人们并非仅从个人主观动机，更要从与他人具有共通感的责任角度来思考恶，以此避免主观意图与客观后果的悲剧性反差。

何为阿伦特想要拒绝的神义论政治道德？她本人曾对神义论有过说明：一种始于17世纪的哲学家对上帝或大写存在的辩护，为了让人们的心灵与他们生活的世界妥协。[⑤] 笼统而言，神义论是指面对义人受苦的现实而为上帝存在进行的两难辩护：如果全知全能全善的上帝存在，为何世上会有无辜受难的事发生？对此通常存在两种辩护策略。一种是柏拉图式的，强调恶的非本质性，将恶贬低为表象，例如斯宾诺莎的伦理学让人把灾难视为时间因果链中的一环，而时间是非实在的，只有上帝是唯一的实在。奥古斯丁的匮乏说接近于这种。另一种以黑格尔哲学为典范，是前一种神义论的现代变形。黑格尔式神

---

① Jean Bethke Elshtain, *Augustine and the Limits of Politics*, Notre Dame, IN: University of Notre Dame Press, 1996, "4. Augustine's Evil, Arendt's Eichmann."

② Elisabeth Young-Bruehl, *Hannah Arendt: For Love of the World*, p. 369.

③ John Kiess, *Hannah Arendt and Theology*, Bloomsbury T&T Clark, 2016, pp. 52-3.

④ Elisabeth Young-Bruehl, *Hannah Arendt: For Love of the World*, Yale University Press, 2004, p. 374.

⑤ Hannah Arendt, *The Life of the Mind*, New York: Harcourt Brace Jovanovich, 1978, p. 21.

义论将恶视为事物发展必要的部分和过程，认为作为整体的善产生于作为部分的恶，从而合理化了恶与无辜受难。黑格尔式历史哲学辩证法是近代思想与实践中的强大暗流，也是阿伦特一直与之较量的对手。这体现在她对现代问题的诸多思考中：从《起源》中对“历史必然性的虚假辉煌”的批评，到《人的境况》中对将政治行动误解为“制作”某物的现代世界的批判；从《艾希曼》开始对（无思的）意图之可靠性的怀疑，到与《艾希曼》几乎写于同一时期的《论革命》[1]中对神义论政治道德的反感——在她笔下，法国大革命是一个有关神义论政治道德的悲剧舞台；最后，在写于生命晚期的《心智生命》第二部《意志》中，她使用了相当篇幅讨论和批判黑格尔历史哲学。

阿伦特缘何严厉拒绝神义论政治道德？在她看来，神义论政治道德是那种诱惑“好人”以好意图为由，做出最坏事情的隐形机制中的润滑剂。正是这种“好人”的盲目与道德自欺，使得犹太人委员会、法国大革命中的激进派、纳粹分子、斯大林主义者，甚至包括诗人布莱希特等，都丧失了行动的正确判断力，因此她对人们在政治事务中的道德理想和同情心（好意图）抱有深深疑虑。恶之平庸总是与神义论政治道德相反相成；而道德上的盲目与自欺，也正是恶之平庸的非同寻常之处。阿伦特在《论革命》中指出：道德理想和同情心对于政治家和诗人，更像暴力的精神鸦片，而非清明恰切的判断。这观点折射在《艾希曼》中的反映便是，她试图通过对以服从善之命令为借口的“恶之平庸”的揭示，来呼吁一种让人面对个人良知的思与判断力，一种不以权威、习俗和意识形态为由，回避个人责任的新政治道德。此即为何，阿伦特在给肖勒姆的回信中提到，她对“同情心”在政治中的使用抱有深深疑虑，并建议肖勒姆读读她《论革命》一书的第四章。[2]

此外，“恶之平庸”也反映了，经过若干年对恶的问题的思考后，阿伦特最终选择了一种彻底世俗主义的方案来面对恶的问题。当阿伦

① Hannah Arendt, *On Revolution*.

② Hannah Arendt, "'A Daughter of Our People': A Response to Gershom Scholem," p. 393.

特说，恶没有深度时，她不仅改变了自己过去对恶的理解，也在某种意义上改变了对极权主义制度之终极意味的理解：在“根本恶”的视野下，极权主义指涉了一种现代性内在的虚无主义潮流，这种潮流以一种总体化的统治，破坏了人类尊严，将复数的人变成了多余的，应当被消灭；而在“恶之平庸”中，极权主义则失去了这种终极性意味。沃格林曾批评阿伦特的《起源》由于未能从内在灵性角度诊断极权主义问题，因而产生了“理论脱轨”，致其叙事最终在理论上的无结论性。[①] 阿伦特的回应则表明了她康德式政教分离的世俗主义立场：将属于私人领域的信仰与属于公共领域的政治区分开来，拒绝在对政治问题的思考中介入信仰问题。[②] 因此，对于虚无主义这一同上帝之死有关的后遗症，她不置可否；对于历史方向，她在反黑格尔的历史必然性时，主张将其留给未知与空白——新生性(natality)；她在拒绝恶的神义论诱惑时，亦拒绝理解恶的神学框架和救赎道路，而主张将救赎完全留给人和世界。

第五节　替补神义论的现代方案

阿伦特关于恶之思考的转变，于她本人而言，既是一场“延时治疗”[③]——不再把恶视为有着不可理解的动机，也是一个新开端，甚至如学者 Susan Neiman 所言，是属于她自己的“神义论”——她由此得以重新与世界这一(上帝的)造物和好，并发现人有这种能力。[④] 用阿伦特自己的话，则是发现：“即使在最黑暗的时代，我们也有权去期待

---

① 沃格林：“极权主义的起源”。Eric Voegelin, “The Origins of Totalitarianism”.

② Hannah Arendt, “A reply to Eric Voegelin,” *in The Portable Hannah Arendt*, *Edited with an Introduction by Peter Baehr*. San Diego: New York: Penguin Group, 2003.

③ 借用伊丽莎白·扬-布鲁尔在阿伦特传记《爱这个世界——汉娜·阿伦特传》一书中专门谈论《艾希曼》一书第八章标题“*Cura Posterior*: *Eichmann in Jerusalem*”。

④ Susan Neiman, “Theodicy in Jerusalem”, in *Hannah Arendt in Jerusalem*, edited by Steven E. Aschheim, Berkeley, Los Angeles and London: University of California Press, 2001.

一种启明"[1]。在此意义上我们可以说,阿伦特以一种非常现代的方案,提供了对神义论的替补。

"治疗"首先体现在阿伦特在《艾希曼》中试图直面和理解恶的原因。这是她在《起源》中曾表示无法理解的,但现在,她相信这种理解能更好地服务于政治秩序的清明,[2]并由此开始思考一种与判断力有关的新政治道德。这体现在她收于《过去与未来》一书中的两篇文章《文化的危机》和《真理与政治》中,也体现在她 1970 年的备课稿《康德政治哲学讲稿》里。囿于篇幅,本文不拟对判断力问题展开论述,仅指出:这种同判断力有关的道德考量,是她认为唯一有可能在黑暗时代中启明、抵抗极权主义的道德,也是她在晚年未竟的巨著《心智生命》中致力于阐明的新的思想方向。这种作为道德判断力的启明,如同她在《黑暗时代的人们》中所言,"或许并不来自理论和概念,而更多地来自一种不确定的、闪烁而又经常很微弱的光亮。这些光亮源于某些男人和女人,源于他们的生命和作品,它们在几乎所有情况下都点燃着,并把光散射到他们在尘世所拥有的生命所及的全部范围。"[3]对阿伦特,那本当源于人们的居间世界——公共领域——的启明,也需内化为个人直觉、想象力、共通感,以及对存在意义的求索,成为在历史危机时刻、公共领域式微的黑暗年代里,帮助个人思考判断,从而突围环境和"沉默大多数"的同化,保持独立而燃烧的支点。

阿伦特希望借助这种微弱且又不确定的光亮来破除恶之神义论的诱惑,面对恶的问题。准确而言,"恶之平庸"与其说是对恶的本质为何的解答,不如说是关于人如何能抵制恶、承担道德责任的思考。在《艾希曼》一书中,施密特中士的故事引发了法庭上人们自觉的两分钟肃静。在这两分钟里,仿佛忽然一道耀眼的亮光刺透了深不见底、不可穿越的黑暗。[4] 这光亮同围绕艾希曼及其周围环境与人群的漫长

① 阿伦特:《黑暗时代的人们》,第 3 页。

② 伊丽莎白·扬-布鲁尔:《爱这个世界——汉娜·阿伦特传》,第 403—409 页。

③ 阿伦特:《黑暗时代的人们》,第 3 页。

④ Hannah Arendt, *Eichmann in Jerusalem: A Report of the Banality of Evil*, p. 231.

黑暗形成了强烈反差。阿伦特评论道，施密特中士故事的出现没有伴随任何宏大叙事，但却是整个审判过程中的“戏剧性时刻”。应该说，对此片段的评述也是全书压抑沉闷、并偶或夹杂尖锐嘲讽的笔调下罕见的高潮时分。[①] 在《艾希曼》中，正如施密特中士的善无需任何与金钱、后果的计算，抑或与善的宏大叙事有关的理由，恶的神话似乎也可以同样得到破解——艾希曼并没有任何深不可测的动机，他只是无思或者说道德判断力较差。这一破解使得人们无法再以任何冠冕堂皇的道德理由自欺，而仅需直面个人判断力和责任问题。这对于自欺艺术高度发达、谎言的完整与终极性前所未有、对事实的宣传与操控能力极度强大的现代社会而言，非常重要。如此，当阿伦特透过“恶之平庸”来理解极权主义的道德崩溃时，她便开始能放下面对“根本恶”的手足无措，从而在一定程度上面对与承担“根本恶”的重负。这是她认为思想者应担当的使命：理解不是以知性犁平难以面对的现实，更非用自以为是的教条来掩盖对现实的判断力和责任的欠缺，而是同现实和他者对话，给予亮光和方向。

1964 年 6 月，玛丽·麦卡锡在给好友阿伦特的信中提到自己阅读《艾希曼》时的感受：“读你的《艾希曼》确实让我精神振奋，这种感觉和我听那两部音乐作品时的感觉非常相近，而它们都和救赎有关。”[②]麦卡锡在此说起的两部音乐作品，她曾在一篇此前为辩护《艾希曼》而公开发表的文章《众声责难》中言及。在这篇文章中她写道：“我很坦白地说，这本书让我感到快乐，我在里面听到了赞美歌——不是表达对极权主义的仇恨，而是一种超越世俗的颂歌，一种天籁之音，就像《费加罗的婚礼》或《弥赛亚》最后的合唱……读者‘超越’了那个可怕的审判，仿佛得到了升华，可以用自己的智慧来审视这一切。”[③]对此阿伦特回复道：“你是唯一读懂我心思的人，我从来也没承认过，我是在一种奇怪的快感中完成那本书的。自从我写了那本书，我觉得——20 年以

① *Eichmann in Jerusalem: A Report of the Banality of Evil*, p. 230.

② “麦卡锡致阿伦特”，1964 年 6 月 9 日，收于《朋友之间：汉娜·阿伦特、玛丽·麦卡锡书信集 1949—1975》，章艳译，北京：中信出版集团，2016，第 265 页。

③ 《朋友之间：汉娜·阿伦特、玛丽·麦卡锡书信集 1949—1975》，第 266 页，注 6。

来——我第一次对这段历史释然了。不要告诉任何人,这是不是证明我没有'灵魂'了?"[①]

这段朋友间心心相契的对话见证了阿伦特写作《艾希曼》时同恶的问题展开的一场精神搏斗。对"恶之平庸"的抵达于她而言不啻为某种程度的"救赎"——从此她可以告别恶的神义论诱惑,并以自己的"神义论"进行替补。或许我们也可以由此理解她在1969年的一份材料中写下的这句话:"在所有这些貌似学术性的问题背后萦绕着这样一个问题:我们如何能够在一种全然的世俗性处境中接近恶的问题。"[②]在此,她对世俗性的理解显然首先针对神义论陷阱的伪神学色彩而言。如同Neiman指出的,阿伦特的诉求与其说是"世俗性",不如说是要获得偶然性、复数性与独特性的自由。[③] 因为黑格尔式的神义论已具有彻底的世俗性,然而却可能沦为一个人造神的程序性网罗,窒息人类思考和想象的自由。阿伦特的关怀,则是如何摆脱这种人造神的网罗,而她从康德为理性划界的哲学,尤其是《判断力批判》中获得了关于思考和判断力的灵感,因而在完成《艾希曼》之后,她便在晚年着手开展与康德的政治哲学和判断力问题有关的研究。

---

① "阿伦特致麦卡锡",1964年6月23日,《朋友之间:汉娜·阿伦特、玛丽·麦卡锡书信集1949—1975》,第268页。

② Susan Neiman, "Theodicy in Jerusalem," pp. 75 - 76.

③ Ibid., p. 76.

第六章　未竟的世俗性：阿伦特关于恶的准神学叙事

作为世俗化的德国犹太人，阿伦特受海德格尔和雅斯贝尔斯影响，康德式地在公共事务中排斥犹太-基督教传统和私人信仰。在康德看来，对上帝的宣告将超出人的理性，在政治方面有助于维护现有权威，而破坏人改变现实的可能。阿伦特对犹太-基督教的态度显然十分接近康德和莱辛的德国启蒙哲人传统，认同政教分离。不但如此，她还严厉批评犹太-基督教传统在她眼中的非政治性，认为这个传统强调服从上帝权威，"忘我地行善"，以致缺少能够进行思考的个体"我"，强调同一个天父下"弟兄姐妹"的一体关系，而缺少政治行动得以开展的公共空间。如果我们知道"公共性"和"政治性"在她思想谱系中的重要性，就会明白"非政治"的批评有多么严厉。正如史华慈在一篇评论阿伦特的文章中指出的，在某种意义上，阿伦特是把政治作为宗教，而将宗教视为政治。[①]

另一方面，阿伦特思想中许多最有生命力的洞见，如复多性、差异性、行动、自由(与非自主性并存)、宽恕、承诺、救赎、新生性、"根本恶"和判断力等等，都有某种准神学色彩，来自对犹太-基督教传统的吸收，暴露了她对圣经传统的依赖——这常常是她创造力的源泉。这种依赖说明：对公共领域而言，圣经传统比她所认为的更为重要。

因此我们认为，圣经传统在阿伦特思想深处的张力常常体现为一

① 史华慈：《政治的宗教：对汉娜·阿伦特思想的若干反思》，张放译，《现代哲学》，2012年第6期。

种未竟的世俗性。而她自己对这种张力的认识是不清晰的。她对这一张力的处理，既显示了卓越不朽的识见，亦包含发人深省的偏颇。

她对圣经传统的矛盾态度在一定程度上反映了世俗时代的盲目与洞见：一方面是理解圣经传统的偏颇，但另一方面是对传统的深度依赖。我们认为，阿伦特的矛盾态度无意中揭示了圣经传统对现代社会的意义：这个传统有助于我们更好地理解和超越恶，重新发现承担时代重负、重建责任主体的资源。但与此同时，她对此传统毫无保留地批判，以及她对真理、权威和神义论同自由之关系小心翼翼地平衡，也提示了这个传统有待人们重新发现的可能方向：在具有超越性的上帝权威和承认复数性、差异性，强调对话性、政治性的人际关系之间，如何成就彼此？这或许也是时下方兴未艾的对后世俗时代的思考所致力的方向。在此意义上，我们认为阿伦特的思想也参与了新时代的神学建构。

第一节　“根本恶”的神学色彩：虚无主义的“创世”冲动

在《起源》中，阿伦特描述分析并肯定了根本恶的现象与后果，但表示对其内在动机与精神品质无法确定。在《艾希曼》中，她描述了一种颇具争议的“恶之平庸”，这种“恶之平庸”的表现——遵守领袖的命令，只关心个人升迁而不从他人角度考虑——其实在《极权主义的起源》中便已出现，并与“根本恶”的现象相容。然而，在对肖勒姆的回复中，她却强调自己从“根本恶”到“恶之平庸”的转变，表示自己不再认为恶可能具有内在动机上的深度，而这曾是《极权主义的起源》对极权社会人性的思考中包含的题中之义，主要体现在暴民的“天才”创造和精英的虚无主义精神中。

阿伦特在《极权主义的起源》中分析了极权社会的三种基本人员构成：群众、暴民与精英。群众是极权社会沉默而不可或缺的大多数。他们数量庞大却高度分子化，孤独而彼此缺少正常社会联系。但他们的天才领袖，无论希特勒还是斯大林的政党，往往都既不来自群众，亦不来自精英，而产生于暴民。“目前的极权主义统治者和极权主义运动的领袖们的特点中仍然带有暴民的痕迹，他们的心理和政治哲学是人们相当熟悉的。”[①]

何为暴民的心理和政治哲学？阿伦特的分析贯彻着这条线索：暴民既是过去时代的“多余人”，又拥有未来的“天才”品质。暴民不同于普通群众，他们是资产阶级中的失败者、不适应环境的人、社会生产中的“多余物”。“他们对于自己的同类是微不足道的，对于发生在他们身上的事情，他们就像活着的象征，是人类荒诞制度的抽象表现和见证人。”[②]这种处境使他们对当下社会和时代有强烈的不满和怨恨，而对所谓的世界新秩序有种虚无主义的狂热。他们或者是那些由于在国内竞争失败而涌向海外争夺金钱、原料、奴隶和资本的小殖民者，或者是不甘平庸却又不得其志的小知识分子、艺术家和文人，一旦时机到来，便会毫不犹豫地穿上戎装，端起武器，迈向战场，以期改变人生、走向历史和创造历史，不惜为此毁灭世界。暴民典型的行为动机，是对习俗的仇恨和颠覆。他们渴望服务于“天才”或成为“天才”。

在《极权主义的起源》第二部“帝国主义”中，阿伦特结合历史、政治、社会学与文学（例如康拉德和吉卜林的小说）描述了曾作为“多余人”的暴民领袖在帝国主义的扩张中表现出的精神动力与行为方式——一种是种族手段，另一种则是官僚政治手段。对于阿伦特，帝国主义与极权主义的关系虽并非必然因果关系，但却准备了极权主义运动的关键要素之一——为扩张而扩张的权力欲和意识形态幻象。在这里，“多余人”的暴民形象为极权主义运动中的领袖提供了模型。

在阿伦特的描绘中，种族手段缘于对羞耻和恐惧的精神反抗。“多余人”被一个曾经的文明世界抛弃，是这个世界的荒谬性的见证人与牺牲品。他们被迫跨出文明的界线，来到一片蛮荒大陆，被抛回世界的起点——孤独的自我。他们在贱民中长大，渴望成为主人族类中

① 阿伦特：《极权主义的起源》，第 424 页。
② 同上书，第 267 页。

的一员;他们绝望透顶,以致希望一切只是玩笑;他们空虚到内心,但又可以使自己相信一切;他们厌倦无聊,以致愿付任何代价去挑战和冒险;他们深陷对蛮荒世界的恐怖,却反而在恐怖中迸发出欢笑,以便成为对恐怖的主宰。[①] 阿伦特讲述了南非的布尔人如何通过让自己沉沦为野蛮人的方式来征服野蛮人,以此确立自己作为主人种族的优等意识。这种情形表明,以一种非经济目的的种族意识形态组织现代社会,是有其人性基础的。

阿伦特对帝国主义官僚政治扩张手段的精神分析同样显得十分"文学化"。常见的政治经济学观点对英帝国扩张采用的官僚政治手段是从高效益低成本的角度着眼,阿伦特则别具心裁地探究这种扩张手段背后的精神动力——她将这种动力归结为一种怀旧性质的"屠龙者(dragon-slayer)"的道德意识与责任感。"屠龙者"源于中世纪将基督教色彩与民族史诗相结合的骑士传奇。屠龙英雄满怀以天下为己任的救世激情,去往天涯海角,屠杀恶龙,为民除害。阿伦特结合吉卜林的作品(她称之为"帝国主义传奇")[②]以及帝国主义政府中某些真实的官僚政治家和"阿拉伯的劳伦斯"(他们是有色人种的"白人英雄"),来描述一出帝国主义扩张的新"传奇"。这是一场"伟大的游戏"[③]。在此,感到与当下世界格格不入的"英雄"们的冒险行动不仅为一种保护弱者的骑士精神所驱动,更是进入到一个无限的扩张过程中。他们"忘记自身,只听从这个过程的规律,将自身认同于一些无名的力量,为之服务,目的是维持这整个运动过程"[④]。与一种神秘的伟大力量认同,这是另一种人性的激情,另一种扩张的内在动力。阿伦特揭示出这种具有"超越性"的道德意识和责任感模式,这种模式显然暗示了极权主义运动中那种超越一切现实目的的"神意"模式。

《极权主义的起源》一书里,无论在第二部"帝国主义"还是第三部"极权主义"中,阿伦特对暴民心态的分析都贯彻了一致的思路,即:

---

① 《极权主义的起源》,第264—265页。
② 同上书,第286—297页。
③ 同上书,第296页。
④ 同上书,第294页。

那是一种对自我和旧世界的极度厌恶，与一种要开创历史新纪元的强烈愿望的联合。阿伦特引用巴枯宁的名言表达这种心态："我不想成为我，我想成为我们"①。而"我们"是谁，却没有一个确切规定。这个词表达了一种扩张的欲望而没有具体所指。这种不可遏制的、虚无主义病症中的扩张欲望，就是极权主义运动的内在动机。

正是这种虚无主义的时代氛围和精神病症，在阿伦特的分析中，不仅构成暴民，也构成了精英的精神特征，并促成了暴民与精英们的短暂同盟。她描述了20世纪上半叶欧洲的文化精英对资产阶级意识形态和道德标准的厌恶，对虚伪和平庸的蔑视，以及对叛逆和毁灭的推崇与赞美。这是一批以尼采的名字打头阵、富有革命浪漫主义精神的文化精英。他们的态度激进，渴望战争、革命和颠覆，渴望在上帝已死的世界舞台上表演知识分子的叛逆、诗意的灵感与人的伟大。阿伦特指出：一方面，极权主义运动的极端与暴力性格吸引了文化精英——在文化精英们看来，那是一种对虚伪的打击和揭露；另一方面，文化精英们的激进表演又配合了极权主义运动的宣传需要，鼓励了群众大胆抛弃习俗，公开接受暴民粗暴而毫不"虚伪"的行为方式。正是这种暴民和精英思想的奇特接榫，形成了时代命运。而接榫之所以成功，便在于两者同属虚无主义的精神特征。

尽管阿伦特一再申明极权主义的恶不同于传统神学范畴，但实际上，她对其内在动机的描述和分析已经在无意中进入了圣经框架。只有在圣经框架中，一种虚无主义的精神病症才能显现出来。

在圣经叙事中，恶不只是行为范畴、人格缺陷或政治实践，更主要指在世界的某种存在方式——人对上帝的创造和恩典的背离，指堕落及其后果。同样，"堕落(fall)"一词也只有就人对上帝之敬畏和爱的偏离而言才有意义。圣经预设了人与上帝之间存在着一种救赎(对应于爱)抑或堕落(对应于恶)的关系。正是基于这种对人的理解，奥古斯丁改变了古典时期以理性(Reason)理解人性的做法——认为人是"理性的动物"——而代之以意志(Will)。在犹太-基督教中，意志关

① 《极权主义的起源》，第428页。

涉信心(Faith),而恶则是一个意志和信心的问题。当意志坚持自我而非上帝是意义的源头时,堕落就发生,恶就出现了。这便是《创世记》第三章亚当夏娃偷吃禁果的叙事所包含的意义。

在圣经中,堕落的结果是死亡。与其将死亡看作惩罚,不如视其为人的有限性之体现,揭示意志的局限。而蛇为了诱骗夏娃,却对她说:“你们不一定死。”(《创世记》3:4)然而,偷吃禁果后“眼睛明亮”的亚当夏娃还是为自己必死的身体感到羞耻,从此,逃避死亡便成了堕落的人性的追求。虚无主义是人的意志背离上帝后的状态。失去了信心这一人与上帝的和谐关系后,死亡被视为生命的终结,这就是在圣经背景下虚无主义的含义。极权主义运动则是人在虚无主义焦虑中的造神冲动。

然而,尽管阿伦特在《极权主义的起源》一书中对极权主义运动的精神分析与描述在诸多方面契合了圣经关于人性之堕落与自义的观点,但她却明确拒绝从圣经角度来解读“根本恶”。1951 年,雅斯贝尔斯读了《起源》初版序和最后几章后,写给阿伦特一句令人费解的话:“雅威(Jahwe)难道不是已经淡出我们的视线很远了吗?”[①]对此她回复说:“‘十诫’并没有写到现代罪行;或者说:西方传统一直有这种先入之见:人所能做的罪大恶极之事出自‘自私’之恶。但是,我们知道,最大恶或‘根本恶’与这种人性可理解的作恶动机不再有任何关系。……所有这一切都源自(或者更好地说是伴随着)一个假象,即个体的人无所不能(不仅仅是对权力的贪欲)。假如一个人作为人可以无所不能,那么事实上,人作为复数形式的存在就毫无理由了——正如在一神教中,正是上帝的无所不能使得他成为唯一者。同样,个体的人如果无所不能,那么众人就会变得多余。”这个回复显示,阿伦特一方面认为,这种恶从未曾被圣经传统思考过,因为西方传统包括圣经传统在内,只能设想自私之恶;另一方面,她又从人欲模仿上帝之角度来理解“根本恶”中的问题:由于个体的人试图像上帝一样无所不

① 此处有关雅斯贝尔斯与阿伦特的通信参见理查德·J. 伯恩斯坦,《根本恶》,第 252—253 页。

能而导致众人变得多余。而这两方面彼此不无矛盾：圣经从亚当夏娃偷食禁果的堕落叙事开始，便暗示了人想“如神能知道善恶”(《创世记》3：5)的罪性；而阿伦特虽正确地从这个角度描述了她对“根本恶”的理解，却错误地否定圣经传统有可能提供理解这个问题的线索。

第二节　沃格林的批评：理论脱轨的研究

与阿伦特一样由于希特勒政权而不得不从德国流亡美国的政治哲学家沃格林，肯定了阿伦特对极权主义问题的诸多思考，但批评了她未能就这个问题的解决之道而着眼于基督教资源，以致失去了摆脱幽暗的通途。二人在此问题上的差异体现于他们关于《起源》的争论中。

1953 年，沃格林就《极权主义的起源》一书发表书评。[①] 同为遭受纳粹迫害而流亡美国的德裔思想家，同样将对极权主义问题的反思作为自己学术事业的核心问题，沃格林虽肯定阿伦特这一针砭时弊的选题饱含对人类命运的关切，赞其充满了精彩的表述和深刻洞见，却批评此书由于理论脱轨而导致研究方法混乱，以及这一理论脱轨所反映的作者自身的思想局限。

沃格林认为，《极权主义的起源》的研究本已深刻触及极权主义问题所表征的时代的精神疾病——用他的话说，这是一场“内在主义者的信念运动”。他指出，书中有些段落表明，作者已意识到，极权主义运动是一场人造天堂和地狱的实验，与之相应，运动的性质，是一种无法遏制的造神冲动。但令人遗憾的是，作者对此问题的意识既未影响其研究方法，亦未影响其最终结论，因此产生了理论脱轨。

在沃格林看来，此种脱轨表现为，作者虽以深刻的哲学头脑出色地处理分析和描绘了贯穿历史、社会、经济和文化等多样化的材料，从

---

① 沃格林：“极权主义的起源”。Eric Voegelin，“The Origins of Totalitarianism”. 本节出现的沃格林的引文皆出自此文，恕不一一标注。

制度崩溃、文明瓦解、经济与社会形势的变化,以及个体脱位为现代社会的"多余人"等方面考察了极权社会的形成和问题,却只是赋予历史因果性一种宿命论的味道,而未能最终达成对精神病因的诊断性反思。由此造成,"当作者将这些洞见推进到其结果之时,那种细致入微的阐述突然变成令人遗憾的平淡无奇"。沃格林肯定这本书对极权主义问题的处理"即使并不总是那么鞭辟入里,也会被那些人类本性和精神生活的古老知识所激发起来",但又抱怨:"然而这些内容在结论中,作者是希望抛弃的,并以'新发现'取而代之"。

为何阿伦特虽已接近却最终没能走到对极权主义运动的精神疾病的诊断?沃格林认为,这反映了阿伦特"对哲学问题的一种典型的自由主义、进步主义的实用主义者的态度"。在沃格林看来,阿伦特作为自由主义者,同极权主义共享"内在主义"的精神气质,因而无法从根本上洞悉,极权主义的症结在于"内在主义的信念运动"。"当代危机的真正分界线不是自由主义与极权主义之间的区别,而是在这两者之间的区别:一方是宗教与哲学超验主义者,一方是自由主义与极权主义的内在主义者的宗派。令人沮丧而又必须被揭示出来的是,作者自己拒绝作这样的划分。"沃格林显然认为,只有当阿伦特能超越作为一个自由主义的"内在主义者"的认识局限,借助宗教或哲学超验主义者的眼光,才有可能透视极权主义的精神病症,明白这种病症并非起源现代,其本质是"在漫长历史过程中发育成事实的"。沃格林强调,这种精神病症在不同时代表现出的现象差异不应掩盖其本质上的一致。因此,在阿伦特看来前所未有的极权主义运动,在沃格林看来,本质上是一场现代群众的诺斯替主义运动。

沃格林的感受让人再次想起雅斯贝尔斯 1951 年提出的问题:"雅威(Jahwe)难道不是已经淡出我们的视线很远了吗?"的确,《极权主义的起源》中某些精辟分析不禁会让人想到圣经所揭示的罪的本质和世俗化带来的弥赛亚冲动——沃格林称之为世俗主义社会的千禧年冲动,或现代群众的诺斯替主义。然而,阿伦特却在全书的最终结论中明确反对传统智慧有可能包含对极权主义问题的有效理解,并认为极权主义运动以及随之发生的"根本恶"是一个全新问题，这不能不让人感到有些困惑。

第三节 阿伦特否定政治神学的准神学立场

针对沃格林尖锐的批评，阿伦特也进行了一个从研究方法到理论认识的辩护，从根本上否定了沃格林对她著作的理论批评和方法解读。[①] 她的辩护相当别出心裁，大体与沃格林的行文顺序一致——先从研究方法开始，再到对极权主义本质的思考。

在研究方法上，沃格林既批评她对所涉大量材料的研究从严格的历史学角度看来不够专业，也批评她通过对这多样化历史材料的组织结构而试图达成的有关极权主义起源的叙事缺乏严谨，还批评了她的叙事虽有情感上的关切，但缺乏理论上的洞明，以致其叙事思考在理论上只能是一种"无结论性的(inconlusiveness)"。

对此，阿伦特则首先否认自己打算历史性地追溯极权主义的起源，而只是要对那些结晶化为极权主义的要素进行历史性地表述，以便分析极权主义运动及其统治本身的基本结构。然后，针对沃格林关于她的研究仅有情感上的关切而缺乏理论洞明的说法，她一面说明对当代历史的解释应有合宜的个体情感介入，以便调动想象力这一重要的认识论工具，一面批评沃格林那种从传统政治或智识史中寻找理解极权主义运动这一全新事件的做法。她强调，沃格林所谓"本质相同的现象差异"对她而言全都是很重要的"事实性差异(differences of factuality)"，反对将当代发生的"事件"还原为某种意识形态内容。她指出自己曾在此书序言的两小段话中警告读者，既要当心"进步"和"命定"这同一个硬币的两面，也要当心那种从可预知事物中推导出不可预知事物的企图。而沃格林那种进行精神性疾病诊断的做法，正是试图将极权主义这一不可预知的事物当作某种"命定"和可预知的

① Hannah Arendt, "A Reply to Eric Voegelin."

事物。

阿伦特反复强调她和沃格林的方法论差别在于：她是从“事实(facts)”和“事件(events)”出发，而沃格林则是从智识方面的亲缘性和影响关系着眼。方法论差别显然出于思想上的根本分歧。阿伦特明确表示自己很难接受沃格林的理论，即以“内在主义的宗派主义之兴起”来解释极权主义运动的本质，视之为使现代大众不同于若干世纪前民众的精神疾病。在她看来，这种解释完全不能将极权主义与其他政治历史现象区分，且正体现了沃格林文中一开头便指出的政治科学的“不足”，而沃格林随后却错误地批评她的研究为此种“不足”之体现。

阿伦特正面还击了沃格林对极权主义的定性，即：极权主义运动是一种新的邪恶的宗教或世俗宗教，是传统信仰的失落导致人们产生的某种宗教需求。她从两方面否定此政治神学观点。其一，她认为极权主义的意识形态并未取代上帝。“上帝的形而上位置仍是空出的。”[①]其二，她批评说，这种关于极权主义本质的“半神学”解释是一种将上帝功能化的无神甚至渎神观念，而无神论最终和最危险的表现正是对上帝的功能化。在她看来，黑格尔式的神义论便是功能化上帝的危险方式。她承认在无神论和极权主义之间存在一种纯然消极性关联，即：无神论道德状况是危险的，但这并不等于说，无神论一定会导致极权主义。而那些基于政治原因提出的对宗教与信仰的回归，其实正与其对手一样缺乏真正的信仰。[②] 在此显然，阿伦特反对在极权主义的根源与无神论大众的造神运动之间建立某种政治神学关联。然而，如果回想一下她在完成《极权主义的起源》一书后，由对其中未能深入探究的极权主义问题的思考而发展起来的《人的境况》一书中，对根据“制作”“造物”来思考政治的现代进步主义史观的批判，回想她时常为描述现代人“自戕”处境而引用的卡夫卡名言：“他发现了阿基米德支点，但他用来反对自身；就好像他只有在这样的条件下才能发现

① Hannah Arendt, “A Reply to Eric Voegelin.”p. 162.

② Ibid.

它。"我们认为她对极权主义精神病症的理解其实与沃格林有诸多相似。

此外，沃格林在文中质疑她关于"人性有可能被极权主义改变"的看法，认为她这种看法是一种与极权主义同质的世俗化人性观。显然，在沃格林看来，人性有种无法被改变的本质。阿伦特则认为沃格林夸大了她的真实想法。她表达对极权主义下的人性之担忧，重在强调极权主义的"抱负"在于改变人性。在此，对人性，阿伦特强调的是其与自由相关的能力。[①]或者说，在阿伦特看来，人性就是自由。但人的自由或者说人性是否能如极权主义希望的那样完全被剥夺，则是个问题。

关于两人在人性能否被改变这一问题上的交锋，扬-布鲁尔评价说："沃格林认为阿伦特的观点令人不安地止于世俗，但实际上，它谦恭而非教条性地具有宗教性。"[②]随后，扬-布鲁尔指出，在《人的境况》一书中，阿伦特表示，像"人性"或"人的本质"这类事情，只有上帝才知道，而人无法"跳出自己的影子"来发现自己的本质。[③]

的确，在《人的境况》中，阿伦特认为，我们固然可以谈论人性，却无法定义"我们是什么?"以及"我们是谁?"。"没有什么东西能让我们有资格确信，人像其它事物一样，有一种本性或本质。换言之，如果我们确有一种本性或本质，那么只有上帝才能知道它或定义它。"[④]在阿伦特看来，人性就是复多性，若试图定义"我们是什么?"以及"我们是谁?"就既超越人的认知模式，也很危险。因为，"企图定义人的本性的各种尝试，都不可避免地终结于某个神的建构，即构造出哲学家的神的原因……定义人的本性的尝试很容易导致我们产生某种'超人'的观念，从而把它等同于神。"[⑤]在阿伦特看来，重要的是拥有一个作为居间之物存在的公共领域，一个具有可见性和对话性的世界，而非谈论某种普遍人性。定义人性的企图，经常出于对人类生活的非政治性

---

① Hannah Arendt, "A Reply to Eric Voegelin." p. 163.

② 伊丽莎白·扬-布鲁尔：《爱这个世界——汉娜·阿伦特传》，第 272 页。

③ 同上。

④ 阿伦特：《人的境况》，第 4 页。

⑤ 同上。

理解。

在此，阿伦特表达了一种担忧："某个神的建构""哲学家的神"以及"神的哲学概念"有可能发展为某种"超人"观念。而极权主义正与某种"超人"观念契合。由此我们感到，确如扬-布鲁尔所言："即使阿伦特拒绝用神学观点看待极权主义的目标，但当她说'根本恶'或'绝对恶'，以及认为西方传统缺少应对这类恶的概念资源时，正如沃格林所注意到的，她已接近于此。"[1]也就是说，尽管否定了沃格林的政治神学观点，但阿伦特自身的确在以某种准政治神学视角来看待极权主义运动操控和改变人性的企图，并认为这种企图乃是一种类似于渎神的僭越。这大概就是为何扬-布鲁尔认为，阿伦特的人性观"谦恭而非教条性地具有宗教性"。当然，无论对人性还是上帝，阿伦特主要持不可知论的观点，因而主要是非宗教性的立场。或者说，阿伦特的宇宙观既非犹太-基督教，也不是无神论的，而是保持了古典悲剧富有特点的含混性，更接近于古希腊人那种有人神秩序双重性与歧义性的宇宙观。

第四节　个体责任背后的圣经叙事

除有关"根本恶"的某种准神学叙述外，阿伦特在《艾希曼》这本促使她转向思考个体责任的书中，虑及黑暗时代的个体责任时，隐隐指涉了犹太教神秘主义传统中的著名传说 *Tsadik Nistar*：世界之所以没像索多玛和蛾摩拉那样毁灭，是因为在每个时代还有 36 个隐匿的义人；但这些人如此谦卑，他们从未想到，自己便是世界的支柱。当然，书中所指涉的现实正好相反：世界之所以曾像索多玛和蛾摩拉那样毁灭，是因为真正的义人如此之少，而那些在世界的倾圮面前认为自己"有理由"添砖加瓦或袖手旁观的人却如此之多。

书中有关义人的叙述出现在全书接近结束的"证据、证人"一章。

---

① 伊丽莎白·扬-布鲁尔：《爱这个世界——汉娜·阿伦特传》，第 272 页；Elisabeth Young-Bruehl, *Hannah Arendt: For Love of the World*, p. 255.

德国中士施密特为帮助犹太人而遭到处决，这在德国人中十分罕见，因为那时愿冒生命危险来帮助犹太人的德国人极少。他的故事引发了法庭上人们自觉的两分钟肃静。在这两分钟里，仿佛忽然一道耀眼的亮光刺透了深不见底、不可穿越的黑暗。[①] 这光亮同围绕艾希曼及其周围环境与人群的漫长黑暗形成了强烈反差。施密特中士故事的出现完全是法庭中的一个偶然插曲，之前没有任何宏大叙事作为铺垫。他之所以被提及是因为有一个证人要指证艾希曼行政工作的重要性，而这一点是证人从施密特中士那里听说的。偏巧这位证人说话啰嗦，顺便在法庭上提及中士的故事，没想到却成为了整个审判过程中的“戏剧性时刻”。[②] 应该说，对此片段的评述也是全书压抑沉闷、并偶或夹杂尖锐嘲讽的笔调下罕见的高潮时分。阿伦特感叹道：“此时我的脑中突然跳出一个想法，非常明确、无可辩驳——如果当时更多类似的故事发生，今天在这个法庭，在以色列，在德国，在欧洲，甚至在全世界发生的事会有多么不一样！”[③]

同样的感叹出现在随后对那些拒绝帮助犹太人的“冠冕堂皇”的理由进行评述时。紧接着施密特中士的故事，阿伦特追问为何此类故事如此罕见，然后以一本当时较为流行的回忆录来展示大部分“正派”德国人对大屠杀袖手旁观的理由：“我们没有一个人认为自己可以为了高尚的道德意义，而作出这种毫无实际作用的牺牲。”[④]对此阿伦特嗤之以鼻，指出，若参照施密特中士的行为，这种乍看似乎有理的“正派”，不仅十分空洞，且有“重大缺陷”：

> 因为，至少从长远来看，没有任何事会永远“没有实际用处”。对今天的德国来说，如果有更多类似施密特中士的故事可以被讲

---

① Hannah Arendt, *Eichmann in Jerusalem: A Report of the Banality of Evil*, p. 231.

② Ibid., p. 230.

③ Hannah Arendt, *Eichmann in Jerusalem: A Report of the Banality of Evil*, p. 231. 阿伦特：《平凡的邪恶》，第 257 页。

④ Hannah Arendt, *Eichmann in Jerusalem: A Report of the Banality of Evil*, p. 232. 阿伦特：《平凡的邪恶》，第 258 页。

述，将会给它带来巨大的实际用途。不仅有助于建立德国的国外威信，而且有助于厘清国内悲哀混乱的境况。这些故事的教训简单易懂。就政治角度而言，在恐怖处境下，大部分人会选择遵从，但**少数人不会**。正如同样的教训出现在被提议执行最终解决方案的国家中：最终解决虽然发生在许多地方，但**并未发生在每个地方**。就人性角度而言，为了这个星球仍是一个适宜人居的处所，没有什么比这种事更重要，也没有什么比它更有理由被要求。①

阿伦特最后这句总结犹如对 *Tsadik Nistar* 的现代变奏，表达了她揭露艾希曼的"恶之平庸"所致力于寻找的世界支点——个体责任。尽管她力图以一种完全世俗化的方式来寻找它们，最后将其立足于个体的思考能力和道德判断力，她的叙事都在不自觉地将圣经中最古老的对恶的思考运用于自己的时代。她的叙事体现出她对圣经传统的依赖，实际上比她愿意承认的更多。

通过这个关于义人的叙事，正如施密特中士的善无需任何与金钱、后果的计算，抑或与善的宏大叙事有关的理由，恶魔神话似乎也可以同样得到破解——艾希曼并没有任何深不可测的动机，他只是无思或者说道德判断力较差。这一破解使得人们无法再以任何冠冕堂皇的道德理由自欺，而仅需直面个人判断力和责任问题。这对于自欺艺术高度发达、谎言的完整与终极性前所未有、对事实的宣传与操控能力极强的现代社会而言，非常重要。

第五节 阿伦特与圣经传统的对话和张力

由于对个体责任如何可能的追问，阿伦特的思想从对人类政治活

① Hannah Arendt, *Eichmann in Jerusalem: A Report of the Banality of Evil*, p. 233. 此处参考施亦如中译文《平凡的邪恶》，第 258—259 页，有改动。楷体粗字作为强调，为原文所有。

动的关怀转向对个体心灵生活的探究。此时，对此问题积淀深厚的古代哲学传统和犹太-基督教传统便不可避免地重回其视野，使其部分观点的偏重有所调整，显出更多同传统的对话和张力，在对传统的态度上显得比过去保守。

如果说“根本恶”主要就恶的后果而言，那么“恶之平庸”主要揭露作恶者的盲目自欺与人格肤浅，揭示了现代人生存状态的无根性。[①]然而相较于《极权主义的起源》和《人的境况》，阿伦特对其所批判的“无根性”之“根基”的理解有所调整。在《起源》和《人的境况》中，整全个体存在的根基是公共领域；而在《艾希曼》之后，阿伦特更多从作为一种精神活动的思考或者说“良知”来理解个体存在根基。她将这里的“良知”写成“con-science”[②]，强调其作为一种一分为二的自我对话，以区别于一般基于“意识”这一含义的那个词。这种变化意味的，不仅是学者们已较多讨论的阿伦特在政治与哲学之间的徘徊，也意味着她在某种程度上修正了自己早年对哲学沉思生活的轻视。

在《本源》的“意识形态与恐怖”一章中，阿伦特指出，大众生存状态的无根性是现代人生活的根本问题，也是极权主义产生的社会基础。在这里，当她谈到极权统治的社会基础时，她描述了人们生活的三种密切相关的情境：孤独(loneliness)、无根(uprootedness)和多余(superfluousness)。“在我们这个时代，孤独造成了政治制度和社会传统的崩溃。无根意味着在这个世界上没有立足之地，不受别人的承认和保障；成为多余者意味着根本不属于这个世界。无根可以成为变成多余者的先决条件……”[③]显然在阿伦特看来，无根是指：由于共同体生活缺乏，个体失去了人之为人的“实在性(reality)”，被从世界中拔根。关于“实在性”，阿伦特在《人的境况》中说得非常清楚：人在公共领域中出现，能被所有人看到和听到，这种他人的在场，才能向我们保

---

① 对此中国学者洪亮将之概括为：“恶是作恶者从其人格与世界中的拔根”，这是十分准确的。参见洪亮：“卡尔·巴特与汉娜·阿伦特论恶与约”，《基督教文化学刊》，2018年第1期。

② Hannah Arendt, *Responsibility and Judgment*, p. 160.

③ Hannah Arendt, *The Origins of Totalitarianism*, p. 475.

证世界和我们自己的实在性。[1] 此时在阿伦特看来,人的"根基"无疑是公共领域。正是由于公共领域在现代社会被私人领域侵蚀、政治空间被经济空间挤占,导致了极权社会的出现。

然而20世纪60年代对艾希曼的研究使阿伦特感叹:把人变为多余的极端恶行,竟是由那些不能思考和记忆他们做过的事情,并因此拒绝成为"人格"的人犯下的。[2] 于是,阿伦特试图通过"思考"来对恶进行遏制。她将追求意义的思考和求知区分开来,又将探寻公民生活经验的思考(以苏格拉底为典范)同职业思想家、哲学家(如海德格尔)区分开来,以为她理想中的思赋义——那是种自我一分为二的精神对话,是对"另一个自我"的坚守与忠实,是"回家"。[3] 思的意义,体现在苏格拉底知行合一的人格形象中,意味着一种对自我、城邦和他人负责的能力。思之所以能遏制恶,是因为思是有根的。思的根源是人与自己的无声交流,或者说"道德人格"——在阿伦特看来,这两个词"道德"与"人格"实际上是同义反复。[4] "人格"意味着同自己相与为一,不自相矛盾;意味着在世界上"回家"与"扎根";更意味着自我约束、设限,不被时代风潮和诱惑带走,带向极端。它比视政治为第一要务的阿伦特原本想象的更为重要,以致她最终承认思考活动在政治事务中不是边缘性的。相反,当身边所有人被无思、"无人格"的利己主义和时代风潮席卷而去时,思者的拒绝反而成为一种至关重要的行动。[5] "思想风暴的表征不是知识,而是分别善恶、辨识美丑的那种能力。而这在那罕见的危机时刻的确可能阻止灾难,至少对我来说是如此。"[6]

阿伦特不仅重新评估了过去曾有所忽视的沉思传统的意义,而且这种城邦牛虻的思者形象在她那里还不时同犹太-基督教构成张力和对话关系。一方面,她追求彻底自律的康德式道德哲学精神使她颇为

---

① 阿伦特:《人的境况》,第32—33页。

② 阿伦特:《责任与判断》,第88页。

③ Hannah Arendt, *Responsibility and Judgment*, pp. 185 - 186.

④ 阿伦特:"论道德哲学的若干问题",收于《责任与判断》,第62页。

⑤ 参见阿伦特:《责任与判断》,第153页。

⑥ 同上书,第154页。

抵制犹太-基督教他律性的伦理气质；[①]另一方面，不那么突出却不可忽视的方面，她对个体道德责任的关切又时常需要圣经中的善来加以平衡和完善。例如，与艾希曼服从领袖命令的“良知”相比，苏格拉底“良知”的根本不同在于其一分为二的对话性。结合阿伦特对于艾希曼的无思体现为不能从他人角度来理解自身行为的评述，苏格拉底式良知的对话性便显出了一种主体间性的意味——这种对话使人有可能站出自身，换一个角度来反思自己的行为。尽管阿伦特没意识到，但这种对话性包含了某种同犹太教他者伦理较接近的对自我的理解方式。

事实上，在她那里，这种基于主体间性的对话关系不仅是良知，亦是政治和法律的基础。这种基于人类的复多性和对平等价值的尊重而建立的对话关系，如同阿伦特研究专家玛格丽特·卡诺凡所指出的，已经事先包含了对人类平等和复多性的信念，以及对人际间同意的尊重。这些信念和尊重都是主观而非自明的。因此卡诺凡在对阿伦特的道德与政治关系进行小心翼翼地澄清时，得出结论说，阿伦特的政治建议比她自己所承认的更确切地依赖于道德和宗教承诺。[②]“她关于善的论述属于对基督教和古典传统的政治蕴意更宽泛的反思。她常常被认为是希腊人毫无批判的崇拜者，但是，正如我们所见，这是一个过于简单的判断。正如她完全意识到的那样，她把她自己政治观点的关键成分归于犹太-基督教传统，而不是古典传统。最根本的是，对个体人之神圣性的信仰与奴隶制相对也与集中营相对，但它不是希腊价值体系的组成部分，而是源自人是上帝的造物这一宗教信仰。”[③]由此可见，阿伦特对政治和个体责任如何可能的思考实际上是不知不觉地骑跨在了神圣与世俗之间。

阿伦特坚持在世俗性框架中寻求个体责任的根源，并将之诉诸于思考。然而，她所说的思考是可能具有重大缺陷乃至危险性的，此即

① 参见阿伦特“论道德哲学的若干问题”中的诸多讨论。

② 卡诺凡：《阿伦特政治思想再释》，第 202—203 页。

③ 同上书，第 184 页。

思的主观性质。这种主观性质阿伦特自己也不得不承认。[①] 在思考那里，不义是我不能忍受自己干下的行为，尺度是自我，以及自我能否容忍与其一起生活的东西。由此难免会出现这类乖谬的问题：当阿伦特指出，思考意味着记忆过去，而记忆的能力可以阻止恶行时，尼采也可以说，一切记忆都是当下的塑造，历史不过是强者的记忆。进一步的问题：如果思与无思在于是否有同自我的对话，那么谁，又据何判断对话确有发生？根据阿伦特，这种对话的独特之处在于它没有任何外在标准，那么她又如何确定艾希曼没有同"另一个自我"进行一分为二的对话？我们如何区分独白和同自我对话的差别？这个思考的问题，最终可能会由于既缺少客观标准，又缺乏自明性，而实际上非常令人费解。

事实上阿伦特自己也很明白以自我作为尺度的危险。20 世纪 60 年代阿伦特的一个学生给她写信谈论自己想做好人的努力，她回复说："我不很清楚什么是你所说的'好'，但我知道想做'好'人的诱惑比想做'明智'之人的诱惑更大。那正是我们应当拒绝的。'别让你的左手知道右手所做的事'，是处理这整个领域的原则。你也许知道这个塔木德故事：因为 36 个义人的存在，上帝没有毁灭这个世界。无人知道他们是谁，甚至连他们自己都不知道。每一种自我认识在这里都被绝对毁灭。所以，如果你想探究（好人），不要想到你自己。"[②]在这里，犹太-基督教中忘我行善的谦卑不再被视为问题，而被视为优点。

从世俗化立场出发，阿伦特也许更希望这 36 个谦卑的义人全凭自己的思考行义，而无需上帝命令、圣经启示和宗教传统的宇宙论支持。但问题是，这些在黑暗时代孤军奋战的人，是否有时仍需从某些过去的传统和叙事中获得一点精神资源或世界观和宇宙论的支持？正如阿伦特自身，在其思考和叙事中，也会时时穿插圣经元素，或不自觉地受这个传统的形塑。许多时候，恰是这些作为背景元素的圣经叙事，以她意想不到的方式补充了她的现代故事的魅力与深度。这或许

---

① 阿伦特：《责任与判断》，第 86—87 页。

② Elisabeth Young-Bruehl, *Hannah Arendt: For Love of the World*, p. 377.

正是她尽管试图摆脱，却又无法脱离圣经传统的原因。

甚至《艾希曼》结语最后，阿伦特借审判官口吻，假装对艾希曼以第二人称“你”宣布终审判决时，也引用了圣经中索多玛和蛾摩拉的毁灭，来驳斥“如果人人都有罪，那么就无人有罪”的说法。在这里，索多玛和蛾摩拉既是圣经中由于罪恶滔天而被毁灭的城市，也是艾希曼生活和犯罪的黑暗时代的隐喻——那儿几乎人人都有罪。它们更是考验个体责任的背景，在此背景下，圣经原文中亚伯拉罕为拯救城内可能存在的极少数义人，不惜冒死多次同上帝争辩的故事，变奏为犹太教神秘主义传统中 36 个隐匿的义人使世界免于毁灭的故事，再变奏为艾希曼的庭审故事。

阿伦特以现代人世俗化的音调重新演奏了这个故事，其中无疑有她自己对恶与救赎的独特诠释。然而，正如已有学者指出的，其实无论如何理解艾希曼，圣经传统都能提供充分的资源来理解他的灵魂状态。有学者将他的无思解释为一种既在客观上不认识律法，也在主观上自我放纵和怠惰的罪性。① 也有学者压根不能同意阿伦特对艾希曼无思的描述，而认为他是一个怀有狂热意识形态信念的纳粹分子，热衷以偶像崇拜和政治献祭来超越死亡这一人类局限。其恶的实质，是一种虚无主义冲动。②

阿伦特以“恶之平庸”来面对“根本恶”，她试图找到一种对时代的恶进行治疗的方案，但她的方案似乎存在着许多先天不足。根本恶中的虚无主义动机，是否有可能经由思考获得救赎？失去了世界的人，如何能重获启明，让世界成为家园？这里或许需要有种意义，比同另一个自我的对话更为强大。

---

① John Kiess, *Hannah Arendt and Theology*, New York: T&T Clark Bloomsbury US, 2016, pp. 75 - 76.

② Paul W. Kahn, *Out of Eden: Adam and Eve and the Problem of Evil*, New Jersey: Princeton University Press, 2007, pp. 7 - 8, pp. 220 - 221.

第二部分
帕托什卡的“斗争”

第七章 哲学作为异见：帕托什卡的斗争

扬・帕托什卡(Jan Patočka，1907—1977)，捷克现象学家，胡塞尔的学生，捷克民运分子及前总统哈维尔(Havel)的老师，七七宪章的三位发起人之一。热爱哲学却由于信念而被剥夺教职，一生中许多时间都在从事文件管理员、操作工、翻译等同哲学无关的谋生工作；[①]热爱自由、生性谨慎，却最终死于长时间强制审讯之折磨。[②] 生前，他的哲学思想和活动仅在捷克知识分子的小圈子内产生影响；死后，他的文字被译为了多国语言。他思想的声名虽部分来自他反抗专制的政治行动，但其洞见却并未随着前东欧的垮台而成昨日黄花。今天，他的思想超越其时代而成为人们反思现代性、反思(后)极权主义与人性恶之关联的参照。他的思想诞生于捷克这片曾先后经历了纳粹和共产主义极权运动的土地，却属于在现代性进程中思考、踯躅的每个民族，属于反思和批判欧洲的欧洲精神。本文首先介绍他对时代精神问题的哲学诊断，然后介绍他如何通过对现象学的创造性发展来回应时

---

① 这位20世纪东欧最重要的哲学家，一生真正能够公开执教的时间只有7年。其生平详参 Roman Jakobson, "Le Curriculum Vitae d'un philosophe tchèque," in Jan Patocka, *Essais hérétiques sur la philosophie de l'histoire*, *Trad. par Erika Abrams*, (Lagrasse: Editions Verdier, 1990)；以及 Alexandra Laignel-Lavastine, *Esprits d'Europe: Autour de Czeslaw Milosz*, *Jan Patocka*, *István Bibó*, (Paris: Gallimard, [2010], c2005, (Collection folio/essays)), pp. 146 - 148。此书曾于国内出版中译本《欧洲精神：围绕米沃什、帕托什卡、毕波展开》，范炜炜、戴巧等译，北京：新星出版社，2009。遗憾的是中译质量太差，难以卒读。

② Alexandra Laignel-Lavastine, *Esprits d'Europe: Autour de Czeslaw Milosz*, *Jan Patocka*, *István Bibó*, pp. 126 - 127.

代的精神问题，最后讨论他的思想如何有助于理解后极权时代知识分子的使命。

第一节 “恶的平庸”与“日的统治”的内在关联

“恶之平庸”这一著名表达最先出现自汉娜·阿伦特的《艾希曼在耶路撒冷：一份关于恶的平庸之报告》。这是她作为《纽约客》的特邀观察员，为纳粹军官艾希曼的审判而写的评论。在她笔下，亲自参与了毁灭集中营数以百万计犹太人行为的艾希曼，既非生性凶残冷血的恶魔，亦非心理变态的怪物，既无任何针对犹太人的深仇大恨，亦无希特勒的狂热信念，而只是一个正常得令人惊讶的“普通”人。在法庭上，他的反应表明，他根本意识不到自己罪行的严重程度。他怯懦、卑微，声称自己所做的一切事情不过是在遵守上级指示而完成日常工作。他的认识能力“平庸”到根本不足以判断自己的行为、反思其后果。在20世纪，艾希曼之流具有代表性的“普通”人，为何涉足这样一宗巨大的反人类罪行而从不惊惧醒悟？对此种现象，阿伦特称之为“恶的平庸”。

“恶的平庸”显然不是指罪行的平庸。而是指许多像艾希曼那样，犯下可怕罪行的“普通”人，所犯罪行的严重程度与其人格的“普通”程度不成比例。正如阿伦特后来说明的那样，“恶的平庸”不是一个“理论”，而是一种仅只发生在20世纪的、独特却又普遍的现象：浩大的罪行，就像一个浩大的社会工程，是在许多普通人的协作和参与下共同完成的，因此，当人们试图追究罪犯的责任和动机时，竟然没有一个人能够或愿意承担。这一现象揭示了人类处在一种新的道德伦理困境中，过去的神学、哲学和社会学解释还不足以响应。这一困境体现为一个悖论：一方面，是阿伦特在《极权主义的起源》中指出的、使人成为“多余的”“根本恶(radical evil)”现象；另一方面，却是阿伦特后来在与肖勒姆的通信中看似矛盾的说明:“恶没有深度”。[1]

如何理解这一悖论?二者有关联,然而却并非在同一层面上讨论问题。如果说“根本恶”是指恶的**后果**,“恶没有深度”则是指恶的**本质**。“恶不再是‘根本’,而只是极端(extreme)。它既没有深度,也没有任何恶魔般的维度。它能过度生长并污染整个世界,只因为它如同霉菌一般在表面蔓延……。”[2]在阿伦特看来,恶的平庸是由于缺乏思考能力所致:既没有能力自己思考,也没有能力从别人的角度以及行为后果去思考。显然,阿伦特这一对恶的理解源出古希腊传统:苏格拉底相信没人愿意作恶。恶是由于人没有学习哲学,遗忘了灵魂在前世的根基,堕落于尘世,陷在肉体的混沌之中所致。而学习哲学和思考则可以帮助灵魂恢复对天上美好事物的回忆。[3] 当然,阿伦特并不认为,思考的禀赋唯独属于精英。她强调这是所有心智健全的人都可能拥有的。

无论我们是否同意阿伦特对“恶之平庸”的诊断,她首创性地揭示了现代社会在“恶之平庸”与“根本恶”之间看似矛盾的有机关联:正是由于普通人的合作,正是由于“恶之平庸”,“根本恶”才成为一种现实。“恶之平庸”与“根本恶”所提示的现代性危机,成为了20世纪政治哲学不得不面对的首要问题。

在19世纪,恶尽管属于人类生活无法避免的部分,但从常识上还被视为“例外”状态。恶即便被哲学家合理化为“历史发展的动力”(黑格尔),毕竟属于有待在历史进步中消失的事物。而到了20世纪,恶——“根本恶”与“恶之平庸”的联合——却曾在相当宽广的人类时空中占据显位。这种联合如帕托什卡所说,在19世纪酝酿,让20世纪从维护“**日的统治**(Rule of the Day)”——人们日常生活的理性法则

① “‘Eichmann in Jerusalem’: An Exchange of letters Between Gershom Scholem and Hannah Arendt,” pp. 250 - 251.

② Ibid.

③ 这一传统显然不同于西方文明的另一源头——圣经传统。圣经传统相信人有罪性,无法自救,而需要仰望上帝的恩典。

与利益——开始，而成为一个充满战争的“夜”的世纪。[①]

如何面对恶的“绝对”和恶的“平庸”在20世纪的联合，这是帕托什卡思想的出发点。在此意义上，他关于哲学、政治和历史的思考同阿伦特在《极权主义的起源》以及《人的境况》中的思考有诸多契合。[②]作为东欧前共产主义国家的异见者，他的独特贡献在于深刻地指出，极权主义的实质根源于现代人性的危机：人类遗忘了帮助他们抵抗“日的统治”的灵魂深度，沦落为被力量(Force)法则掌管的世界中的一个“角色”，失去了“我”的存在之根。[③] 最终，人沦为纯粹由力量(权力)构成的世界中的一个“蓄电池(accumulateur)”，仅仅关心如何获取能量来生存和再生产，与世界上其他事物毫无二致，处于一种策略性的消耗-扩张之循环往复中。[④]

在他看来，20世纪，恶的日常化、平庸化首先缘于欧洲理性被技术主义异化。这种异化导致由苏格拉底和柏拉图开创的“**关怀灵魂**(Care of Soul)”这一欧洲精神传统被泯灭。欧洲抛弃了她能够抵抗技术统治的伟大遗产，而甘心沦落到日常生活的物质主义和消费主义洪流中。当人们对占有的关心(人作为权力和利益主体的需要)代替了对灵魂的关心(人作为伦理道德主体的需要)，“面包时代”就窒息了人们的良知和同专制体制抗争的可能性。当日常生活的游戏规则——追求物质和精神的舒适与安全感，尽可能地避免一切痛苦——高于一切，每个人都会更深地沉湎于各自灵魂的黑暗洞穴，而没有“转身/皈依(metanoia)”[⑤]、朝向“真实”生活的可能。

如此，一方面是技术统治的异化，另一方面，是人们对异化的逢迎与恭顺，双方彼此加强。技术与意识形态，专制制度与消费社会相结合，这种“日的统治”便是促使“恶之平庸”繁茂生长的温床。

---

① Jan Patocka, *Essais hérétiques sur la philosophie de l'histoire*, pp. 179 - 180.

② 参见保罗·利科为帕托什卡 *Essais Hérétiques sur la philosophie de l'histoire* 一书而作的前言，收于此书。

③ Jan Patocka, *Essais hérétiques sur la philosophie de l'histoire*, pp. 181 - 186.

④ Ibid., p. 184.

⑤ 灵魂向着高级阶段的返回，希腊词皈依，是帕托什卡经常强调的词。

第二节 技术专制与虚无主义

帕托什卡指出，无论将人性奠基于自由化还是组织化的社会经济技术与逻辑，其结果都是对心灵自由、个体责任及生活意义的淡漠。自由化的社会技术乐观地以为：如果每个人都出于自己利益最大化的考虑来理性地生活，整个社会就能够达到一种和谐。（我们知道，这种观点的典型代表是亚当・斯密的“看不见的手”。）相信经济基础决定上层建筑的组织化社会技术则幻想，社会经济的转型能够塑造“新人”，社会革命可以消除人性的恶和人间苦难。虽然二者都曾源出启蒙思想统绪，但其对人类精神要求的理解，已远远退化于带来启蒙运动的文艺复兴和宗教改革时代。[①] 现代专制的统治特征则常常是同时利用两方面的社会技术：一边是消费主义、利益人的诱惑，另一边是由意识形态幻象加系统性暴力（恐吓）组成的社会囚笼技术。[②]

这两种对人的技术化架构所产生的后果，就是个体不再是自我，人被掏空了，而只是社会零件和消费机器。人们一方面拥有了更多生活的便利和享受，另一方面，却比以往更无助地生活在经济大潮中，成为目光越来越短浅的利益人和随波逐流者。现代社会一方面增强了社会生活的制度化和个体权利意识，另一方面，生活于其中的人却越来越失去了与他人的关联感和共通感。社会整体仿佛陷入一个疯狂的自动装置系统，其对权力、效率的无度追求，使得生活世界的维度变得越来越单一。世界失去了其作为“问题”或“对话”的特质，在虚拟的程序性运作和功利性计算中，逐渐变得非人化。现代人的灵魂亦失去了深度和方向感，以及面对死亡深渊的超越性力量，因此比以往任何

① 此段论述参见 Jan Patočka，“La Surcivilisation et son conflit interne,” in *Liberté et Sacrifice*：*Ecrits Politiques*，Trad. du tchèque et de l'allemand par Erika Abrams，(Grenoble：Editions Jérôme Millon，1990)，pp. 164 – 168；*Essais Hérétiques sur la philosophie de l'histoire*，p. 182.

② Jan Patocka，*Essais Hérétiques sur la philosophie de l'histoire*，p. 182.

时代都更深地生活在对死亡和痛苦的自然恐惧中。技术不但未能使人战胜人性的“自然”，反而加深了“自然”的阴影，让“超自然”变得更加遥远。

现代人心灵的贫乏使得他们更容易漠视自己的道德责任，而屈从于“日的统治”。这种情形或者体现为艾希曼式的、从自身利益出发的机械顺服和对他人的冷漠——因此每个普通人都是恶的施予者和受害者；或者体现为彻底的自我中心主义——在人类的宏大叙事失败后，许多人认为，唯一可信的就是自己，唯一的自由就是消极自由。帕托什卡独到地指出了**厌倦**(l'ennui)与**迷狂**(l'orgiasme)这两种日常法则的统治所酝酿出来的现代生活的病态。[①]

胡塞尔在《欧洲人的危机与哲学》一文结尾便曾说道：“欧洲最大的危险是厌倦。”[②]帕托什卡则接着胡塞尔说：“作为被迫的消遣，厌倦成为集体的形而上学经验，一种标志了我们时代特征的经验。”[③]帕托什卡指出：厌倦不只是一种情绪和心态，而是当人整个隶属于日常生活及其非人性之后所处的存在状态。[④] 它表现为休闲的迫切需要、消费主义的欲壑难填，以及审美主义的歇斯底里。[⑤] 无论科技如何发达，新的发现如何精巧，都无法解决厌倦的问题，因为它们最终并不揭示与日常规则不同的“神秘事物”，亦即那些能帮助人们克服虚无感、回复本真生活的意义资源。[⑥] 而厌倦的症结正在于生活意义的消失。

胡塞尔对“厌倦”病的洞察并非首创。早在17世纪，帕斯卡尔(Pascal)就指出：娱乐消遣之所以对现代人不可或缺，同超越性在日常生活中的丧失，以及人们对死亡的恐惧有关。18世纪末，随着法国大革命的失败而诞生的浪漫主义文学思潮，便发端于一种以夏多布里

---

① 参见 Jan Patočka, “La Civilisation Technique est-elle une civilization de déclin, et pourquoi?” in *Essais hérétiques sur la philosophie de l'histoire*.

② 胡塞尔：《欧洲科学的危机与超越论现象学》，王炳文译，北京：商务印书馆，2001，第404页。

③ Jan Patočka, *Essais hérétiques sur la philosophie de l'histoire*, p. 181.

④ Ibid., p. 178.

⑤ Ibid., p. 178, 181.

⑥ Ibid., p. 181.

昂为代表的、被称为“世纪病”的厌倦感。19世纪,克尔凯郭尔(Kierkegaard)直接将厌倦视为现代审美主义的根源之一,并指出,纯粹的审美生活实际上是一种在绝望中的生活。

帕托什卡的独到之处在于指出:科技和娱乐不仅无法帮助人们摆脱厌倦,而且,科技的霸权越是强势,生活意义越被当作非理性来漠视,厌倦就越可能被转化为社会生活层面的集体迷狂。这种集体迷狂有可能会体现为社会斗争或战争的残酷形式。①

“迷狂”是帕托什卡从涂尔干(Durkheim)那里吸收的概念。涂尔干最先在其《宗教生活的基本形式》一书中指出了初民社会中人类生活的两种基本模式:一种是以寻求自保和利益最大化为目的的世俗家政模式,另一种则是向部落神——图腾——献祭的非功利神圣模式。在献祭模式中,人人戴上面具,藉此摆脱生活常态,将自己完全交付给一种外在的异质性魔力,这种状态就是迷狂。帕托什卡认为,宗教萌芽于某种近似迷狂的经验,但差别在于,宗教“将责任融入迷狂之中或是让迷狂服从于责任的规定”②,亦即以责任超越迷狂。

迷狂是对世俗生活之沉闷无聊的反抗。帕托什卡指出:迷狂让人意识到日常生活是一种非本真的生活,它以一种销魂放纵的方式让人从日常生活需要的奴役中获得暂时性的解脱,因而被人们当作自由和本真性。在现代社会,迷狂非但没有消失,而且,由于实用主义的强大压力,人们反而积聚了更大的冲动。它既可以在个体生活方面以性爱的狂热、浪漫主义及歇斯底里等形式表现出来,也可以通过集体和社会的方式,以革命斗争和恐怖主义的方式呈现。对于后一种情形,帕托什卡引用涂尔干的论述进行解释:从法国大革命开始,一种类宗教的热情就伴随着人们对诸如祖国、自由、理性等世俗事物的崇拜,这种类宗教热情同宗教热情的区别,就在于其所包含的没有**责任**作为约束的迷狂。③ 这种迷狂随后转化为**暴力**。

---

① *Essais hérétiques sur la philosophie de l'histoire*, p. 179.

② Ibid., p. 162.

③ Ibid., pp. 178-179.

20 世纪，类宗教迷狂同科学主义的意识形态逐步结合，演变为更大规模的革命暴力。帕托什卡指出，这个历史过程揭示："日常性与残酷的斗争热情在根本上是一体的"[①]，厌倦和战争交替，构成了我们时代的两种标志性经验。[②]

帕托什卡认为：欧洲精神诞生于哲学，哲学并非有关形而上学知识的积累，而是对生命意义的寻找和提问——在柏拉图和苏格拉底那里，哲学曾是对灵魂的关怀和对自我的超越，这就是"认识你自己""自知其无知"的意义所指。现代人失去了这种灵魂的要求，因此更容易受制于技术统治以及藏身其后的无度的强力意志与贪欲。帕托什卡对现代文明与人性的思考，切中了问题要害，超越一时一地的情形。这就是为何，尽管东欧政局世易时移，帕托什卡的异见者哲学却继续受人关注。而且，其"异见/异端性(heretical)"内涵的深度亦逐渐呈现：不仅是对当局的政治抗议，更是**对虚无主义时代的精神抵抗**。他对现代人道德状况的诊断不只适用于那些在专制制度下奉行犬儒主义的人——这一点再明显不过，亦适用于那些虽摆脱了外在专制制度，却陷在灵魂内在黑暗专制里的人。

第三节　生活世界的三种运动

面对席卷 20 世纪的纳粹主义、革命暴力、审美主义和消费主义，帕托什卡指出，占有和迷狂不是真正的自由，对自我灵魂的责任才是。自由的生活是在真理中生活，按照灵魂的内在要求来追求的深度过程。在此过程中，人进入生活的最高阶段，向世界的形而上问题和神秘本质敞开；与此同时，世界也呈现为一个由平等者组成的政治共同体，而非精致的利己主义洞穴。借用他喜爱的古希腊哲学家赫拉克利特的话："沉睡的人各自生活在各自的世界；只有清醒的人才拥有一个

---

① *Essais hérétiques sur la philosophie de l'histoire*, p. 180.

② Ibid., p. 181.

共同的世界。”[①]这个共同的世界，在帕托什卡看来，就是希腊词中的“政治”（在这个词作为“polis/城邦”的意义上而言）。政治的本意，就是“通过自由和为了自由而给予生活意义”[②]。

在此，我们再次看到帕托什卡和阿伦特思想之间的交集，看到一种同阿伦特对公私领域的著名区分相似的一种区分。这个交集既反映了海德格尔关于本真与非本真生活的区分对两位弟子的影响，更反映了这两位亲历过极权主义之痛的思想者对现代性危机的洞察：现代性危机既是生活意义、道德责任荒漠化的危机，也是政治共同体的危机。

阿伦特在《人的境况》中，区分了三种基本的人类活动（vita active）：劳动（labor）对应于人体生物过程的活动；工作（work）指人类在地球上建造的非自然性活动；行动（action），是唯一不需要以事或物作为中介，而直接在人们之间进行的活动。[③] 阿伦特之所以对人类活动进行此种别出心裁的区分，显然是为了“从我们最崭新的经验和最切近的恐惧出发，重新考虑人的境况”[④]。她所批判的人类的境况，是现代社会由于经济生活（私人领域）对政治生活（公共领域）的殖民化，而使得人类日渐失去了曾经拥有过的作为“复数的人”的政治行动能力。对“复数的人”和“行动”的遗忘，一方面表现为意识形态将人类社会视为某种历史或经济生存的“必然性”来“运作”，另一方面表现为原子化的个人主义和消费主义的精神荒漠。正是这两方面的结合，导致极权主义和各种现代专制危机的出现。

与阿伦特相似，帕托什卡也区分了三种人类生活的可能性，并分别指出其所对应的时态。[⑤] 第一种是扎根（l'enracinement, sinking roots）运动，指满足人基本安全和生存需要的居家生活，更多地为传统

---

① Alexandre Laignel-Lavastine, *Esprits d'Europe*, p. 127.

② Ibid. p. 231.

③ 阿伦特：《人的境况》，第 1 页。

④ 同上书，《导言》，玛格丽特・卡诺凡撰，第 3 页。

⑤ Alexandre Laignel-Lavastine, *Jan Patočka: l'Esprit de la Dissidence*, Paris: Editions Michalon, 1998, pp. 38 - 43; *Esprits d'Europe*, pp. 163 - 173. 保罗・利柯为帕托什卡 *Essais Hérétiques sur la philosophie de l'histoire* 一书而作的前言，见此书 p. 14。

和过去时所主导。第二种是自我投射(l'autoprojection, self-projection)运动,即现在时的、带有经济目的的工作。这种运动只将自身置于物质生活的操劳之中,将世界和人的存在都作为对象来规划,失去了对自我的独特性的理解,因此也被称为自我弃绝(l'abdication de soi, abdication of self)的运动。第三种是真理(la vérité, truth)的运动,是指能够超越前两种在日常生活的物质和安全需要里打转,从而在灵魂的自由里"真实"生活的运动,因此也被称为"**突破**(la percée, breaking through)"运动。这是朝向未来时态的运动。

"突破"运动首先是对自我的突破,即对自我有限性的胜利,看到在自我的有限性中有一种意义,让人可以超越死亡的恐惧:只有有勇气面对死亡,人才有勇气同那些让生活丧失意义的事物征战。[①] 在此,我们依稀分辨出某种海德格尔关于有限性思想的影子。然而与海氏思想对死亡表现出的"畏"的消极性不同,在帕托什卡这里,死亡拥有积极的意义。死亡是通往永恒的视域:正是从生命的脆弱和有限性中,人能够领会一种超越性事物,据此省察自己的灵魂,并思考如何建设有益于养护个体灵魂的共同体生活。这就是苏格拉底能够从容赴死的原因。[②] 在此,我们也看到帕托什卡的真理运动与阿伦特的"行动"的重要差别:在帕托什卡这里,指向人与人之间的"行动"之所以可能,首先要基于超越自我的真理运动。

真理运动和"行动"一样,都具有一种开端启新、朝向未来的时态。只是在帕托什卡这里,开端启新有一个超自然的维度,是阿伦特未说到的。[③] 超自然意味着,能够打破那种为自然力量所主宰的循环。这种循环既以经济劳作的必然性体现出来,也以自然神话或偶像崇拜的迷狂体现出来。而且,正如前文所言,这两种方式常常互补,构成人类自然社会的两种基本模式。在帕托什卡这里,突破自然魔法,亦即突

---

① Alexandre Laignel-Lavastine, *Jan Patočka: l'Esprit de la Dissidence*, p. 41.

② Jan Patočka, *Platon et l'Europe*, Trad. du tchèque par Erika Abrams, Lagrasse: Verdier, 1983, p. 98.

③ 参见保罗·利柯为帕托什卡 *Essais Hérétiques sur la philosophie de l'histoire* 一书而作的前言,第 9、13、14 页。

破人的自然有限性本身，这需要一种面对深渊的勇气、一种无畏的自由。在他看来，这自由是“历史性”的开端，而自然只是前历史的。真正作为时间感的历史不是诞生于“历史编撰(historiography)”，而是诞生于人突破自然禁锢，自由地向世界敞开的时刻。

“向世界的敞开取决于人们接纳、铺展这一敞开，并将之作为传统来传承的行动。”[①]只有此时，人与他人的关系才能超越日常需求、利益和计算，而进入自由境界，分享共同善。这个世界不再只是生存和计算的对象，而是一个具有“神秘本质”的世界，也就是说，一个具有形而上终极关怀的世界，一个真正的生活世界，也是一个有真正的“政治”生活的共同体。

第四节　牺牲和斗争：抵抗的现象学

从对技术专制的批评到让生活世界显现的真理运动，帕托什卡的思想脉络体现出了他从胡塞尔和海德格尔那里承继的现象学“衣钵”。胡塞尔在其天鹅之作《欧洲科学的危机与超越论的现象学》中，对近代科学和理性的危机及其根源进行了反思，并在此基础上辩护了现象学的意义、宗旨及其诞生之不可避免的理由。这部著作的雏形——1935年他在布拉格的讲演“欧洲人的危机与哲学”，正是应年轻的帕托什卡之邀而作。[②]

在这部著作中，胡塞尔指出，近代欧洲科学在取得巨大成就的同时也陷入危机，危机的根源在于以客观主义取消人的主观性，科学与生活意义疏离，由此既导致科学失去了其精神根据，变得盲目，也导致了现代人精神和伦理危机的出现——人类失去了自身的方向，陷入实

① 参见保罗·利柯为帕托什卡 *Essais Hérétiques sur la philosophie de l'histoire* 一书而作的前言，第12页。

② 帕托什卡当时正担任“布拉格哲学圈”的秘书，他是以这一小组的名义来邀请胡塞尔。参见 Alexandre Laignel-Lavastine, *Esprits d'Europe*, p. 145. 以及胡塞尔：《欧洲科学的危机与超越论现象学》之“编者导言”。

用主义的歧途。现象学所要做的事情，是将认识的任务重新奠定于生活世界之上，从精神的意向出发来把握科学。① 帕托什卡的异见者哲学，从精神气质上正是对这一现象学使命的继承。雅各布森在为自己这位东欧思想同仁写作的简介中说道："帕托什卡属于胡塞尔的最后一批学生，胡塞尔视这位捷克青年为其弟子中最明白透彻者之一。"②

然而，胡塞尔对"理论""观念"和"意识"的倚重并不能让帕托什卡这位关心人的整体生存状况的学生感到满足。因为胡塞尔没能对人的存在经验，诸如感觉、劳动、生产、行动和创造的具体现象，特别是对"有限性(死亡)"这一隐秘地嵌入实存的现象进行分析，而仅将这一切化约为超越性主体的"观看"。③ 帕托什卡坚持生活世界之存在论构成，这意味着现象学要面对包括认知、行动和情感在内的人的整体生活方式，面对无法还原为意识和理论之"见"的存在质量。因此，他较多认同海德格尔存在论现象学的分析方法，亦即《存在与时间》当中所说的：此在的存在"是随着它的存在并通过它的存在而对它本身开展出来的。对存在的领会本身就是此在的存在的规定。"④

在海德格尔那里，人们藉以开启在世存在的现象始终保持神秘特质，只能显示那大写存在的隐匿。⑤ 帕托什卡则由此追问，是否在世界的某些现象中，酝酿了一种人和真理关系的转型，让真理从作为一种

---

① 参见胡塞尔：《欧洲科学的危机与超越论现象学》，第1部分"作为欧洲人根本的生活危机之表现的科学危机"。

② Roman Jakobson, "Le Curriculum Vitae d'un philosophe tchèque," p. 241.

③ 参见帕托什卡写胡塞尔和海德格尔的文章："Les Périls de l'orientation de la science vers la technique selon Husserl et l'essence de la technique en tant que péril selon Heidegger,"in Jan Patočka, *Liberté et Sacrifice*, pp. 268 - 269，以及保罗·利柯为帕托什卡 *Essais Hérétiques sur la philosophie de l'histoire* 一书而作的前言。

④ 海德格尔：《存在与时间》(修订译本)，陈嘉映、王庆节译，北京：生活·读书·新知三联书店，2014，第14页。

⑤ 保罗·利柯为帕托什卡 *Essais Hérétiques sur la philosophie de l'histoire* 一书而作的前言；以及 Ilja Srubar, "Phénoménologie asubjective, monde de la vie et humanism," in *Jan Patocka: philosophie, phenomenology, politique*, Textes réunis par Etienne Tassin et Marc Richir, Grenoble: Editions Jérôme Millon, 1992, pp. 87 - 89.

技术统治,转向一种更本源性的状态。[1] 当后期海德格尔将存在的神秘特质——其显现和隐藏的交替构成世界——时而看作大写的“自然”,时而当作“主体”或“精神”之时,帕托什卡却将之视为一切安全保障、一切被给予的意义的缺失——正是这种缺失构成了促使人真正开始探索自由、寻求意义的问题处境。[2] 所以,“在真理中生活”并非在“这种”或“那种”真理中生活,而是保持在问题处境之中。

真理的运动因此不是在固有的真理的指引下,而是在对真理的追问和介入的行动中展开的。在帕托什卡看来,这就是哲学的使命。哲学不是方法论,也不是知性的探索,而是一种经历——对自由、超越的经历,让人面向自由的深渊。这种经历是一种被颠覆的体验,一种“被抛”:人被抛出其所习惯的日常秩序,去面对一种全新的经验,并被它所推动。与其说我在“经历”它,不如说是它在“经历”我。[3]

在帕托什卡这里,真理的运动便在于人倾空自我,在等待之中,被一种超越性的力量所牵引,被这种力量剥离所习惯的状态,而进入一种全新的经验。这既是一种去主体性(asubjective)经验,也是一种超主体性(trans-subjective)经验。在这种运动中,真理以一种隐匿的方式,显现在我的“被抛”状态中。因此,真理的运动,是将一种颠覆性置入这个世界的“突破”运动。

虽然哲学很多时候从人们的日常生活秩序中退隐,但帕托什卡认为,哲学应当返回日常生活秩序中,(就像柏拉图在《理想国》中要求走出洞穴的哲人返回洞穴之中),在其中置入一种意义,让这个牢不可破的日常生活秩序能够不时感受到一种发自存在之深渊的震撼,给荒芜的世界注入生机。此即哲学作为“异见”的责任。哲学是一种自由,但

---

① Jan Patočka,“Les Périls de l'orientation de la science vers la technique selon Husserl et l'essence de la technique en tant que péril selon Heidegger,” p. 271.

② 保罗·利柯为帕托什卡 *Essais Hérétiques sur la philosophie de l'histoire* 一书而作的前言。

③ 这种状态近似于西蒙娜·薇依所说的注意力。注意力不同于那种让人咬紧牙关、承受磨难的意志力,而是由于人的愿望、期待而实现的一种聚精会神。“集中注意力在于暂时停止思考,在于让思想呈空间状态并且让物渗透进去。”西蒙娜·薇依:《在期待之中》,杜小真、顾嘉琛译,北京:生活·读书·新知三联书店,1994,第60页。

也是一种责任；是危险和受难，却也是“生活的广度”。①

在帕托什卡看来，唯有对人和真理关系的这种根本转型，才可能解决技术统治的问题。也就是说，并没有可以被技术的方式规划、计算好的真理。真理是在对真理的追寻中领会，在为其牺牲的行动中经历的。人也是在这种对真理的寻求和**牺牲**中成其所是。

“牺牲”在这里不是作为一种道德感召或政治动员，而是帕托什卡描述生活世界的关键词。“牺牲”原是一个有宗教色彩的观念。帕托什卡强调其之所以可能，是基于有神圣与非神圣事物的差别：有某种至高的、无法纳入规划和计算中的事物，被一些愿意为之牺牲的人领会到了。但这并不是说，人们“值得”或“应当”为某种事物牺牲。因为，那至高的事物超越了对“值得”的计算和对“应然”的思虑。牺牲意味着，生活世界存在着本真的意义差别。因此，以牺牲来谈论存在者与以技术来谈论存在者完全不同。牺牲使人理解自我，理解人之为人，体现了人的自由。但技术的理解试图取消这种自由的经验。对技术世界而言，不存在牺牲，一切都要还原为有用性。牺牲是无法在技术世界的计算中显现的。②

在真理的无根性上，帕托什卡同尼采有相似之处。但是，在帕托什卡这里，正如真理不是酒神精神，哲学不是强力意志，牺牲者也并非那种意图征服自我和世界的超人。相反，牺牲者只不过是有勇气来面对自己作为人的软弱和有限，只不过是在同自己对“活着”的眷恋以及失去日常生活的恐惧作**斗争**。

“斗争”是帕托什卡的另一个关键词。它和“牺牲”一样，让我们有似曾相识之感，都来自刚过去不久、充满创伤和暴力的 20 世纪。但在帕托什卡的语汇里，这两个词最终都被自外而内地反转，指向不可见的精神现象。

---

① 本段论述参见 Jan Patočka, “Equilibre et amplitude dans la vie,” in *Liberté et Sacrifice*, pp. 27 – 39.

② 本段关于牺牲的论述参见 Jan Patočka, “Les Périls de l'orientation de la science vers la technique selon Husserl et l'essence de la technique en tant que péril selon Heidegger,” pp. 271 – 273.

帕托什卡的"斗争"观念来自于他对赫拉克利特的"Polemos(斗争、战争)"的理解。赫拉克利特说:"反者必合,极致的和谐来自方向相悖之物,万物皆从争斗出。(残篇 8)"①"战争是一切之父,一切之王。(残篇 53)"②"人必须意识到战争是平常事,正义是斗争,一切事物都通过斗争而存在,并(如此)被注定。(残篇 80)"③在此,斗争不是指一种破坏性的暴力和激情,相反,乃是"一的创造者"④。斗争就是那使得一切人法可能的神法,是共同体的根基。帕托什卡强调,斗争就是那产生了政治城邦,并使哲学和历史可能的事物。⑤"政治城邦的精神就是不和中的统一"⑥。哲学是在一种极端体验中经历的自由。这种极端体验,正是一种斗争体验。历史则出现在这样一个时刻:人们不再只是追求"活着",而是要为了实现人的卓越质量而斗争。斗争就是那使得光明成为可能的黑夜,一个丰产的黑夜。

由此,我们可以全面地看到帕托什卡如何辩证地阐释"日"与"夜"、和平与战争的关系。由于对死亡的恐惧和对"活着"的眷恋,由于无比强大、无孔不入的"日的统治",由于从来不愿遭遇斗争的无条件的"和平",人们反而会陷入战争之中。因为,如同我们在第一部分所述,战争迷狂常常是"日的统治"的另一副面孔。只有从对"活着"、对"日的统治"的屈从中解放,人们才能真正摆脱战争。

这种"解放"如何可能?帕托什卡指出:唯一的方式,就是让自己保持在对黑夜、死亡的记忆之中,知道自己对"和平"和"日的统治"的欲望,常常是以他人的鲜血和生命为代价;唯一的方式,就是让自己在内心持守对"日的统治"的**"夜"的抵抗**,拒绝沉湎于"和平"的舒适与诱惑,让自己保持在精神的斗争状态中。这种斗争状态,是一种**"前线**

① 《赫拉克利特著作残篇》,T. M. Robinson 英译、评注,楚荷中译,桂林:广西师范大学出版社,2007,第 18 页。

② 同上书,第 66 页。

③ 帕托什卡在文中引用了这句话,见 Jan Patočka, *Essais Hérétiques sur la philosophie de l'histoire*, p. 79. 这句话的中译文参见《赫拉克利特著作残篇》,第 90 页。

④ Jan Patočka, *Essais Hérétiques sur la philosophie de l'histoire*, p. 81.

⑤ Ibid.

⑥ Ibid. p. 78.

(front)”经验。

帕托什卡的同时代作者 Ernst Jünger① 和 Teilhard de Chardin② 都曾谈及一种持续、积极的前线记忆。帕托什卡则试图将这种战争状态转换为人在**内在精神深处**抵抗“日的统治”的斗争状态。③ 这是把夜和死亡的临界当作一种持续在场。在这种斗争状态中，人被一种绝对自由攫住，从对和平、生命和白日的欲望中摆脱出来。然而，摆脱不是为了获取，它就是自由并为了这种自由本身。

两次世界大战在帕托什卡一代的心灵中烙下了鲜明深刻的印记。战争记忆、前线记忆给整个国家、社会、民族和个人留下了不可磨灭的创伤。帕托什卡的思想正是针对这一重大时代问题。他或许是有意要在自己的哲学论述中融入时代经验，然而却对其加以改造，以便更为鲜明地提示我们责任所在：如果每个人都曾在日常生活中对时代的恶进行一种内在的精神抵抗，那么，时代悲剧、大规模的流血战争也许本可以避免；如果内心觉悟的人们联合起来，形成一种“**觉悟者的团结**(la Solidarité des ébranlés, Solidarity of the Shaken)”，④共同抵抗“日”的欲望与统治，那么，一种残酷的前线经验、战争经验，或许就可以被另一种前线经验和战争经验所取代。

帕托什卡的临终遗言浓缩了他一生的思想抱负：

> 必须有某种从根本而言并非只是技术或工具性的东西；必须有某种并非情势所迫的、具有自明性的伦理，一种无条件的道德。……道德的存在不是为了让社会运作，而是为了让人成为人。不是人根据其主观的需要、愿望、性好和欲求来定义道德秩序，相反，是道德定义了人。……我们行为的动机不再仅仅局限

---

① Ernst Jünger(1895—1998)，德国作家和军事家，最著名的作品是讲述他的一战经历的《钢铁风暴》。

② Teilhard de Chardin(1881—1955)，中文名德日进，耶稣会士，法国哲学家、神学家、古生物学家、地质学家。他曾长时间在中国进行古人类学、地质学考察，是“北京猿人”的发现者之一。

③ Jan Patočka, *Essais Hérétiques sur la philosophie de l'histoire*, pp. 198 - 199.

④ Ibid. p. 212.

> 或受制于恐惧或物质追求，而应当出于对人身上的高级事物的尊重，出于义务和共同善的概念，并且明白这一点：为了达到这个目标，需要准备好承受一些不便，接受坏的审判甚至冒遭受肉体折磨的危险。……人们重新意识到，有些东西值得为之受苦；没有这些东西，艺术、文学、文化以及其它，不过是人们用来挣得日常面包的谋生手段。①

他的一生以及他为东欧解放作出的贡献，就是对他哲学最好的说明。作为七七宪章的发起人之一，他的政治行动与哲学思想完全一致，因此被称为“当代的苏格拉底”。

第五节　知识分子的使命

后极权时代，面对技术和贪欲的联合所构成的“恶之平庸”及其牢不可破的日常法则，怎样的抗争、怎样的异见能够成为真正的超越之途？知识分子的使命是什么？帕托什卡的思考向我们展示了一条不同于当今时代占主流地位、仅只着眼社会权利和制度保障之技术化思路的路向。追求自由民主的制度保障固然十分重要、不可或缺，但在帕托什卡看来，仅只如此，显然不够。这只是一种水平意义上的反抗，这种反抗的出发点同其抗议的事物一样，还停留在“日”的价值里面。个体依旧窒息于一种匿名化、利益化、非道德化的生存逻辑。现代性对于人的过于人性化(其实是物化)的还原，是对超越性的根本否认，是在以一种基要的决定论来反对人的形而上维度。

以各自权益的正当化和最大化(这两者常常处于十分暧昧的状态)作为唯一要求的社会，能够摆脱冲突和战争的宿命吗？关于社会正义，帕托什卡的目光延伸得更远，也显得较为“悲观”：在他看来，最终可能解决问题的，不是社会革命的暴力，而是每个人灵魂深处追求

① Alexandre Laignel-Lavastine, *Esprits d'Europe*, pp. 155 - 156.

“在真理中生活”的心灵革命。唯有这种灵魂的转向或者斗争、这种自我“牺牲”的态度，才能产生使正义浮出深渊、闪烁于夜空的力量；唯有附丽于这种力量，社会改良才会真正发生。这就是他的学生哈维尔在题献给他的文章中所说的“无权者的权力”——这个从黑暗大地中浮现出来的政治剧场，其开场白、其灵魂，首先是社会精神和良知。“在这幕剧的开端，有一群人在最黑暗的时刻里表达了在真实中生活的愿望。这群人手中无权，也不对权力抱有妄想。他们想在真实中生活，其实，算不上什么政治观点。他们也许就是一批诗人、画家、音乐家，或者是保持着个人尊严的普通公民。现在自然很难确定何时、通过何种地下和曲折的途径，他们的言行对环境产生了影响。我们也难以追寻真理的细胞是如何逐渐浸透到充斥着谎言的生活躯体之中，最终导致其土崩瓦解。现在清楚的是：政治改革的企图并不是社会觉醒的原因，而是社会觉醒的最终结局。”①

① 哈维尔：《无权者的权力》，吴小洲、张娅曾、刘康译，收于《哈维尔文集》，崔卫平等译，2003。http://www.shuku.net/novels/zatan/haweier/haweier05.html

第三部分

列维纳斯对恶的超越

第八章 “il y a”乃亟待救赎的悲剧：列维纳斯对海德格尔存在论差异的批判

存在是列维纳斯处理的核心命题。这既是由于海德格尔，由于当代思想同海德格尔的密切关系，也是由于，列维纳斯藉存在与他者之关系，重新处理了西方哲学和神学传统与犹太教之间，希腊与希伯来、理性与启示之间的关系。自巴门尼德以来，存在便是西方哲学和神学的核心词，认识论的第一要素。整个西方哲学，便是整个关于存在论的传统。且自亚里士多德以来，存在便与善同一。但列维纳斯却借助犹太思想传统，对这种同一性进行了颠覆性批判，指出存在中包含的悲剧性以及诸多潜在暴力，并宣告一种异质并先于存在的善。

对存在的反思贯穿列维纳斯思想的始终。在他发表于20世纪30年代的《论逃离》[①]，40年代的《时间与他人》[②]《从存在到存在者》[③]，60年代的《总体与无限》[④]，直到70年代的《异于存在或本质之外》[⑤]，我们看到，作为悲剧的存在和作为启示的绝对他者，是经由现象学方式感知到的事情的两面，是在存在的戏剧性情节中上演的救赎剧目。而

---

① Levinas, *De l'évasion* (1935), Montpellier, Fata Morganan, 1995. 以下简写为 DE。

② Levinas, *Le Temps et l'autre*, Montpellier (1947), Fata Morgana, 1979. 以下简写为 TA。

③ Levinas, *De l'existence à l'existant* (1947), Paris, Vrin, 1998. 以下简写为 EE。

④ Levinas, *Totalité et Infini*, La Haye, Maritnus Nijhoff, (1961); rééd. Biblio Essais, 1990. 以下简写为 TI。

⑤ Levinas, *Autrement qu'être ou au-delà de l'essence*, La Haye, Martinus Nijhoff, 1974; rééd. Biblio Essais, 1990. 以下简写为 AE。

这种戏剧性情节，便是存在与恶之间的暧昧转化：中性的存在被囚于自身的孤独牢笼，以致成为一种既令人疲惫、又无法摆脱的重负，一种“天谴（le condamnation）”[①]和“责罚（rançon）”[②]。

列维纳斯的早期著作《论逃离》《时间与他人》和《从存在到存在者》中充满了对存在之悲剧性的戏剧化描述。我们不但能从中感受到某种具有浓厚时代气息的存在哲学色彩，更可以洞悉他如何在时代风潮中，既关怀和对话当下，亦保持先知般的卓然、清醒、独立和敏锐。他同海德格尔、萨特和布朗肖虽有某种貌似相近的对存在的描绘，但不同的是，他的存在最终被引向启示传统由绝对他者带来的开端启新，而非任何一种神秘的天命、自我意识或书写欲望。这使他对启示的思考同现代人的领会方式发生强烈共鸣，藉此向如哈姆雷特一样深感受困于存在之囚笼的现代人提出一种别样的思想，即：朝向他者，有可能是存在之困境的出口和超越自身的可能。

第一节　渊源：对海德格尔存在论差异的批判

1929 年，正在德国攻读博士学位的列维纳斯目击了现代哲学史上著名的达沃斯会议，并对海德格尔开创的生存论现象学报以热烈欢呼；1932 年，年轻的列维纳斯发表了法语界第一篇介绍《存在与时间》较有分量的研究——“马丁·海德格尔与存在论”[③]；而到 1935 年，列维纳斯出版的《论逃离》中却透露出了对“存在”的疲惫和厌恶，表达出逃离“存在”的决心。此中原委，自然同海氏 1933 年在希特勒政权支持下，登上弗莱堡大学校长职位，并发表那篇著名的就职演讲（《德国大学的自我宣言》）有关，也同列维纳斯对即将到来的战争和灾难的预感有关。正如他在 1981 年为《论逃离》再版而作的

---

① EE, p. 45, 50.

② TA, p. 38.

③ 此文修订后收于《同胡塞尔和海德格尔一道发现存在》一书中。Levinas, *En découvrant l'existence avec Husserl et Heidegger* (1949), Paris, Vrin, 2001.

前言所说："我的旧作也许能见证某种意义终结的智识处境，这种处境在大屠杀前夕被规划为'存在(l'être)'的生存所遗忘，直至遗忘其合法性问题。"[1]这本小书清楚地表明："他者"思想萌芽的史前史始于 20 世纪 30 年代。那时，欧洲局势使得年轻的列维纳斯开始深感存在之苦涩，并思考如何能摆脱困境。这本小书已启动了贯穿列维纳斯整个哲学生涯的"超越存在"这一前奏。他怀着某种预感在书中写道："逃离的需要驱使我们来到哲学的核心，至于人们能否对逃离满怀希望，这并不重要。逃离的需要能更新存在之为存在这一古老问题。"[2]

尽管书中未曾言明，但显然，《论逃离》所针对的，是海德格尔发表于十多年前的《存在与时间》，尤其是海德格尔在此书中揭示的存在论差异：存在之为存在，强调的是存在的动词性特征。对于海德格尔，存在的动词性意味着存在"es gibt"那"给予的丰饶"，即：存在的本源性、生成性与丰富性。海德格尔正是藉此解构西方形而上学传统以名词性的存在者遮蔽了动词性存在，从而使存在论变得僵化乃至出现危机。而列维纳斯却在《论逃离》中，揭示动词性纯存在的苦闷、困窘、耻辱乃至恶心感。《论逃离》同发表于之前一年(1934 年)的《对希特勒主义哲学的几点反思》[3]一道，构成了列维纳斯对纳粹和海德格尔存在哲学进行抗议的开端。这一抗议由对纯存在的恶心感，走向《从存在到存在者》中对"il y a"的恐惧感；从去向不明的"逃离"，朝向《异于存在与本质之外》的"他者"。

无论战前战后，自列维纳斯青年时代起，海德格尔哲学便在法国思想界形成了强大的"气候"，对法国知识分子有种难以割舍的魔力。如何看待海德格尔哲学与纳粹主义的关系，成为 20 世纪西方知识分子思想史上的一桩公案，论争绵延不绝，延续至今。2014 年，海德格尔带有反犹言论的"黑皮书"的公开出版将这一争议再次

---

① Levinas, *De l'évasion* (1935), Montpellier, Fata Morganan, p. 7.

② Ibid., p. 99.

③ Levinas, *Quelques réflexions sur la philosophie de l'hitlérisme* (1934), Editions Payot & Rivages, 1997.

推向高潮。面对海德格尔哲学的强大拥趸，初出茅庐的列维纳斯不惧人微言轻，勇于批判自己早年曾心仪的"大师"，既批评"大师"前期"es gibt"那"给予的丰饶"，也批评"大师"后期"存在的诗意语言"。

当代哲学试图借助存在论复兴，特别是以存在论差异来回应西方哲学传统的危机。海德格尔批评传统形而上学由于存在者对存在的遮蔽而造成存在论僵化和虚无主义的危机。在他看来，唯有动词性存在所"给予"的源源不断的善和丰饶，才能解构这种僵化与危机。他设想人类的存在——此在"Dasein"——是一种朝向死亡终点的"绽出"，认为应当通过动词性存在，即向死存在的生存论筹划来理解人的本真性。对此列维纳斯则认为，关于"我"的将要到来的死亡的意识，亦即"我"的存在之有限性的意识，不是获取意义的基点，而只是试图用一种可把握的方式来据有死亡这种不可把握的事物。虽然哲学自古希腊以来就试图让人们用理性来驱除心灵和情感方面的软弱与黑暗，包括对死亡的恐惧，然而一种冷静而灰暗的智慧却无法医治人的孤独和绝望感。海德格尔关于存在之"绽出"的对此在的理解虽借用了基督教的"恩典时刻论(Kairologie)"，[①]但此在却总在死亡困扰之下，并未获得胜过死亡的希望。针对后期喜欢说着存在的诗意语言、较显"神秘"的海德格尔，列维纳斯批评他的存在论是没有伦理的存在。[②] 后期海德格尔不再从此在，亦即人的生存出发，来领会世界和存在，而是从存在本身出发。此在与世界都是存在的自行展现，人是存在的领受、倾听与守护者。于是，在构成存在的天地人神"四相圆舞(Gevierte)"中，人与人的关系被置于人同天地神的关系之后，然而这样一些中性关系却无法让人摆脱纯存在那无意义的恐惧。

---

① 王恒：《时间性：自身与他者——从胡塞尔、海德格尔到列维纳斯》，南京：江苏人民出版社，2006，第 87—88 页。

② Levinas, *Totalité et Infini*, La Haye, Maritnus Nijhoff, (1961); rééd. Biblio Essais, 1990, pp. 332 - 3.

第二节 孤独:“il y a”的黑夜经验

20 世纪战后 40 到 50 年代,当海德格尔及其法国传人萨特、梅洛-庞蒂开辟的存在哲学风行一时之际,列维纳斯也在默默无闻地拓荒其有关“il y a”和“他者”的思考。面对“存在”这个哲学传统的奠基性词汇,这个在当代人文学领域焕发崭新诱人光彩的神秘词汇,列维纳斯发掘一种既古老,又具原创性的问题意识。这种问题意识将“存在”的哲学史传统、其新兴的当代话语形态和列维纳斯自己独特的伦理关怀融为一体,开启了一种既历史悠久、又与时俱进的对存在的探讨。

“il y a”是列维纳斯 1947 年出版的著作《从存在到存在者》中发掘的对存在的新表达。[①] 该书同《论逃离》相距十二年。此中的间隔,是战争、死亡、悲痛以及痛定思痛,也包含了对存在和逃离存在之必要性更深刻的认识。在这本大部分在监狱中完成的书里,虽然列维纳斯并未言及刚经历的灾难和犹太人的不幸,但只要人们留意,便不难发现,他对当下历史的评述以一种微妙的哲学方式呈现。在此书中,列维纳斯不仅继续针对海德格尔存在的丰饶而思考“il y a”的恐怖,亦将“il y a”具有死亡风格的野蛮活力和悲剧色彩表现得淋漓尽致,以致存在不仅具有《论逃离》所描绘的恶心感,更有种令人欲罢不能、无法承受的永罚之痛,这种永罚之痛使得从他者而来的解脱和救赎成为一种迫切需要。

法语“il y a”不指称任何实词,只是以一个匿名含糊的单数第三人称代词“il”及其助动词“avoir”(变位之后就是“a”)的寻常结构,表达一种中性和无法遏制的对存在的“消费”。列维纳斯以这个表达来对应海德格尔设想的没有存在者的存在,但不同的是,在列维纳斯那里,“il y a”是可怖的。“il y a”的可怖不同于海德格尔那里虚无的令人生“畏

① 有关思考也出现在 1946—1947 年,列维纳斯以《时间与他者》为题,在刚成立不久的巴黎哲学学院所做的四次讲座中。后来这四次讲座稿结集出版。

(Angst)”。“il y a”并非虚无，而是“一个力场，一片不属于任何人的沉重氛围”，[①]是那种消除了外在性与内在性差异，处于无人称状态的“存在着”。它相当于“有什么无法确定的事情正在发生”这种黑夜经验：“黑暗仿佛一种内容，填满了夜晚的空间，它盈实溢满，但充满它的是万事万物的虚无。”[②]

我们忍不住追问，这种十分具有隐喻色彩的黑夜经验源于何处？其现实性何在？列维纳斯以自己的童年经验来描述它：夜晚独自躺下而又尚未入眠的孩子，当大人们在各自的成人世界里忙碌，他只能无奈又好奇地倾听自己卧室中寂静的“沙沙”声。[③] 在此，童年一面是鸿蒙未开的天真，一面是徘徊于自身的未成熟状态而无法进入世界的孤独。在列维纳斯那里，“il y a”是孤独的现象学。与海德格尔由“被抛”和“沉沦”开始的生存论相似却又不同，列维纳斯从孤独这种生存现象开始对人的生存论追问。[④] 但他这里所说的孤独既不止于我们日常所说的同集体状态相对的独自一人，也不止于对某种心理或精神状态的描绘，而是来自对海德格尔在《存在与时间》中描绘的此在之生存状态的观察，是描绘存在的状态和范畴。

列维纳斯指出，海德格尔此在的本体论结构虽提出了与他人的共在(Mitsein)关系，但这种关系在此在的自身领悟中只是次要的。《存在与时间》所讨论与关注的，要么是无个性的日常生活，要么是单独个体的此在。哪怕与他人的共在关系，也只是与他人由于分享某种共同“真理”而聚在一起，其首要关注的，仍是此在在所谓“真理”中自身领悟和向死存在，而非与他人无中介的“面对面”。在这种共在中，此在仍是孤独的。因此列维纳斯指出，“il y a”就是孤独，是存在者被系缚和沉溺于存在的状态。在“il y a”的黑夜里，存在者尚未进入意向性和

---

① 列维纳斯：《从存在到存在者》，吴蕙仪译，南京：江苏教育出版社，2006，第63—64页。

② 同上书，第64页。

③ Levinas, *Ethique et Infini*, Paris, Fayard, 1982, p. 46. 列维纳斯：《从存在到存在者》，第5页。

④ Levinas, *Le Temps et l'autre*, Montpellier (1947), Fata Morgana, 1979, pp. 18 - 23.

光中,尚未成为位显"hypostase"①而进入世界,更未能经由与他者的关系而成为一个能回应的主体。在"il y a"的黑夜里,存在者与其存在彼此相融,互为形式与质料:一方面,存在者被自身的质料性密不透光地包裹着,完全被对自身的操心和牵挂所占据,不知有他;另一方面,存在成为了存在者的生命目的和形式,存在者成了隐身于存在背后的质料。在此意义上,孤独是有待改善的残缺和作茧自缚。这里听不见他者的声音,亦未诞生自我;这里尚未开端,亦无希望。

在列维纳斯那里,"il y a"相当于创世前的黑夜,"创世前绝对的空无"②。但这空无既非一无所有,亦非缺乏存在的虚无,而相当于《圣经·创世记》开头所描绘的场景:"地是空虚混沌,渊面黑暗"(《创世记》1:2)。这种描绘所表达的精神进入列维纳斯心中,大量体现在他对"il y a"与"空虚""混沌""深渊"以及"黑暗"等关联的论说中,例如:"形式世界敞开了,如同无底深渊。宇宙爆裂,混沌就势张开了大口,这就是深渊,场所的缺失,是 il y a。"③在此深渊中,没有任何形式、任何位显、任何存在者或主体能从中浮出。一切毫无头绪,充满了喧哗与躁动,由混沌复归混沌。

创世则从这个混沌黑暗的深渊开始,是对孤独的打破,是一个开端性事件。这事件始于言说和光照的瞬间——"神的灵运行在水面上。神说:'要有光',就有了光。"(《创世记》1:2—3)。上帝的言语和光照使得动荡不安的"il y a"瞬间获得了头绪和方向,获得浮出孤独深

---

① Hypostase:位显,哲学上指实体、实质。此词最早为古希腊哲学家普罗提诺使用,后来在基督教神学中用来指三位一体中的位格,因而本文将其译为"位显",强调其身位性。列维纳斯的《从存在到存在者》第四章正是以该词为题,以探究作为实词的存在者的出现。此处 Hypostase 作为实词的意义与"il y a"的无人称性正好相对。"我们所探究的,正是实词本身的出现。为了点明这种出现,我们重拾了实显(Hypostase)这个术语。它在哲学史上曾被用来指称由动词表达的行为转变成为由实词指称的存在者(être)的事件。实显、实词的出现并不仅仅意味着一个全新语法范畴的出现。它更意味着匿名的'il y a'的悬置,一块私密领域或一个名称的出现。从'il y a'的深处浮现出一个存在者(étant)。"参见列维纳斯:《从存在到存在者》,第 100—101 页。

② Levinas, *Ethique et Infini*, pp. 46 - 47.

③ 列维纳斯:《从存在到存在者》,第 86 页;Levinas, *De l'existence à l'existant* (1947), Paris, Vrin, 1998, p. 121. 少量字词参照原文有改动。

渊的契机。创世就是进行区分与定型，让存在归属于存在者，让存在者倾听与回应，同他者发生关系，从而成为独特个体，并被上帝"看着是好的"(《创世记》1：4、10、12、18、21、25、31)——这句话在《创世记》第一章中重复出现了七次，可见其重要。在很大程度上，列维纳斯有关位显、存在者和主体性的论述，都在描绘这个从"空虚混沌、渊面黑暗"中突围的创世事件："开端、起源、诞生"乃是存在者掌控、"极化(Polarized)"纯存在的"辩证法"事件发生的瞬间。[①] "诞生不是意味着从一个先行存在的主体那里接受一种寄放或馈赠；哪怕是无中生有(ex nihilo)的创世，哪怕受造物表现出的是纯粹的被动，在这个受造物浮现出来的一瞬，虽然它仍处于创世的瞬间，但这种创世已经强令它对其存在采取动作，强令主体去控制它的属性。"[②]

第三节　恐惧："il y a"的生命情态

在列维纳斯笔下，"il y a"的黑夜经历呈现为一种悖论：一方面，它是"渊面混沌黑暗"的野蛮活力甚至诗意——海德格尔所推崇的存在之"丰饶"，作为艺术作品的"本源"和"真理"，正是后浪漫主义文学和现代艺术的活力源头；另一方面，"il y a"是令人深感恶心、厌倦甚至恐惧(l'horreur)的孤独囚笼。此即缘何，列维纳斯对"il y a"的论说，一方面时常借助现代主义的文学与艺术，表达生存者沉溺于纯存在之质料性放纵与快感，另一方面，又时常借助经典悲剧作品，表达生存者受制于命运般无法摆脱的存在囚笼。

"Il y a"是黑夜但绝非虚无，充满喧嚣却没有面对面言说，蠢蠢欲动却没有被指引的方向，富于野蛮活力但终究只是匿名。这种匿名是对他者与自我的回避。列维纳斯指出："Il y a"脱离了对存在者的从属

---

① 列维纳斯：《从存在到存在者》，第 2 页；Levinas, *De l'existence à l'existant*, p. 16.

② 列维纳斯：《从存在到存在者》，第 2 页；Levinas, *De l'existence à l'existant*, pp. 16 – 17. 少量字词参照原文有改动。

关系，也从而脱离了世界，这正是现代艺术与文学热衷表达的“陌生化”诗意——“异域感(l'exotisme)”。[①] “在艺术中，那些构成了客体的可感的质(la qualité)既不通向任何客体，又是自在的。艺术的这种方式就是感觉本身的事件，也就是美学事件。”[②]而在以为“艺术而艺术”为鹄的，追求“纯”艺术的现代派艺术与文学中，所谓的审美追求，正是要悬置一切艺术的外在指涉，回到所谓艺术的自律，直至最终，回到艺术的质料性、自我拆解的荒诞性和艺术的不可能性。此时，“Il y a”作为无名的存在、“存在之脓肿”[③]，是没有任何形式包裹、没有存在者眼光支撑的存在的“赤裸”与“非形式的攒动”[④]。正是这种“赤裸”与“非形式的攒动”，成为浪漫主义之后现代艺术与文学的生长点。

因此，在列维纳斯看来，现代艺术与文学所热衷表达的对世界终结的感受、对形式的解构，以及对在形式中显现的世界和主体之从属关系的摆脱，不过是一种“il y a”的痉挛与战栗，并未讲述真正新异的东西，然而它们却能不断繁殖增生、自我复制，以致充塞一切，成为自我的囚笼和深渊，以致深感存在的过度与可怖。实际上，现代艺术与文学既展示了存在的过度，也展示了存在所固有的情绪——恐惧。关于这方面的论述，大量出现在列维纳斯对布朗肖的文学作品和批评理论的探讨中。

由于特殊的友情与互文关系，列维纳斯与布朗肖分享大量相似的关键词，如“il y a”“黑夜”“失眠(l'insomnie)”“守夜(la vielle)”“孤独”“他者/它者(l'autre)”“中性”，等等。列维纳斯将布朗肖的所有作品视为既是个人、也是人类封闭于存在之孤独牢笼的寓言，讲述“一种被扼杀然而又总是没有止境的垂死状态”[⑤]。列维纳斯如此评价布朗肖的作品与思想：“一方面，这是对丧失意义的宣告，对于话语的散播的宣告。人们仿佛已置身于虚无主义的极端，在那里虚无自身不再可能

① 列维纳斯在《从存在到存在者》中，专辟一节讨论艺术中的“异域感”。

② 列维纳斯：《从存在到存在者》，第 57 页。

③ 同上书，第 61 页。

④ 同上。

⑤ Levinas, *Sur Maurice Blanchot*, Montpellier, Fata Morgana, 1976, p. 57.

被安静地思考，它对着那些倾听它的耳朵嘟哝不休(……)我们被带向非人化，带向中性的恐怖。这是第一个方向。……但还有另一方面是针对这样一个被布朗肖的文学空间所排斥的世界的。(……)针对这个世界，布朗肖指出它的总体性并非全部——它所自恃的那种连贯的话语并不能控制另一种话语”。[①] 对布朗肖推崇的“中性”文学空间，列维纳斯既深刻指出其独特活力的哲学内涵——“il y a”的黑夜经验，也指出了其悲剧性：这种文学空间的活力，最终不过是对“丧失意义的宣告”，不过将我们带向“非人化”和“中性的恐怖”。

恐惧是列维纳斯揭示的关于存在的另一深度命题。他将恐惧描述为“与 il y a 相摩擦发出的窸窣声”[②]，并指出，相较于对存在的恶心而言，对存在的恐惧是非主体、去人格化的。恐惧是没有主语“我”的害怕，犹如失眠中的守夜与警觉。“是黑夜自身在守候。‘那个’守着(ça vielle)。”[③]存在之令人恐惧，不在于对虚无的预感与害怕，而在于对这种非人格、非主体化，且无始无终之存在的害怕。这种对存在的恐惧感，体现了存在在沦陷于孤独之外的另一种不幸处境——“无我”。存在的悲剧性就在于这两种不幸之间的摇摆不安：一方面受困于孤独的牢笼，另一方面又恐惧于存在对主体“我”的消弭。

通过对恐惧这一“il y a”之生命情态的揭示，列维纳斯修正了海德格尔有关“畏”(此在的基本现身情态)的主题。他向我们指出：在为虚无感到苦恼之前，人们或许已经先有了对“il y a”的恐惧；如果说为虚无苦恼乃是出于海德格尔所说的人们担心失去存在，为了存在而害怕(peur pour l'être)，那么，对“il y a”的恐惧就是对于存在的害怕(peur de l'être)。列维纳斯想要说明：存在并非如自古以来哲学家所认为的那样，是一种善和丰饶，而恶也并非存在的匮乏，相反，恶是存在的过度。“难道存在除了其有限性和虚无之外就别无缺陷？难道它的积极性中就不包含有某些固有的恶吗？”[④]存在是可怕的，它的可怕

① *Sur Maurice Blanchot*, pp. 51—52.

② 列维纳斯：《从存在到存在者》，第 66 页。

③ 同上书，第 79 页。

④ Levinas, *De l'existence à l'existant*, p. 20.

在于那种在黑夜经验中失去了时间感的无始无终，在于那种既无他者、亦无自我的非人的中性，也在于那种被囚于存在之孤独而无处逃避、无法解脱的困窘。在此，威胁、窒息我们的，既非来自外界的伤害，亦非死亡，而是永生不朽，是存在的悲剧长演不衰，是必须永远承担存在的重荷，即便死亡也不能终结。人们暴露并受制于存在那根本无法抵抗的包围之中，感受到了它的深刻威胁："面对这黑暗的侵袭，不可能将自身包裹起来自成一统，不可能缩回自己的壳里。我们无遮无拦地暴露在外，万事万物都在向我们展开。夜晚的空间并没有帮助我们进入存在，而是将我们交到了存在的掌控之中。"①存在由此成为一种令人疲惫、却又无法摆脱的重负，一种"天谴"②和"责罚"③。因此列维纳斯说："存在蕴藏着一个死亡也无法消解的悲剧，这悲剧来自存在本身，而不是源于它的有限性。"④在此意义上，他将《哈姆雷特》视为"悲剧中的悲剧"，因为哈姆雷特意识到："不存在(not to be)"大概是不可能的，人们活在荒谬之中，即便自杀也无法终结存在的荒谬。⑤

主体"我"之死，正是当代哲学和思想面对的生存处境。存在者既孤独又"无我"，这是一种十分奇怪的现象。这种现象在20世纪，不仅被列维纳斯，也被阿伦特在《极权主义的起源》中不约而同地揭示出来，不能不发人深省。

阿伦特指出，在极权社会，群众典型的精神状态是一种与深刻的孤独相伴的"无我(Selflessness)"⑥和"忠诚(Loyalty)"⑦。在她那里，孤独(loneliness)并非与人群相对的独自一人，而是与公共领域的缺失相伴生的境况。她在《人的境况》中，将私人领域与公共领域相区分，

---

① 列维纳斯：《从存在到存在者》，第64—65页。Levinas, *De l'existence à l'existant*, p. 91. 译文参照法文原文稍有改动。

② Levinas, *De l'existence à l'existant*, p. 45, 50.

③ Levinas, *Le Temps et l'autre*, p. 38.

④ 列维纳斯：《从存在到存在者》，第5页。

⑤ Levinas, *Le Temps et l'autre*, p. 29.

⑥ Hannah Arendt, *The Origins of totalitarianism*, p. 315, p. 329. Hannah Arendt, "A reply to Eric Voegelin," p. 161.

⑦ Hannah Arendt, *The Origins of totalitarianism*, pp. 323 - 324.

将公共领域描述为一个具有最大程度公开性的共同世界，“仿佛一张桌子置于围桌而坐的人们之间”①。只有通过公共领域这个“居间(in-between)”之物，人们才得以“既相互联系又彼此分开”②。否则，人们便会倾倒在彼此身上，在黑暗中面目模糊、难分你我，窒息于人类生存之动物性需求的彻底荒凉中，唯余孤独。而这个令群众在极权社会中一盘散沙的孤独，既是促成极权社会的必要条件，又是极权社会制造的必然后果。③ 同样，极权社会群众的“无我”也与共同体的丧失相关联。④ “无我”是指大众失去了将他们彼此联系的纽带——一种共同“inter-est”⑤或者“同意”⑥，因此是一种精神上的无家可归与无根状态。与此同时，群众对领袖和意识形态的“忠诚”并非自发的情感或责任选择，而是一种被制造出来的生存需要。作为一个个孤立而逐渐失去家庭、朋友、熟人圈等真实社会联系的人，“忠诚”使他感到，“只有当他属于一个运动，他在政党中是一个成员，他在世界上才能有一个位置。”⑦

尽管视角不同，阿伦特和列维纳斯都对纳粹社会中个体精神的问题处境进行了相近的揭橥，并对海德格尔此在的孤独进行了批判性反思。⑧ 显然，这既是由于海德格尔曾对他们，也对当代思想产生过重要的思想影响，而这种影响需要质疑和清理，更是由于他们都深刻认识到，孤独与“无我”是现代社会的危机和病态，需要得到医治或超越，所以他们各自探索，寻求在与他人的共同生活中重获自我的可能之途。存在者的孤独与“无我”，在阿伦特那里，同公共领域在现代社会的式

---

① 阿伦特：《人的境况》，第 34 页。

② 同上。

③ Hannah Arendt, *The Origins of totalitarianism*, p. 474.

④ *The Portable Hannah Arendt*, p. 161.

⑤ 阿伦特将这个词分开是为了将其作为“在……之间”“between”的意思，参见 *The Portable Hannah Arendt*, p. 161.

⑥ 阿伦特指出，在西塞罗的意义上，同意(“consent”)构成了“inter-est”，参见 *The Portable Hannah Arendt*, p. 161.

⑦ Hannah Arendt, *The Origins of totalitarianism*, p. 324.

⑧ Hannah Arendt, “What Is Existential Philosophy?” in *Essays in Understanding 1930 - 1954*.

微有关，因此需要回归作为“Polis”——与他人在一起的行动和言说——的政治；在列维纳斯那里，则同对绝对他者的遗忘有关，因而需要回到对他者的倾听与对创世的回应。

第四节　存在是种责罚，抑或对救赎的吁请？

如果列维纳斯指出，存在是一出有关“天谴”和“责罚”的悲剧，那么这只是为了说明，存在也是一出亟待宽恕和救赎的悲剧。悲剧在他那里，总是同隐匿的上帝相关。纵观列维纳斯一生历时半个世纪的代表性著述，从《论逃离》《从存在到存在者》《总体与无限》《异于存在或本质之外》，到 80 年代《来到观念中的上帝》[1]，可以说，这是一条从对存在的悲剧性之感知与反抗开始，到不断探索救赎的可能与途径，朝向上帝的道路。在他看来，救赎首先意味着解除存在的孤独咒语，让那个隐身于纯存在背后、在失眠中守夜的存在者“自己(soi-même)”，迎向光和话语、开端与创世，从而浮出黑暗深渊。这个过程，也是存在者在对他者的回应中超越存在和“自己”，成为主体的过程。

在“主体已死”的今天，列维纳斯大胆倡导一种不同于 19 世纪以来以“生存斗争”为目的的存在者定位，让人们重思《圣经》传统对“生命意义”的追寻。然而，无论他对“生存斗争”还是“生命意义”的指称，都已同过去的用法断裂，带上了后海德格尔存在哲学的深度。他指出：“生存斗争”不仅意味着对对象的征服，还包含“单纯存在成为一个目的的可能性”，强调存在者是从存在中得到规定。[2] 对这种“生存斗争”的关怀成为了当代思想和哲学的出发点，“其后，生命就作为存在者与其存在间之关系的标准形式出现了”[3]。这种对生命的理解，如同海氏在《存在与时间》中所描绘的向死存在，在日常经济时间的层面上

① Levinas, *De Dieu qui vient à l'idée*, Paris, Vrin, 1982.

② 列维纳斯：《从存在到存在者》，第 12 页。

③ 同上

表现为一种争取未来的斗争。而列维纳斯有关存在的所有分析的关键思路就是要揭示这种"生存斗争"的悲剧性，并呼吁转向《圣经》所启示的、现在进行时态的"诞生"行动。这种"诞生"行动并未悬搁或否认存在者与其存在之间的关系，但却让此关系朝向不断更新的开端——对此，列维纳斯用"宽恕(pardonner)"[①]一词来描绘。

"宽恕"一般用来谈论人们关于已存在之罪错的道德态度，意味着从一种精神意义上逆转与修复事物的自然秩序。列维纳斯主要用它来思考同存在以及时间的关系。宽恕与遗忘不同，遗忘是对过去事件的掩埋与回避，而宽恕却以某种方式重回过去事件发生的瞬间，并作用于此瞬间。遗忘试图取消过去，但这种取消其实是不可能的。过去的痛苦记忆会以某种"幽灵"方式回返。对此，经典或通俗文学中的复仇剧目已有诸多刻画。《哈姆雷特》中那位强烈要求为其复仇的鬼魂便是著名代表。复仇王子哈姆雷特用装疯的口吻揭示：存在是一座无始无终的巨大囚笼，而不存在是不可能的。"记住我！记住我！"鬼魂的复仇之声在现代社会由悲剧舞台转入以现代科学面目出现的精神分析学科。弗洛伊德告诉我们，遗忘只是一种被压抑的状态，而潜伏在洞穴里的猛兽总要以某种方式醒来。宽恕却试图同过去的痛苦瞬间"面对面"，仿佛弥赛亚在场，仿佛驯兽师，去"抚触(caresser)"[②]每个不幸的瞬间。宽恕不是计算后的妥协，而是对被宽恕之瞬间的回复、净化与重生。宽恕只能被他者赋予，这也是宽恕的法语词根"pardonner"("通过-给予")的含义。即便那给出宽恕的一方，也要首先得到来自绝对他者的宽恕，才可能获得超越存在之不幸的力量，从而宽恕他人。列维纳斯便是在此意义上谈论对存在的救赎。

具体而言，对以海德格尔哲学为代表的流行于当代哲学的存在论差异，列维纳斯试图通过存在论的含混性来进行质疑，一如他通过纯存在"il y a"的恐怖来质疑存在的丰饶。存在论的含混性体现于存在论语言的含混性结构中。存在论语言的含混性是指存在论语言绝不

---

① Levinas, *Totalité et Infini*, p. 315.

② Levinas, *De l'existence à l'existant*, p. 156.

可能仅仅只是动词性,而必须既是名词性,也是动词性的。只有一个既隐含了主语,也有谓语的句子才会是完整的,才可能具有某种意义。针对海德格尔那种将存在从存在者中分离并将其置于起源性位置的做法,列维纳斯指出,存在的本质即便如海德格尔所认为的那样是动词式的,也已经先存在了动词的动词性(la verbalité du verbe),作为一种名词化的形容词来施行述谓功能。也就是说,存在虽然较存在者显得更为纯粹和抽象,更为超越,但在其述谓功能的施行中却已隐含了存在者的活力。"在述谓命题中回荡的是动词的动词性。其次,正是由于在时间中存在者活力的优先铺展,这一活力才通过动词来自我指示和表达。那种通过重现动词来执行指号功能的努力天真地提出了存在者起源性的分裂:一部分作为实存,另一部分作为事件;一部分是静态的,而另一部分是动态的。然而在'所说'(le Dit)和存在(l'être)之间的联结却不可能没有命名的痕迹。已经是在名字之中,在指号之上,同一化运动的命令式动态才显现出来。"[①]

在列维纳斯看来,海德格尔用存在来超越存在者的做法实质上仍奠基于德国唯心主义传统。对这一传统而言,自身性的本质是自我意识,海德格尔只不过用"自身的存在"来置换了"自我意识",由此,"唯心主义哲学中的质料之恶,变成了存在之恶"[②]。列维纳斯则与之相反,强调存在者而淡化存在,但却并非为了对海德格尔的存在论差异再来一个简单的颠倒,而是为了超越纯存在的孤独。通过揭示"il y a"的恐怖,列维纳斯追问对于死亡的焦虑是否比对于存在的焦虑更为根本以及存在的有限性问题是否比存在的出口问题更为迫切。在这种追问中,克服"il y a"的恐怖的需要将同面向他人的需要相遇:"在 il y a 可怕的中性中,只有伴随着存在者的浮出和位显一道,光和意义才会诞生。这光和意义朝向一条道路,将存在引向存在者,又将存在者引向他人。"[③]此时,自我在他人临近的不对称结构中发现了一层"全新的

① Levinas, *Autrement qu'être ou au-delà de l'essence*, La Haye, Martinus Nijhoff, 1974; rééd. Biblio Essais, 1990, p. 68.

② 列维纳斯:《从存在到存在者》,第 4 页。

③ Levinas, *Difficile liberté* (1963), Paris, Albin Michel, 1976, pp. 435 – 6.

比存在者的存在者性(étantité)更加尖锐的意义”[1]：我对于他人的永远无法偿清的责任关系——这也是他人对我的给予，或者说“宽恕”。这种被动的责任关系开始于我的意愿和决心之前。这种先于我的理解力的善的被动性，就是“无限”最初的意义。事实上，列维纳斯指出：唯有“无限”才能帮助我超越——或者说“宽恕”——存在的中性化恐怖，不是通过向死存在，而是通过对他者之给予或者说“宽恕”的醒悟。所以，对存在论差异的逆转只是一个面向他者的开始，“它将通向一个比存在论更古老的伦理学”[2]。

总之，虽然坦承自己从海德格尔那里学到很多哲学的新方法，列维纳斯终究将海德格尔的存在论视为一种虚无主义。他指出，只有确立起他人对于自我、伦理对于哲学的优先性这种“新的形而上学”，海德格尔此在论中的“畏”才能被一种精神性的“为他人”的“不安(inquiétude)”所替换。这种灵魂“不安”的颤动就是让哲学“醒悟(éveil)”的“圣洁性(Sainteté)”，为此哲学需要超越存在论。至于如何超越，则成为了列维纳斯的第二本大书《异于存在或本质之外》的主题。希伯来文“圣洁性”的基本含义“分离”正包含了这种在存在与“异于存在”、自我与他人之间的颤动。在列维纳斯看来，“圣洁性”葆有、守护了哲学所梦寐以求的“差异”精神，表明有一种至少是同存在论差异以及后来的解构主义所追求的差异一样重要的差异，并且让差异不是导致战争而是通往和平的守夜。这和平，如同列维纳斯在《总体与无限》的前言中所揭示的，不是一个政治概念，因为历史已经证明，作为政治概念的和平有多么脆弱。和平最终只能取决于每个人如何面对他人，取决于每个人为那唯一的、被给予的生命守夜的禀赋。[3] 在此意义上，“圣洁正是差异的最高形式。”[4]

在列维纳斯看来，真正新异的东西，真正的“诗与远方”，是他人面

---

① 列维纳斯：《从存在到存在者》，第 2 页。

② 同上书，第 3 页。

③ Levinas, *Totalité et Infini*, “Préface,” pp. 8 - 10.

④ 居伊·柏蒂德芒热：《20 世纪的哲学与哲学家》，刘成富译，南京：江苏教育出版社，2007，第 273 页。

容的迫近。那不仅将“il y a”带向存在者和世界、光和意向，而且带向与他人“面对面”。此时，“il y a”不再由于缺少灵魂着力点而轻盈、而消弭一切，不再是“生命中不能承受之轻”，不再以“无我”的孤独，来回避面容无声的召唤。

第九章　恶缘何平庸？列维纳斯论恶与神义论诱惑

当20世纪的时光车轮日渐驶离，回首这个世纪在人们心头留下的悲欢记忆，除了科学进步、经济发展、革命胜利、社会动荡和战争不断，对于许多亲历与关注本世纪社会历史灾难的心灵而言，一个萦绕不去的问题，或许便是对恶的反思。阿伦特曾以“根本恶”和“恶之平庸”来准确而深刻地描述过20世纪恶的特点。如果说“根本恶”已被视为一种为大多数人承认的客观事实，那么“恶之平庸”所引起的高度关注便来自人们对这个问题的认识，即：恶不再是丑闻，恶不耸人听闻。恶在20世纪的独特表现，是大多数人习以为常地参与其中而不觉羞耻。“恶之平庸”成为一种日常生活，甚至被视为理所当然。精致的利己主义成为主导生活的潜移默化的原则。在这方面，人们的态度不是宽容，而是承认，与此同时伴随着对不义的沉默和对他人不幸的无动于衷。媒体中时而出现的灾难影像只是成为人们的消费对象，于是出现了这样一种悖论情形：一方面，人们不仅喜欢在影像，也喜欢在在文学、历史故事和社会新闻中消费恶的经验；另一方面，对于发生在自己日常生活中的不义与不幸，人们的感受却是迟钝的。因此，阿伦特对“恶之平庸”的提出，尽管伴随着有关《艾希曼在耶路撒冷》一书的诸多争议，但却成为人们思考20世纪道德状况的经典命题。

在某种意义上，列维纳斯与阿伦特对极权社会道德状况的观察和思考分享了相似的问题：他们既看到了现代社会恶的极端性特征，也指出了恶的庸常性现象。恶的庸常性在阿伦特那里表现为一种令人惊异的巨大反差：作恶之人的意图与其行动后果的极端不成比例，作恶者人格的肤浅与其罪行之惊世骇俗的极端不成比例。列维纳斯则质疑道德为何成为一种骗局，存在为何即合理，理性为何具有暴力，恶在现代社会为何不再是丑闻。

当阿伦特反思自己提出的“恶之平庸”时，她承认这不是一个经过深思熟虑的概念，而是描绘一种现象。[①] 她将这种现象的症结归于“无思”。那么艾希曼缘何“无思”？阿伦特将其解释为一种人格的浅陋或失丧，也可以说是人格的“拔根”。其症状是不再能同内心那个自我进行交谈。[②] 反之，思考则意味着，人能一分为二地同内心的自我进行持续对话。这是一个溯源于苏格拉底这一西方哲学开端性典范人物的解答。而当列维纳斯面对“恶之平庸”现象时，与阿伦特不同，他没有采用诸如思与无思，“内心”或“自我”这类传统哲学路径寻求解决问题。在他那里，超越恶的可能途径，不在于人同自我良知的对话，而在于人与他人“面对面”，在于这“面对面”所带来的人从自我存在之困境中获得救赎的契机。

第一节　存在的坚硬

列维纳斯指出，恶的首要特点是存在的“过度”。[③] 这“过度”并非具有可衡量性的程度描述，而是指存在在质地上的非统合性、排他性和孤独。这是一种由于被牢牢系缚于自身，而无从与他人发生关联、无法从自我存在的怪圈中突围的感觉。这“过度”根本上就是自我存在的过度或者说僭越。它源于存在自我中心主义的特质，而具有一种自我合理化其欲望的本能。由此恶的第二个特点就是与存在的利益共谋(un intéressement à être)，且这种共谋常表现出理性的面貌。恶

① 阿伦特：《艾希曼在耶路撒冷》，安尼译，南京：译林出版社，2017。

② 参见阿伦特《思考与道德考量》一文，收于阿伦特：《责任与判断》，陈联营译，上海：上海人民出版社，2011。

③ Levinas, *De Dieu qui vient à l'idée*, Paris, Vrin, 1982, p. 197.

因而以一种貌似合理的方式存在，同神义论的结合便是其极端体现。

列维纳斯经常沿用斯宾诺莎的词汇“*conatus*（生存欲力）”，来描述存在的自我保存与努力扩张这两种所有生命体共有的基本特征。斯宾诺莎的著作《伦理学》中，有一条命题是：“每一个自在的事物莫不努力保持其存在。”[①]列维纳斯在《异于存在》中讲述存在的运作方式时，调动了拉丁词“*esse*（存在）”和“inter*esse*”，“essence”和“intéressement”等词汇，来描述存在独特的运作张力。这些描述既是他对斯宾诺莎的“生存欲力”的解读，也带着明显的后海德格尔色彩，即对存在论差异的强调，以便突出他对从斯宾诺莎到海德格尔的存在论传统的批判。

海德格尔著名的存在论差异将名词性和可对象化的存在者同动词性和非对象化的存在进行了区分，以强调存在作为“事情本身”那种不可见的深度。列维纳斯使用拉丁词“*esse*”及其衍生出来的词汇“essence”，正是为了强调事件性和动词性的存在，不同于对象性和名词性的存在者。因此，他小心翼翼地将自己笔下的“essence”与西方哲学传统中的共相（eidos）区分开来。[②] 为了强调“essence”不同于名词性共相的动词性意义和运动特征，他甚至在某些地方故意将“essence”写成“ess*a*nce”[③]，以突出该词本应使用的表示行为动作的后缀：“我们写成带 *a* 的 ess*a*nce，是为了以这个词来表示 être 一词的动词意义”[④]。他在《异于存在》一书的“篇首注解”里指出，在语言史中，后缀“ance”来源于“antia”或“entia”，可以造出表示行为动作的抽象名词。[⑤]

显然在列维纳斯那里，存在的“本质（essence）”并非一个封闭、静

---

① 斯宾诺莎：《伦理学》，贺麟译，北京：商务印书馆，1983，第 105 页，第三部分，命题六。

② 参见 Levinas, *Autrement qu'être ou au-delà de l'essence*, La Haye, Martinus Nijhoff, 1974; rééd. Biblio Essais, 1990, p. 9.

③ Levinas, *Dieu, la mort et le temps*, texte établi et annoté par J. Rolland, Paris, Grasset, 1993, p. 16; Levinas, *De Dieu qui vient à l'idée*, p. 78, p. 175.

④ Levinas, *De Dieu qui vient à l'idée*, p. 78, note 1.

⑤ Levinas, *Autrement qu'être ou au-delà de l'essence*, p. 9. 译文参照余中先的翻译（列维纳斯：《上帝、死亡和时间》，余中先译，北京：生活·读书·新知三联书店，1997，第 6 页）。

止的点，而是一种在实在和表象间无穷无尽的转化。它超出柏拉图所认为的作为起源的共相，更强调这共相在时间中的变形或时间化运动。如果说在柏拉图那里，共相是摹本的本质，那么在列维纳斯那里，本质则是所谓“共相”与“摹本”之间的关联和转化，是存在充满“韧性”“自强不息”的动态表现；如果在柏拉图那里，本质是被表象反映的客观属性，那么在列维纳斯那里，本质就是表象的运动，这种运动从自我同一化的在场（présent）到重新在场（re-présent）。列维纳斯指出，表象无论是作为知识、概念还是影像，根本上都是一种自我同一化运动：通过理性-自然之光，被观看之物进入观看者的意识，被思想之物进入思想者的思想，并被观看者或思想者“我”控制和再创造。由此，列维纳斯并不否定海德格尔的存在论差异，但却强调，存在论差异在根本上，还是“本质”的自我肯定事件，只不过是一种比传统本体论更深层更隐秘的唯我论。因此，列维纳斯说：“存在（*esse*）就是‘介于存在（inter*esse*）’。本质（L'essence）就是利益（intéressement）”，而利益则是生存者的生存欲力。[1]

列维纳斯这番关于动词性存在的领会，上承斯宾诺莎，并受海德格尔存在论差异的直接启发，又在某种程度上启发了德里达对“différance”（延异）的发现。然而，与他们对存在运动的积极态度不同，列维纳斯对存在运动的揭示是要说明存在运动的实证性（la positivité），[2]亦即利益导向。他指出，存在虽以一种中性面貌存在，但这种中性背后，总有一个自我中心的回归，这是由存在的“本质”或利益导向决定的。

第二节　理性的暴力与神义论诱惑

列维纳斯对以普遍真理面貌出现的西方哲学传统的批判旨在揭

① Levinas, *Autrement qu'être ou au-delà de l'essence*, p. 15.

② Levinas, *Autrement qu'être ou au-delà de l'essence*, p. 15; Levinas, *De Dieu qui vient à l'idée*, p. 177.

示理性与利益的合谋，以及哲学和一切智识背后的实证性特质：哲学无论如何讨论超越，最终都将回归一种关于自我存在的意识。哲学的虚假超越与真正的超越之间，是一种介于自身性与他者性之间的距离，而哲学的本性却想抹去这种差别，以一种普遍性面目出现，由此便产生了理性的暴力。

对以貌似客观中性的述谓方式出现的理论或有关真理的智识表述，人们能否追溯其意义的意义？对哲学这种以追溯世界本源为己任的理性活动，有没有一种先于其本源的本源？在人是“理性的动物”这一亚里士多德的著名表述中，是否已显明人性在“理性”和“动物性”之间的暧昧关联：理性总会需要一个动物性的立足之地，需要休憩，需要朝向自身利益的回归？这是列维纳斯从其他者伦理的维度，对哲学和智识的伦理关怀进行的著名提问。这些问题不是空穴来风，并非源于单纯的理论兴趣，而是在经历了一个充满真理之暴力的时代后，对理性和哲学危机的清醒认识。为此，德里达在其评述列维纳斯思想的著名文章《暴力与形而上学》中指出：“确切地说，我们语言的可能性及我们世界的根基并不在世上。正是在这种深层意义上，列维纳斯的思想震撼了我们。在干旱深处，在有增无减的沙漠中，这个不愿再经由对存在及现象性的根基性思想来思想的思想，使我们对一种前所未有的去动机化（démotivation）和解占有（dépossession）满怀梦想。”[①]就“去动机化”和“解占有”而言，可以说列维纳斯分享了同德里达、福柯和德勒兹等68一代的解构主义大师们相似的诉求。

在列维纳斯那里，存在的坚硬毫无疑义地体现为哲学的实证性。这种实证性并非实证主义，而是扎根于一种不可动摇的根基，牢牢附着于世界的现世性（mundanité）。观念和符号只是内容，只是作为一种肯定性的思想和语言，通过沉思指向自我同一性的回返。理论并不与实践相对，而关涉行动。在理论的洞悉与行动的掌控之间、知与存

① Derrida，*L'écriture et la différence*，Paris：Seuil，1967，p. 122. 德里达：《书写与差异》，张宁译，北京：生活·读书·新知三联书店，2001，第134页。译文参照中译本有改动。

在之间有种联合,这种联合揭示了"我是谁?"这一自身同一性事件。在此意义上,列维纳斯说,哲学尽管发源于古希腊,但终究只是一种"民族智慧(sagesse des nations)",因为它只代表某种在人们对宇宙的看法和为满足需要而采取的实践方式之间的合宜。① 它是一种在星空之下、大地之上的非暴力统治,虽源于惊异,但终将回归熟悉。因此,列维纳斯拒绝赋予哲学超越性意义。

不但如此,在列维纳斯看来,由于缺乏意义的意义,缺少真正的超越性,哲学和理性不仅陷入不可避免的危机,而且成为时代危机的网罗。人们用真理的所说(le Dit),代替回应他人的言说(le Dire),由此形成了我们时代的一种显著现象:恶与理性的联合。人们以一种超越性幻觉和对知识的信念来行"彻底的诡诈(malice radicale)"②,使道德沦为说辞(le Dit)。因此,列维纳斯在其《总体与无限》序言中,第一句话便说:"人们都会同意:弄清我们是否受了道德的欺骗,这一点极其重要。"③

他指出,20 世纪的社会历史灾难证明,广义的神义论已成为一种道德欺骗的典范,因为它为人性的诡诈正名,合法化了他人的苦难。当列维纳斯说到神义论时,他指的并不限于莱布尼兹 1710 年提出的概念,而是"同某种对《圣经》的阅读一样古老"的思考方式,④即:基于某种信仰或道德信念来解释人的苦难。在他看来,所有神义论都是一种把上帝想象成世界现实的方式。

他当然明白神义论有时具有某种积极意义,亦未忽略哲学史关于神义论的许多重要讨论。例如,莱布尼兹曾在其著作《神义论:论上帝的仁慈、人的自由和恶的根源》中指出,上帝会善用灾祸,让这些灾祸最后带来更大的福分。这一观点后来被著名诗人蒲柏通俗化为:"Whatever is, is right.(任何发生的事,皆有道理)"。里斯本大地震

① Levinas, *De Dieu qui vient à l'idée*, p. 174.

② Ibid., p. 180.

③ Levinas, *Totalité et Infini*: *Essais sur l'Extériorité*, *La* Haye, Maritnus Nijhoff, (1961); rééd. Biblio Essais, 1990. p. 3.

④ Levinas, *Entre nous*, *Essais sur le penser-à-l'autre*, Paris, Grasset, 1991, p. 106.

后，伏尔泰在其哲理小说《老实人》中不遗余力地嘲讽这种乐观主义，卢梭则在其《论天佑书》中批评伏尔泰的观点，指出神义论有助于安慰患难中的人们。列维纳斯既充分肯定神义论对个体的积极作用，如：安慰患难中孤苦无助的个体，磨练人在艰难环境下的耐力，警戒为恶倾向，等等，亦肯定神义论能帮助共同体维持机体运作的健康，如：惩戒不良社会行为，担任社会教化功能，等等。然而在他看来，神义论表面上在为上帝开脱，讲述某种高蹈的宗教或道德信念，实质上是一种基于生存价值的“政治目的论(téléologie politique)”。[①] 它以世界的现世性为旨归，服务于个体与社会在存在中的自保，以自身的健康为终极诉求。启蒙运动以来，作为无神论进步主义的核心，神义论化身为对大写自然或历史的某种天意信念与道德准则，直到 20 世纪上半叶，浩大的社会历史灾难粉碎了这一欧洲人性自我意识中的重要组成部分。

列维纳斯说：“我们对 20 世纪的感受中，最具革命性的事实或许是对这一平衡的毁灭：一方面是西方思想中或隐或显的神义论，另一方面是在这个世纪中展现的苦难及其恶所穷尽的形式。”[②]在他看来，如果说神义论作为一种古老的思维方式曾在漫长的年代存在于欧洲，并在启蒙运动后成为一种强大的政治目的论诱惑，那么在经历了 20 世纪以犹太人大屠杀为巅峰的残暴后，维持了数千年之久的神义论必须被终结。这既是因为，这场巨大灾难的发生乃是某种神义论诱惑的后果——他人的苦难被历史进步的名义合理化了，亦是因为，尼采所说的“上帝之死”在集中营里几乎是种经验性事实，而这位“死去的上帝”，在很大程度上便是神义论的上帝。

第三节　拒绝面对他人的痛苦，与主体自我中心的戏剧

在列维纳斯看来，理性的暴力与神义论诱惑带来的最直接后果，

① *Entre nous, Essais sur le penser-à-l'autre*, p. 105.

② Ibid., p. 107.

便是对他人面容的遗忘和对他人苦难的无视。这也是恶藉以伪装自我、貌似“平庸”,甚至顺理成章的原因。恶的过度既体现为一种牢牢系缚于自身的固执,以及由此而生、仿佛天经地义地对自我欲望的合理化,也体现为面对他人痛苦不为所动的刚硬。这刚硬背后是“essence”不可改变的顽固,*Conatus* 锲而不舍的坚持,和某种神义论的雄辩——在这雄辩的滔滔不绝中,他人的苦难被赋予某种原因、目的或价值。主体的自我中心则要么戏剧化为一切人反对一切人的战争,要么将存在视为一场在面向死亡之焦虑中追求绝对自我的游戏。这种现代人熟悉的游戏或者津津乐道享乐主义的“活在当下”,或者着魔于浪漫主义的“诗与远方”,或者热衷于毋需为他人负责的快乐,或者沉迷于不讲律法的爱欲。这种游戏虽表面看来无涉暴力与战争,然而其享乐和迷狂背后那种彻底的自我中心主义和虚无主义,使得游戏的逍遥或冲动很快会被现实的重力收编,成为为战争续航的动力。

在讲述神义论诱惑与拒绝他人痛苦(的恶)之间的共谋关系时,列维纳斯时常回到最古老的圣经文本《约伯记》。这同他在行文中时常出现的对文学或圣经文本的引用一样,不是为了借助权威或修辞,而是因为这些文本是对他的哲学的生动诠释,这些文本和他的哲学能够彼此照亮。他多次提到,圣经虽是犹太教和基督教的圣书,但其中包含的普世性的精神维度,可以被有心的读者发现。

《约伯记》中,约伯这位犹太传统中完全正直的义人典范,却由于撒旦对上帝的挑衅和上帝对撒旦的容忍,而忽然无辜遭遇重大患难,仿佛正直也可以成为受难的原因。而他的三个朋友却断定,他的受难若非出于他自己的罪,便是出于他的儿女或祖先的罪,总之,他的受难是合理的。这三个朋友为了坚持上帝的全知全能全善而决意牺牲对约伯的公正。他们假装自己懂得这苦难的原因和意义,劝说约伯接受这苦难,以此平息这苦难给他们自己带来的挑战和麻烦。这种做法貌似虔敬,实际上却是只顾自己心安理得,而缺少对别人的同情和怜悯。

朋友们的妄断对苦难中的约伯不啻雪上加霜。对于患难中的人,来自他人和共同体的关爱特别重要,能在很大程度上让他感受到苦难生命的意义。然而三个朋友不但不给予应有的同情，反而将他抛弃在神义论的荒漠，让他在遭遇肉体的痛苦折磨、生活的被剥夺和精神的被弃之后，几乎完全沦陷于存在的彻底孤独、黑暗和荒谬中。约伯在悲愤中为辩白自己的无辜而竭力反驳朋友们的神义论，却又不知不觉陷入到这种神义论的对立面，此即尼采式的"上帝死了"。在此意义上，《约伯记》的确如列维纳斯所认为的，很早便思考和质疑了神义论，并揭示神义论潜藏的最大危险，是拒绝面对他人的痛苦。[①]

在拒绝面对他人的痛苦背后，是以理性包裹而固若金汤的 *Conatus*。*Conatus* 在斯宾诺莎那里具有十分积极乃至神圣的含义："一个人愈努力并且愈能够寻求他自己的利益或保持他自己的存在，则他便愈具有德性，反之，只要一个人忽略他自己的利益或忽略他自己存在的保持，则他便算是软弱无能。"[②]"绝对遵循德性而行，在我们看来，不是别的，即是在寻求自己的利益的基础上，以理性为指导，而行动、生活、保持自我的存在(此三者意义相同)。"[③]而列维纳斯在沿用并承认 *Conatus* 这一概念的普遍有效性之时，却用一种截然不同的眼光来评价它。在他笔下，*Conatus* 不再是同明智和德性相关的自强不息，而是暴力和战争的根源："存在的利益戏剧化为在自我中心主义中一切人反对一切人的斗争，戏剧化为过度敏感地彼此斗争、以致引发一团混战的自我中心主义的多元性。战争是本质(l'essence)之利益的功绩或戏剧。……本质则是战争的极端共时性。"[④]

两次世界大战的经历萦绕着列维纳斯的思考和写作，在他哲学生涯的早期便体现出来。他在 20 世纪 30 年代初对时局的思考，于 1934 年结集为《对希特勒主义哲学的几点反思》；稍后发表的《论逃离》中，充满了他对纳粹之恐怖的预感。他的代表作《总体与无限》，便以对战争的忧思揭开序幕，以追问和平何以可能作结。该书《序言》的主题是理性和哲学与总体化战争之间的内在关联。他在序言开篇不久便提

① *Entre nous, Essais sur le penser-à-l'autre*, p. 110, note1.

② 斯宾诺莎：《伦理学》，第四部分，命题二十，北京：商务印书馆，1998，第 185 页。

③ 同上书，第四部分，命题二十四，第 187 页。

④ Levinas, *Autrement qu'être ou au-delà de l'essence*, p. 15.

出："清明(la lucidité)，也就是说心智向真实敞开，难道不就在于隐约看见战争的持久可能性?""无需赫拉克利特那些晦涩残篇就能证明：对于哲学思想来说，存在显示为战争；而战争则又影响着存在——不仅作为最明显的事实，而且还作为实在的显现本身或真理影响之。""在战争中显露的存在的面孔，固定于总体这一统治着西方哲学的概念之中。"[①]对此我们无需列举更多。

那么和平的确定性自何而来？在列维纳斯看来，和平的确定性既不在于理性的经济学法则，也不在于某种神义论视域，而只能来自主体放下自我，回应他人的禀赋——一种"奠基在无限观念中的主体性"。[②] 为此，列维纳斯明确将其思想问题概括为保卫主体性。这种主体性既非克尔凯郭尔式对总体的单纯自我主义的抗议与呼喊，亦非海德格尔式从面临死亡的焦虑中得到理解的自身存在，因为两者仍回归自我。他要保卫的，是一种为他人负责的主体性。

第四节　恶不可理解：对神义论诱惑的拒绝

正是由于拒绝面对他人的痛苦，由于主体自我中心化的戏剧，恶被合理化。从列维纳斯的角度看，阿伦特所说的"恶之平庸"是种普遍存在的现象。但这绝不意味着说，恶微不足道，而意味着，对恶的合理化不仅使恶显得不再耸人听闻，而且助长恶的放纵，酝酿"根本恶"的后果，从而导致"恶之平庸"与"根本恶"的共生。因此列维纳斯拒绝对恶的任何合理化解释，拒绝认为恶可以得到理解——在他看来，这是神义论的根本问题所在。而恶的不可理解，则是他视恶为"过度"的另一种题中之义。

恶的可理解和不可理解性是恶之难题的一个关键方面。利科指

---

① Levinas, *Totalité et Infini*: *Essais sur l'Extériorité*, p. 3. 此处参考中译文有微小改动。列维纳斯：《总体与无限》，朱刚译，北京：北京大学出版社，2012，"前言"，第1、2页。

② 列维纳斯：《总体与无限》，朱刚译，"前言"，第7页。

出，当我们试图以逻辑上融贯一致的语言来谈论恶时，恶就会具有谜一般的性质：在上帝的全知全能全善与恶的存在之间，总有某种无法克服的失败，因此，恶对哲学和神学构成了一个独特的挑战。① 当我们对恶的思考被试图纳入到我们要求不自相矛盾的理性，以及我们倾向系统性统和的天性时，就会产生一种如利科和列维纳斯所批评的“存在-神学性(onto-théologique)”思想。然而这种理性解释常常只是满足自己，却可能是对他人痛苦的拒绝，如约伯的朋友们那样。因此利科指出，关于恶之谜的思考不是为了解谜，而是要关怀道德和政治意义上的行动，以及情感方面的精神转型。② 在这一点上，列维纳斯同利科是一致的。这种一致同犹太-基督教传统的影响不无相关性：圣经并未从本体论角度解答恶从何而来，其本性是什么之类的问题，而是关心人们如何面对恶的挑战，告诉人们如何面对恶的持存而不失去战胜恶的希望。

实际上，坚持恶不可理解，代表了那个时代一些犹太知识分子拒绝让记忆妥协，坚持传递关于恶之记忆，以便让人们保持对责任之警醒的努力。在这方面，著名纪录片《Shoah》的导演朗兹曼便是一个典范。他拒绝一切直接再现过去、一切通过想象或虚构来重新组织和表现“Shoah”的做法。他将这些理解恶的尝试称为“极其卑鄙的理解工程”③。他以长达九小时的纪录片《Shoah》来表现对不可理解和言说的“Shoah”之记忆的传递。它不仅是关于“Shoah”的某种不可表述的表述，还提供了对历史与见证之复杂关系的深远洞悉。它见证的是有限制的经验——这些经验一方面承担着对真实的见证，另一方面又不断地动摇着真实。④ 对于朗兹曼，“只有传递(见证)的行动是重要的，在此之前不存在任何真知灼见”⑤。整部纪录片充满了这种在理解与

---

① Paul Ricoeur, *Le Mal: Un défi à la philosophie et à la théologie*, Genève: Labort et Fides, 2004, pp. 19 - 21.

② Ibid., p. 21, p. 56.

③ Claire Crignon (ed.), *le Mal*, Paris: Flammarion, p. 27.

④ 参见马欣宇：“‘无可言说’与‘坚持言说’——《Shoah》记录影像的内在张力”，2018 年华东师范大学本科毕业论文。

⑤ Claire Crignon (ed.), *le Mal*, p. 27.

再现"Shoah"的不可能，和传递记忆、见证与言说"Shoah"的必要性之间的巨大张力。

阿伦特对恶的思考同样是在这种张力中进行。以《起源》为例，一方面，她在初版序言中表明了一种要以尝试"理解"的态度来"承负"和"抵抗"前所未有之灾难的愿望："理解并不意味着否定暴乱，援引先例来解释史无前例的事实，或者用类比和概括来解释现象，以致令人不再感到现实的冲击和经历的震动。相反，理解意味着有意识地检视和承负起本世纪压给我们的重担——既不否定它的存在，也不在它的重压下卑躬屈膝。简言之，理解意味着无论面对何种现实，总要坦然地、专心地面对它、抵抗它。"[①]在此，理解与其说是通过客观科学的认知方式从智性方面掌控，毋宁说是一种充满道德关切的反思，在很大程度上意味着道德担当：在一个传统无法给予指引的时代、断裂的时代，通过对现实的反思和对话，试着在世界中找到"回家"的感觉。

另一方面，这里所说的"理解"与承认恶的不可理解可以并行不悖。阿伦特在此书中便指出，"根本恶"是无法理解、只能描绘的现象。纳粹那种企图消灭人类存在的差异性与复数性的暴行，超出了一切可以用理性与功利性计算来理解的动机，也超越了过去的哲学和神学传统对恶的理解，因而造成了"根本恶"。

在《艾希曼在耶路撒冷》中，恶的可理解性与不可理解性之间，张力更为巨大。一般认为，阿伦特在此书中部分修正了她关于恶的提法，将"Shoah"之恶的不可理解性化解为某种具有可理解性之举——个人难辞其咎的现代行政性屠杀。这具体体现为以下两方面：其一，"根本恶"虽没被否认，但毕竟是以"反人类罪"的名义被法律体系收编；其二，"恶之平庸"虽未否认"根本恶"的现实后果，但毕竟是在一种去神学色彩的世俗化框架内，提出"恶没有深度"[②]。为此，该书一方面

① 阿伦特：《极权主义的起源》，"初版序"，第 2 页。参照英文原著有少量改动。

② Hannah Arendt, "'A Daughter of Our People': A Response to Gershom Scholem," in *The Portable Hannah Arendt*, edited with an Introduction by Peter Baehr, Penguin Books, 2000, p. 396.

招来许多批评，认为这种做法忽视了犹太遇难者身份的独特性，缩减了恶之问题的复杂性，另一方面也得到了诸多嘉许，使阿伦特成为平克所认同的“解构纯粹邪恶迷思”的先驱。[①]

但若仔细观察，不难发现，在此书“后记”“德译版前言”以及其他一些文章如《思考与道德关切》中，阿伦特都截然否认“恶之平庸”是一种关于恶的理论，或有能对这种现象进行解释的理论：“当我说到‘恶之平庸’，仅仅是站在严格的事实层面，我指的是直接反映在法庭上某个人脸上的一种现象。”[②]“本书……不是一篇探讨恶之本质的理论文章。”[③]“既没有针对这一现象的解释，也没有针对这一现象的理论。”[④]当阿伦特讨论“恶之平庸”与“无思”的关联时，其意图不在于将“无思”作为恶的理由或解释，而是说明作恶者何以人格肤浅与盲目自欺，揭示了现代人生存状态的无根性。而思在她那里，与其说是一种认知活动，不如说是一种让人能从他人或另一个自我的角度进行道德判断的习惯。因此，即便在“恶之平庸”这个表达中，恶依然带有不可理解的色彩。

列维纳斯明显比阿伦特更彻底、更倾向于认为，恶在根本上不可理解。虽然这种感受来自他对“Shoah”的亲历，但他的这一立场不仅表现于对《约伯记》的评论，亦表现于对恶的普遍特性的评论。他认为，不仅存在某些恶，例如“具主观恶毒性质的恶以及那些既无人负责亦无人回答的恶”[⑤]，明显地全然不可理解，而且，“所有的恶彼此指涉和影响”[⑥]。他指出，在奥斯维辛这个词所意味的“魔鬼般的恐怖”[⑦]中，包含了 20 世纪所有其他的政治性邪恶。[⑧]

---

① 斯蒂芬·平克：《人性中的善良天使——暴力为什么会减少？》，安雯译，北京：中信出版社，2015，第 574 页。

② 阿伦特：《艾希曼在耶路撒冷》，第 8 页、第 306 页。

③ 同上书，第 304 页。

④ 同上书，第 307 页。

⑤ Claire Crignon (ed.), *le Mal*, p. 26.

⑥ Ibid., p. 18.

⑦ Levinas, *Entre nous, Essais sur le penser-à-l'autre*, p. 107.

⑧ Ibid., p. 108.

对于列维纳斯，恶的不可理解性在于存在的过度性和深渊性特质。他认为，恶虽不是某种行为类型、人格缺陷或政治实践，但却是存在的某种方式——存在的过度；而善，则是超越存在。他这种对善恶的理解实际上是对西方传统存在论神学的反拨。奥古斯丁早在同诺斯替的斗争中就指出：恶并非某种事物、物质或某种存在；恶是非存在，是虚无。阿奎那接续奥古斯丁，指出恶是存在的匮乏。这种观点长期以来统治了哲学和神学。但列维纳斯却认为，恶不是存在的匮乏，而是存在的过度。恶是存在的匮乏说将存在与善同一，忽视了存在具有发展为恶的倾向。匮乏说实际上预设了存在与虚无的辩证法，和善恶二元论辩证法，难免演化为墨菲斯特与浮士德的暧昧关系——二者互为镜像、互相成就，实为一体。最终，由于存在自身具有过度性倾向，则让存在和以存在为标准的善，都演化为恶。

应当说明，列维纳斯并不认为存在必然是恶的。在《总体与无限》的结论部分，他甚至期待存在成为善。[1] 总体而言，他认为存在是中性的，而且是通达超越的必经之途，存在优于非存在。[2] 然而，他始终更为强调，一切中性事物，在其非伦理的外表背后，都有一种向其自身利益回归的本质——此即存在具有过度性倾向的缘由。因此，存在不能成为善的标准。存在的过度性意味着：存在不仅无法超越恶，而且正是恶的构成性要素；存在具有深渊性的特质，只有通过圣经中的希望、上帝的祝福和约伯式的信仰才能获得超越。

因此，列维纳斯认为恶不可理解并非拒绝思考恶，而是拒绝让恶得到合理化解释，拒绝神义论诱惑，并邀请人们以另一种方式来思考恶，即面向他者，超越存在。在他那里，透过面容背后“你不可杀!”这一命令，恶的不可理解性同尊重他人的绝对他者性关联起来，而抵制神义论诱惑则是超越性的前提。

---

① Levinas, *Totalité et Infini*: *Essais sur l'Extériorité*, Conclusion, «12. L'être comme bonté-Le Moi-Le pluralisme-La Paix»

② “出越和幸福都必须立足于存在，因此，存在胜过非存在。”列维纳斯：《从存在到存在者》，吴蕙仪译，南京：江苏教育出版社，2006，“前言”，第1—2页。

第五节　从心智囚笼到责任的醒悟：对鲍曼的启迪

当代著名社会学家鲍曼在其《现代性与大屠杀》中大声疾呼：应当恢复一种人性的羞耻感。他希望，在一个理性利益与良知背道而驰的系统内生活的普通人，当被自我保全的本能战胜而对邪恶保持沉默时，至少还能够为个人的软弱感到羞耻。只有这种羞耻心，“才能砸破比其建造者与看守者更为长命的心智的牢笼”[①]。他整本书的主旨便是要揭示，在现代性的巨大罪行背后，有一个理性主义的心智牢笼。这一观点既继承了韦伯在《新教伦理与资本主义》中对现代理性囚笼的批判，赓续阿伦特在《艾希曼在耶路撒冷》一书中对“行政性屠杀”这一新型现代犯罪的揭橥，也坐实了列维纳斯对20世纪重大社会历史灾难的诊断：这是理性与恶结盟而产生的合理之恶，一种神义论诱惑下的“恶之平庸”。

如何突破这个心智的囚笼，终止道德与实用的结盟？对此鲍曼毫不犹豫地引用列维纳斯：“20世纪最伟大的道德哲学家列维纳斯告诉我们，道德行为仅仅就是由作为一张脸的他者，也就是作为一种没有力量的权威的他者的存在而驱动的。他者以不威胁将有惩罚或不许诺将有奖励而提出要求；他的要求不带约束力。他者不能做任何事情；准确地说是他的无力将我的力量、我的行动能力展现为责任。为这种责任所做的一切就是道德行为。”[②]

针对理性利益与恶合谋的现代困境，鲍曼从列维纳斯那里得到不少辨识问题的启发。列维纳斯在《总体与无限》的结论部分明确指出，其全部工作的主要意图，是“反对关于中性之物的哲学”，无论是海德格尔无人格的存在，抑或黑格尔无人格的理性。[③] 这些哲学以存在为

---

① 鲍曼：《现代性与大屠杀》，杨渝东、史建华译，南京：译林出版社，2002，第268页。

② 同上书，第277页。

③ 列维纳斯：《总体与无限》，朱刚译，北京：北京大学出版社，2016，第290页。

由来消融"面容"的临近，以观念的名义推崇对人的奴役和取消对他人的责任，以处境的决定论枯竭对他人大写的渴望。受其启发，作为社会学家的鲍曼在反思大屠杀所揭示的现代社会的道德困境时指出：现代社会无法为自身提供解决道德困境的精神资源；启蒙主义的进步观念，通过社会制度的完善来控制甚至提升脆弱人性的观念，都是站不住脚的。[①] 因为，除了不受约束的自我扩张本能，技术自身没有任何可以对其选择的方向进行评价、衡量和批评的智识或道德基准点。而技术的专制统治在现代社会通行无阻的办法与后果则是：1)把行动结果移出道德约束能够触及的范围；2)以技术和工具的价值评价行动对象，将他者的"面容"抹去；3)拆分行动目标，使其丧失完整的道德主体性。[②] 由此，精心组织起来的现代社会，便能轻易向技术规则和理性的心智囚笼屈服，埋没他者的面容，"把人类社会性的善恶中性化推到了一个史无前例的深度。"[③]

因此，对于我们这个越来越悬搁超越性，只关心其自身的再生产和拓展目标的世界，鲍曼发出了作为一个社会学家的警报："谁还会比我们这些社会学家和社会与政治现实的研究者，更加会怀疑那些哲学家们正确地证明了在逻辑上无懈可击、不容置疑的真理，是否在现实世界中真的可行。又有谁会比我们这些社会学家更适合于提醒我们的同胞们，在必然与现实之间，以及在道德限制对于人们生存的意义与打定主意不要有道德限制而生活下去——在此之后幸福地生活下去——的世界之间，存在着的那道鸿沟。"[④]在很大程度上，鲍曼借鉴和分享了列维纳斯对 20 世纪之恶的洞见，并从社会学家的角度对其进行了分析。而对其可能的拯救之途，鲍曼显然也只在列维纳斯而非韦伯或阿伦特那里发现了头绪：承担起同他者面对面的道德责任，此外别无他途。

---

① 鲍曼：《现代性与大屠杀》，第 276 页。

② 同上书，第 279—280 页。

③ 同上书，第 285 页。

④ 同上书，第 286 页。

第六节　别样的现代性

列维纳斯对20世纪恶与责任的思考使他对现代性问题有独特洞见。作为亲历20世纪黑暗与暴力的犹太人哲学家，他既对启蒙运动以来乐观的进步主义不能苟同，也反对彻底拒绝现代文明、闭关自守的保守主义。总体而言，他对现代性持一种温和的自由主义立场。在他看来，现代性的政治安排在处理人性的政治形式以及对世界历史的开放性上有其不可否认的真理意义，因此，尽管犹太民族曾在现代性进程中遭遇重创，但不应就此拒绝现代性历史进程，退回前现代文明的洞穴，而仍要以一种清明而智慧的开放态度，大胆而有选择性地进入这场冒险之中。

对于现代性，列维纳斯通过对犹太智慧的创造性转化，而提出一种积极的模态，即以面对面的人际秩序作为一切秩序的内核。这种人际秩序不同于任何一种社会契约论参照某个法律、政治或正义概念形成的中性逻辑，而是基于一种能为他人的痛苦而痛苦的主体性，和"他人在我之先"的责任意识。这种责任意识不同于利他主义，因为利他主义仍然带着某种功利性计算，仍是工具理性的产物。这种责任意识也不是非政治的，而是在经历了一个道德被政治目的彻底征用的"恶之平庸"时代后，人们赖以抵制存在之坚硬与理性之暴力的最后堡垒。

如果说现代性的特征是一种对主体性的激进化，那么列维纳斯所提出的责任先于自由、能为他人的痛苦而痛苦的主体性，则是对现代性的批判性改良；或者说，是一种别样的现代性。在他看来，现代性并不仅仅意味着以大写的历史和自然作为理解人类社会的基础，也应当能够在断裂与回归、知识与社会之间进行某种"调整(l'alternance)"。[①] 在调整中，若非重视与邻人的面对面，复古便未必比断裂更有意义。"调整不是一种对综合的简单预设，而是定义了时间本身，定义了在谜

---

① Levinas, *De Dieu qui vient à l'idée*, Paris, Vrin, 1982, p. 207.

样的历时性中的时间：永无抵达的朝向，没有目标的瞄准；调整意味着一种暧昧性，介于无尽的延迟，与征服及占有的进步之间；调整也意味着接近一个无限的上帝，在其迫近中接近。”①

在这别样的现代性中，接近一个无限的上帝，就是与他人面对面。在这里，传统、现代与后现代，神圣、世俗与后世俗之间的界限已被擦去，剩下的，是被更新的自我，和意义的意义。

① Levinas, *De Dieu qui vient à l'idée*, Paris, Vrin, 1982, p. 207.

第十章　从苦恼到朝向他者：列维纳斯关于恶的现象学

身为犹太人，20 世纪的社会历史灾难是激发列维纳斯思考的现实背景和思想酵素，恶的问题是贯穿他一生哲学追问的思想线索，也是其关键词"纯存在(il y a)""他者"和"上帝"等意义敞现的思想视域。虽然对恶的直接论述不多，但在很大程度上，他对存在和存在论差异的思考就是对恶的反思。

除了对恶的一些现象学描述，诸如将恶描述为"过度(l'excès)"、内含意向性，以及对恶的厌恶，[①]列维纳斯没有给恶下过定义。恶在哲学史上，实际上也是很难被定义的。帕斯卡说："恶很容易，有无限繁多，善却近乎唯一。"[②]利科则指出，恶是个谜样的词。至少在西方犹太基督教传统中，这个词包括了一些既相近又相异的现象，诸如：罪、苦难和死亡。甚至可以说，正是由于包含着对苦难的参照，恶有别于罪和罪责。[③] 实际上，法语中的恶"mal"这个词便有别于英语中的"evil"："mal"既有邪恶(evil)，也有痛苦(suffering, pain)的含义，既是作恶，也是受难。这完全不同的两种含义，为何能用一个词表达？利科称：在作恶和受难的差别中有种"相同的谜样的深度"。[④] 列维纳斯在其一篇关于恶的重要文章"Trancendence et Mal"("超越与恶/痛

---

① 参见"Trancendence et Mal"("超越与恶/痛苦")一文，收于 Levinas, *De Dieu qui vient à l'idée*, Paris, Vrin, 1982.

② *le Mal*, p. 11.

③ Paul Ricoeur, *Le Mal: Un défi à la philosophie et à la théologie*, pp. 21－22.

④ Ibid., p. 22.

苦”)中,便同时涉及了“mal”一词作为作恶与受难的两种含义。其中的合理性,既是由于邪恶会导致苦难,也是因为邪恶与苦难不只有自然与物理方面,也有精神性层面:遭受不幸的人感受到同存在之链的脱节,一种被抛弃和排斥的状态;而作恶之人,亦处于同上帝、他人以及同世界之关系的出离。

利科总结说:“对于遭遇的恶、受苦或作恶,没有直接的非象征的语言。当人们声称对某种恶负责或受到了某种恶的伤害时,他们首先是在一种象征意义上谈论恶。”①他指出,恶既不是某种事物,也不是某个概念,而是一个象征性的语词。当我们试图以逻辑思辨的语言来谈论恶时,恶就会具有谜一般的性质,因此,恶对于哲学和神学构成了一个挑战。

列维纳斯很少正面讨论恶。即便当他讨论恶时,他的焦点也不是追问恶的本质或本体是什么,而是试图藉着对恶的诘问通往对善的领悟。他深知,对于心灵,恶构成了一种诘问,但不属于那些人们以某个观点或某种解决方案就能应付的问题。因为,对恶的超越之道,不是通过解答,而是通过善:“超越存在之诘问,所得到的并非一个真理,而是善。”②同样,对善的追求也不在于获得善的知识,而在于善的践行。在列维纳斯那里,善就是对他人的“渴望”(désir d'autri)和朝向上帝。这渴望不同于需求(besoin)或享乐(jouissance):这二者最终回复到自身,而渴望他人则是将他人作为绝对他者,是一种作为形而上学的“第一伦理学”,让人超越存在。在此意义上,恶同善一样,超越知识和理性,而指向与他者的关系与行动。

第一节 苦恼:恶作为“过度”的精神现象

列维纳斯指出,恶的首要特点是存在的“过度”,其精神上最尖锐

① Paul Ricoeur, *Le Conflit des interprétation*, Paris: Seuil, 1969, p. 285.

② 列维纳斯:《从存在到存在者》,第11页;Levinas, *De l'existence à l'existant*, p. 28.

的表现是苦恼。这“过度”并非指数量上超标，而是描述一种断裂性的实质(quiddité)。[1] 它描述这种状态：被孤独而牢固地系于自身(soi)的物质性生存而无法摆脱，以至既无开端，也无终结，既没有他人，亦无自我(moi)。这状态与正常秩序或标准脱节，出离世界之外，不可能被综合统一，也不可能被归置于任何一种逻辑、形式、类别或整体，仿佛是某种存在的“超越”性。“痛苦(la souffrance)作为痛苦，只是对不可统合、不可证成性事物的具体和半感性展示，恶的‘质量(qualité)’就是不可统合性(*non-intégrabilité*)本身。(……)恶不仅是不可统合之物，也是不可统合之物的不可统合性。”[2]

列维纳斯通过“过度”来描述恶的不可见的精神现象。在此，恶的过度性并非指痛苦或暴力程度方面，不是物理事实上的描绘，而是精神现象上的描述，是描述“恶的恶意性(la malignité de mal)”。[3] 恶的恶意性在于，恶指向世界的终结，让人自绝于世界和他人，封闭在与世隔绝的孤独中。这种对恶的描述同他对“il y a”的描述是一致的。

回顾列维纳斯的早期著述，他正是在 il y a 中描述恶，而且这些关于 il y a 的描述也正包含某种“过度”的性质：“从本质上说，存在是奇特的，它撞击着我们，如黑夜一般，将我们紧紧地裹挟，令我们窒息，痛苦万分，却不给我们一个答案。这就是存在之恶。”[4]“那无法免除亦无可逃离的存在观念构成了存在根本的荒谬性。存在是恶，不是因为存在的有限，而是因为存在没有限度。”[5]通过 il y a，列维纳斯揭示了存在的可怕处境：孤独地固着于自身当下的物质性生存，既无他人，也没有来自他人的召唤帮助我浮出一种渊面混沌黑暗的空虚处境。这是一种没有起源和创世，没有未来，也没有主体“我”的荒凉。荒凉不是因为没有存在，而就是存在的一种状态——存在的过度。

---

① Levinas, *De Dieu qui vient à l'idée*, p. 197.

② Ibid., pp. 197 - 198. 着重号为列维纳斯原文所有。

③ Ibid., p. 197.

④ 列维纳斯：《从存在到存在者》，第 11 页；Levinas, *De l'existence à l'existant*, p. 28. 少量字词参照原文有改动。

⑤ Levinas, *Le Temps et l'autre*, p. 29.

列维纳斯经常借助文艺作品来帮助反思"il y a",为此既涉及现代艺术对异域感的审美趣味、布朗肖作品中的"中性"、策兰诗歌中的他者性,也涉及经典悲剧名著,特别是莎士比亚的《哈姆雷特》——这部列维纳斯眼中"悲剧的悲剧"。《约伯记》则是列维纳斯在思考恶时常用来帮助深入理解问题的文本。约伯在苦难中发出叹息"求你停手宽容我,叫我在往而不返之先,就是往黑暗和死荫之地以先,可以稍得畅快。"(10:20)"就是把你的手缩回,远离我身,又不使你的惊惶威吓我。"(13:21)Chalier 指出,约伯这种被上帝追击到无处可逃,求生不得求死不能的感觉,与深陷存在之罗网的感觉相连,[①]以致他呼求:"愿神把我压碎,伸手将我剪除。"(6:9)"甚至我宁肯噎死,宁肯死亡,胜似留我这一身骨头。"(7:15)

在列维纳斯看来,约伯遭遇的苦难,固然首先是我们能够感同身受的家破人亡之痛、身体发肤之苦,但在这些痛苦之外,约伯感受到了恶(痛苦)最尖锐的内核——"angoisse(苦恼)"。

"angoisse"是与海德格尔《存在与时间》中的"angst(通常中译为'畏')"对应的法语词。列维纳斯指出,约伯苦难的核心,苦难中的苦难,正是那与其肉体之痛具有同样深度的精神上的苦难——一种人际关系中的**被弃**:羞辱、孤独与迫害。[②] 这种在其肉体之痛中感受到的"angoisse",与海德格尔哲学意义上的"angoisse"相通。[③] "angoisse"作为海德格尔意义上的"畏",有别于对具体事物的"怕",是对死亡背后之虚无的预感和揭示。这种情绪"能够把持续而又完全的、从此在之最本己的个别化了的存在中涌现出来的此在本身的威胁保持在敞开状态中"[④]。海德格尔强调,"畏"让人在面对"必须独自去死"的事实面前,从此在的根部获得自我领会,由此而从世界中抽离,学习孤独地向死存在。列维纳斯对"angoisse"的理解,却全然不具海德格尔式的英雄气。海德格尔的"畏"所开启的,是一种立足于绝望和虚无的勇

---

① Catherine Chalier, *La Persévérance du mal*, Paris, Cerf, 1987, p. 42.

② Levinas, *De Dieu qui vient à l'idée*, p. 196.

③ Ibid., pp. 195–196.

④ 海德格尔:《存在与时间》(中文修订第二版),第 367 页。

气，这种勇气让人在向死而在中走向孤独和绝对的唯我主义。而在列维纳斯看来，“angoisse”所对应的，是生命和存在的绝境、无意义与荒谬：“疼痛之恶，其要害所在，是一种绽出（l'éclatement），作为荒谬最深刻的表达。”①这种荒谬完全不具任何积极意义，只是一种亟待救赎的状态。

列维纳斯对恶作为与荒谬对应的“angoisse（苦恼）”，以及作为与“被弃”和“出离”对应的“non-intégrabilité（不可统合性）”“inassumabilité（不能承受性）”②的理解，显然带有深刻的圣经痕迹。在圣经中，恶与痛苦的根源在于人对同上帝之约的背叛，从而背叛了与世界的和谐关系，陷入以自我存在为绝对的虚无主义深渊。我们不难在基督教文学经典中看到对这种作为存在之过度的恶之经验的表现。奥尔巴赫谈论但丁《神曲》第十歌对地狱第六圈中的人物、燃棺居士法利那太和加发尔甘底的描述时，反复赞叹其形象的鲜明与传神。但丁让他们在相同处境下始终各自保持着尘世生活时的鲜活个性与特征。这些地狱中人无论是像法利那太那样，始终坚持自己在尘世时那种超然的道德力量、蔑视当下的地狱处境，还是像加发尔甘底那样，表现出从未如此强烈的对尘世生活的向往和对儿子的爱，都同样体现出一种“特别的永恒境地”和“上帝的判决”，此即：他们的尘世本性“一如原样在无望的徒劳中延续”③。

奥尔巴赫指出，在但丁这个宇宙建筑师的笔下，地狱之为地狱，除了种种阴森可怖的场景之外，更在于这种被困在尘世生活的“永恒境地”，这种欲罢不能的永罚处境。“他的死者虽然已经脱离了尘世的现时和变化，然而回忆和对其热切的关心依然驱使着他们，以致彼世的景色完全为其所充溢。在炼狱山和天堂这种氛围就没有如此强烈，因为那些地方的目光不像地狱里的只是往后看尘世生活，而是朝向前方和上方，因此我们越往上走，就越加清晰地将尘世的存在与其神的目

---

① Levinas, “La Souffrance inutile”, *Entre nous*, *Essais sur le penser-à-l'autre*, p. 102.

② Ibid., p. 100.

③ 埃里希·奥尔巴赫：《摹仿论》，吴麟绶、周新建译，北京：商务印书馆，2014，第 226 页。

的看作一体。”[1]但丁以神来之笔揭示：地狱与炼狱和天堂的差别，不在于一种外在于尘世生活的处境，而是在尘世生活中所体现出来的“过度”固着于尘世的存在样态。就像罗得的妻子，由于其恋恋风尘，不舍地回头张望应当离弃的故居，而变成了一根盐柱。(《创世记》19：26)

但丁的宇宙建筑深谙地狱与天堂的奥秘：如果说地狱之为地狱，在于其以自我为中心的无望、热切而固执的徒劳，那么天堂之为天堂，不在于对尘世的取消，而在于其中每个尘世的瞬间都有上帝之爱“随时”与“直接”的光照，在于这些瞬间经由彼岸和上帝这一绝对他者而获得“完成”。[2] 也就是说，“从每个尘世事件和每个尘世的显现随时都与上帝的计划紧密相连的意义上去理解它，而且这种联系丝毫也不依赖发展。也就是说，尘世间的每个现象通过大量的垂直联系直接关系到上天的拯救计划。”[3]由此，天堂之于尘世，永恒之于当下，他者之于自我，才构成了一种“完成”或者说救赎。这也正是列维纳斯对终末的思考：“重要的不是那最后的审判，而是对生者于其中受到审判的时间中的每一时刻的审判”；[4]末世不是未来某个作为终结的时间或“超”时间，而是与圣言同在的当下时刻。而恶，则是这种“同在”的不可能，是不可统合性与不可承受性，伴随着被困于自我存在之孤独的苦恼。

第二节　恶触动灵魂与大写之“你(Toi)”的关系

列维纳斯描述恶的现象学的第二个方面，是恶对灵魂“意向(intention)”的触动，对灵魂与大写之“你”——上帝——之间关系的

---

① 埃里希·奥尔巴赫：《摹仿论》，第 227 页。

② 同上书，第 228—230 页。

③ 同上书，第 228 页。

④ Levinas, *Totalité et Infini*, p. 8.

激发。[1] 列维纳斯晚年在《恶与超越性》一文中，借助对 Philip Nemo《约伯记》解读的评论，深刻表述了他关于恶的现象学。在此，他视恶为感知超越性的契机。这既是他关于恶之问题的独到见解，亦是他对以黑格尔和海德格尔为代表的某种"存在论神学"类型中的"超越性幻觉（l'illusion transendantale）"[2]之批判。在他看来，无论恶还是超越性，都不是一个智识问题，而是伦理和精神质地的判断。在此意义上，他视伦理而非存在论为形而上学的开端和"第一哲学"，因为形而上学的旨趣是超越。

遭遇巨创不幸之人常会本能地寻找不幸的根源，认为自己被某人或某个诸如"老天爷"之类的神灵刻意"对付"了。即便遭遇的是极其偶然的无妄之灾，人们在求告无门之剧痛中，也难免像约伯那样指责"老天（上帝）怎么没长眼睛？"，难免质问为何不幸偏偏发生在"我"而非其他人身上。人们是在一种极其个体化和切身性的处境中与恶迎面相遇。对此列维纳斯描述说，恶是一种对我的"瞄准"。[3] 然而这"瞄准"的特殊性在于，它不只是发生于外部的客观事件，更是一种内在心灵的创伤，即我们前面说到的"angoisse"。

但列维纳斯指出，这只是恶的"瞄准"所意味的一个面向，还有另一面向：被恶"瞄准"、遭遇迫害也是灵魂苏醒的机缘，因为恶唤醒了人们对意义的感知。灵魂在受迫害之痛中开始敏感于善恶有别，并质询大写之"你"，由此产生了列维纳斯描述恶之现象的第三个方面——恶是对恶的厌恶（la haine du mal）。[4] 往往正是藉由对恶的厌恶，人们才能领悟上帝之善的纯全宝贵。人对上帝的认识和爱，常是从对恶的切身感受开始的。这是灵魂真正认识自我、世界和上帝的契机。对善恶差别的领会既是人的第一堂成人课，也是对上帝的启蒙课。这对于生活在无神论时代的现代人而言，更是如此。在此意义上，恶是一柄

---

① Levinas, *De Dieu qui vient à l'idée*, p. 200.

② Ibid., p. 190.

③ Ibid., p. 200.

④ Ibid., p. 203.

双刃剑，既可以让灵魂麻木冻结，也可能促使灵魂迫切寻找精神转向的契机。在此意义上，拒绝让记忆向恶妥协，保持对恶的见证与记忆，便具有了一种极其重要的意味。这种重要性显然不仅在于让我们对恶保持警惕，不让历史重演，更在于让我们对善保持敏感与热爱。因此，但丁笔下的朝圣之旅似乎注定了只能以行至人生中途、深昧人世险恶的幽暗森林开始。然而这并不意味着，上帝被当作了某种道德功能，而是说，人们有可能在对善恶差别的感受中开始领会"无限"的意义，并发现他者处身于"无限"的"踪迹"之中。

列维纳斯指出，首要的形而上学问题，是对善恶的追问，而非对事物存在与否的好奇，[①]此即缘何伦理学先于存在论。这也是彼岸与此岸的差异，和彼岸对此岸的超越性所在。超越性不是否定性，而是善恶有别。且善不是一个抽象概念，而是对他人的责任，意识到他人在我之先。只有经由与作为绝对他者的大写之"你"的关系，人才能超越善恶无分的世界。

第三节　恶是朝向他者的契机：面容与超越

然而，若仅将彼岸和大写的"你"视为对此岸的抽象超越与对立面，这在列维纳斯看来，难免又会重新沦为某种神义论。[②] 他指出，神义论的特点，就是将彼岸与此岸纳入一个整体、一个系统，或一种综合中，以致彼岸成了对此岸的证成，此岸成为对彼岸的成全。这种神义论倾向始于圣经传统，而非仅从莱布尼兹的命名开始。其最大问题，是对恶的合理化解释。里斯本大地震后以伏尔泰为代表的启蒙哲学家曾对神义论进行了严厉批判，然而，启蒙哲学家虽动摇了传统神义论，却无法阻止以黑格尔哲学为代表，以进步史观为圭臬的现代神义论兴起。列维纳斯正是想要通过他者、面容和无限，通过奥斯维辛之

① Levinas, *De Dieu qui vient à l'idée*, p. 200.

② Ibid.

后的上帝——体现为为他人的苦难受苦的主体性——来撼动这个现代神义论传统。

因此列维纳斯对恶之思考的独特，在于他试图超越否定辩证法。恶作为"过度"，已然是对一切统合性和辩证法的拒绝，而善在他那里，同样有种"过度"的性质。善的"过度"，虽然他在《恶与超越性》一文中谦逊地称之为 Nemo 的创见，但其实早已在他自己之前的著作《总体与无限》中得到过深刻缜密地阐发：善，就是渴望那不可见、不可被满足的，是渴望无限。这大写的渴望（Désir）作为一种爱的满溢（Surplus），既不同于因匮乏而产生的需要，也不同于享乐的欲望，而始终超出人们的所想所求。在此意义上，作为超越的善，就是永不停息地向善，是期待那永远在期待之中的无限。①

那么，善的"过度"与恶的"过度"之间，是否构成一种二元对立或否定辩证法？至少它们在表述上有种对称性。在列维纳斯那里，意味着不可统合性的"过度"，显然是对总体性的突破。而善的"过度"对恶的"过度"，则构成了回应和超越。只是这种回应与超越并非经由抽象的逻辑与观念，而是经由物质性的具体内容——来自他人面容的启示。

面容的启示意味着：在瞄准和追逐着我的恶中，他人遭受的恶能触及我；我在自身的痛苦中察觉他人的痛苦；仿佛在我悲叹自己遭受的恶和痛苦，深陷恶的"过度"及其"angoisse"以先，我有责任先回应他人的痛苦。由此，恶的孤独与被弃便有可能被一种为他人的善穿透；由此，我所遭受的迫害得以升华，成为牺牲——向神的献祭；由此，痛苦不再显得纯然荒谬而难以忍耐。因为与他人隔绝是痛苦最尖锐的内核，而当意志放下其自我中心，将重心移出自身之外，能够"为了……人"而忍耐、受苦和牺牲时，暴力、痛苦和死亡的无意义与荒谬才变得可以承受，受难被转换为激情（Passion）。对此艰难的超越，列维纳斯

① 参见 Emmanuel, "Métaphysique et transcendance; 1. Désir de l'invisible," *Totalité et Infini*, pp. 21－24。

称之为“忍耐(la patience)”,[1] Chalier 则称之为“善的战栗(le tremblement du bien)”。[2]

事实上,“Passion”这个法文词的拉丁词根“*Patī*”就是“受难、忍受”。“*Patī*”也是“Patience(忍耐)”的词根。其过去分词“*Pass*”的名词形式“*Passio*”在后古典主义时期也被用来指称希腊词“*Pathos*(耶稣受难)”的含义。由“*Pass*”衍生出来的“Passive”,由于意味着“能忍受痛苦”而演化为“被动”的意思。

列维纳斯虽然批判神义论和与神义论相联的上帝,但并未放弃超越性和一个没有神义论的上帝。只是这是一个隐藏于他人面容背后的缺席的上帝,有着他人面容的苦弱与卑微。因此在他的哲学中,超越性不是概念的否定辩证法和二元对立,并非对恶的简单倒转,而是通过与他人的苦难面对面,来体现出善对恶的优先。由此,超越性成为了对恶的艰难担当,和对人类灵魂尊严的提升;由此,同恶相遇的不幸成为唤醒心灵、感知他者的契机。事实上,在现代理性组织起来的社会,或许唯有经由对痛苦/恶的体验,才有可能让人穿透理性的厚墙,通达对他人的同情与倾听。

与其说这是一种对恶的知识,不如说是对恶的超越之途。是在经历过一个灾难的世纪后,对主体责任意识之觉醒与对启示之意义的反思。在后世俗时代,或许唯有通过对恶的感受,人们才能走向乐土,如同但丁在《神曲》中设计的那样,通往天堂的道路经过了地狱的最深处。这不同于将上帝功能化的神义论,而是世俗时代中人们感知神圣和超越的方式。因为启示并不能与人的感知方式完全脱节,而上帝说着人的语言。只不过,那不是经济学的语言,而是爱的隐喻的语言。亦如但丁在《神曲》中揭示的,爱最终应当成为喜剧——救赎的喜剧,不是因为付出与回收、占有与满足,而是因为人生与历史的轨迹可以被另一种天体运动的方向所改变。在这种运动中,人们的时空与位置不知不觉被挪移被改变,不再只有此生此世,也不以死亡为终点。人

---

① Levinas, *Totalité et Infini*, pp. 266 - 267.

② Catherine Chalier, *La Persévérance du mal*, p. 16.

们并非在世界的囚笼中，仅有地球引力的必然性运动，而也同时在与另一个不可见的天体发生关系、产生爱之救赎的牵引。

第四节　约伯的醒悟

最后让我们通过列维纳斯对《约伯记》临近结尾之片段的解读来尝试理解，一种从苦恼到朝向他者的恶的精神现象何以可能。这并非要以圣经的权威性或文学的修辞性来代替哲学的理性思考，而是因为在列维纳斯看来，圣经和文学中可能包含着一种极其重要的思想，可以动摇哲学概念的单一自守。在列维纳斯这样的现象学哲学家看来，他人的面容、文学与哲学，三者应当彼此照亮。

《约伯记》中，在经过了约伯同三位朋友以及年轻的以利户之间的几番大段辩论之后，上帝并未置约伯的申诉于不顾。他从旋风中向约伯显现，批评约伯在申诉中以口犯罪，“用无知的言语使我的旨意暗昧不明”(《约伯记》38：2)。他质问约伯：“我立大地根基的时候，你在哪里呢”(《约伯记》38：4)，还责备了约伯对上帝的否定：“你岂可废弃我所拟定的？岂可定我有罪，好显自己为义吗？”(《约伯记》40：8)。上帝完全没有正面解答约伯对神义论的困惑——义人为何无辜受苦，恶人为何不受惩戒——只是两番讲论自己创造的奇妙可畏，而约伯却在上帝的质问和讲论中幡然醒悟，“厌恶自己，在尘土和炉灰中懊悔”(《约伯记》42：6)。

约伯有何可责备或自责的呢？他“完全正直，敬畏神，远离恶事”(《约伯记》1：1)。从此世的正义角度，他对上帝和他人不仅没有任何亏欠，还付出很多。如果说他坚持自己是无辜受苦，那也是事实。然而这似乎却是上帝要责备他的地方。列维纳斯说，当上帝问：“我立大地根基的时候，你在哪里呢”(《约伯记》38：4)，这不仅仅是责备受造物没有尊敬自己的造物主，也不是想用某种经济学原则的神义论说服约伯跳出自己有限的局部，以超我的智慧心胸来认识全局的和谐，而是在提醒约伯：他的自我在宇宙秩序中，不是第一位的。[①] 如果说从上帝的公义看来，约伯还有什么可责备之处，那就是他在前面的申诉中一直自发性地活在世界的规则中：将我当作一切的中心，仿佛我参与了创世，并拥有掌控世界的自由，仿佛我就是衡量公义与否的基点。列维纳斯说，这是一种“哲学的自大，唯心主义者的自大”。[②] 正是这种自大使得此世的公义，哲学和唯心主义者的公义始终缺乏一个面向他者的维度，始终存在一种“失职(carence)”。[③] 也就是说，始终无法从创世的角度理解我与他人的关系：作为主体，我不是在先的，我是受造的，因此我的自由是有限和被赋予的；而且这种“在后”与“延迟”、这种受限与被赋予还带着要求，要求我先于他人分担上帝的重担。[④]

上帝甚至还要求约伯在三个朋友为自己的恶行献上赎罪祭后，去为他们祷告，请求饶恕。而这三个朋友曾在他最艰难痛苦时不惜中伤他来博取自己的安宁。但约伯照着上帝的话做了。虽然约伯对神义论的质疑最后也没得到任何解答，但正如学者 Chalier 所指出的，约伯最终的满足不在于这一神圣秩序——“我的仆人约伯就为你们祈祷”(《约伯记》42：8)——是否经过他深思熟虑后的认同，而在于经文最后呈现的那种对至高者和无限者的遵从，那种说“我在此”的谦卑，和那种甚至能为自己的迫害者祷告的责任心。[⑤]

在列维纳斯看来，《约伯记》很早就向人们启示这一犹太传统对神义论的批评与对何为义人、何为被拣选的理解。义人不是指没有过错和弱点的人，也不是指那些貌似敬虔、信心无敌的人，而是那些责任感远超过其潜在过错，将责任置于个人自由之上的人。义人并不自我感觉良好，相反，他们是那些总自觉有罪责、歉疚没能对世界的苦难负起足够责任的人。这种责任有如一种越偿付越多的“债务”。这种“正义”有种奇怪的模态：越是正义者，就越觉不够正义；越是正义者，便

① Levinas, *Totalité et Infini*, p. 205.

② Levinas, *Autrement qu'être ou au-delà de l'essence*, p. 194.

③ Levinas, *Totalité et Infini*, p. 205.

④ Levinas, *Autrement qu'être ou au-delà de l'essence*, p. 194.

⑤ Catherine Chalier, *La Persévérance du mal*, p. 149.

越觉有罪，以致成为世界的“人质”。这便是犹太教神秘主义传统中的著名传说 *Tsadik Nistar* 的内涵。*Tsadik Nistar* 是指，世界奠基于36个隐匿的义人，而这36个义人自己却不知道自己就是义人和世界的支柱。

列维纳斯在我们这个世俗主义时代倡导没有神义论的超越性，责任先于自由的主体性，以及以“踪迹”——他人的面容——这一“无声的书写”[①]作为其存在于世界之方式的上帝观。在他那里，超越性问题、主体性问题和上帝，这三者是一体的。[②] 它们不提供有关恶是什么的解答，却从根本上回应和承负恶的存在，它们是现代人责任的根源。

① Levinas, *Autrement qu'être ou au-delà de l'essence*, p. 284.

② Ibid., p. 33.

第十一章 列维纳斯与别样的上帝

20世纪哲学史中,列维纳斯关于他者和上帝的思考是一道独特的风景,不仅深刻影响了当代哲学、特别是现象学的面貌,亦对神学产生了持久的震荡效应。他通过现象学方法来讨论"他者的面容",既对传统本体神学的"逻各斯中心主义",也对现代存在主义神学的自我中心倾向构成了尖锐批判。与此同时,他又以绝对他者"非现象"的超越性,质疑了经典现象学方法论。这道风景呈现给我们的,是希伯来和希腊思想在新的时代背景下的新一轮对话。这轮对话反映了,经过20世纪社会历史悲剧后的欧洲思想,在面对现代性难题,特别是"真"和"善"的价值冲突时,试图重新激活传统犹太-基督教智慧中的活力,以启示来更新理性的探索。列维纳斯向我们指出:所谓"真"和"善"的二元对立,实际上是一个将真理从抽象化到意识形态化的伪问题;而真理之为真理,正在于它从不与我们面对他人的具体责任分开,这一点是犹太先知主义对现代人的重要提醒。

第一节 踪迹与见证[①]

面容是列维纳斯思想中的核心词汇,它既具体又抽象,一方面以

① 列维纳斯关于"踪迹"所进行的集中讨论分别出现在如下两处:(1) Levinas, *Humanisme de l'autre homme*, Montpellier: Fata Morgana, 1972, pp. 62 – 70; (2) Levinas, *En découvrant l'existence avec Husserl et Heidegger*, 1949, Paris: Vrin, 1988, pp. 197 – 202.

其不可化约的形象来表达对任何理论概念的拒绝，另一反面又以其“别样的”抽象性抵抗来自世界的观看以及来自任何可见“视域(horizon)”的同化。面容的抽象性不同于哲学理念或范畴，亦不同于前苏格拉底哲学中的水、火、气等介于抽象和具体之间的元素。概念和元素的抽象性是通过逻辑的运动来实现存在从特殊到普遍的过渡，而面容的抽象性却是指面容对于世界的他异性：它来自“别处(l'ailleur)”，是对世界的“造访(la visitation)”和“打扰(le dérangement)”，但同时也是从世界抽身而退。[1] 面容的抽象性虽然包括面容相对于一切事实性背景(如对象的年龄、性别、社会地位等)的独立性，[2]但更重要的是指它与这个世界的截然不同、绝对分离(s'absoudre)[3]：“面容的裸露是一种没有任何文化装饰的剥落(le dépouillement)——一种免除(l'absolution)[4]——从其生产自身当中解除(le détachement)”。[5] 正是这种绝对他异性，使得面容对于世界而言，意味着上帝的“踪迹”而非“符号”。因为“符号”是从这个世界的观念和秩序出发来理解和指示，而踪迹却是对世界的观念和秩序的打断。[6]

踪迹作为“上帝在我邻人面容中的迫近”[7]，既非上帝存在的证据，亦非现象，而是将人的心灵引向对上帝“声音”之倾听的在场。不过这个在场既不是对某一固有事物的表现，亦非让缺席的事物变得可见，而是让缺席的“无限”作为自我涂抹、作为绝对他者而被置于我和他人之间。这一置入迫使我，而非对方，通过“他人的面容”来发现一个不可见、不可显示、亦无法被思考的超越性事物对此世的“造访”。此“造

---

① Levinas, *Humanisme de l'autre homme*, p. 63.

② Levinas, *En découvrant l'existence avec Husserl et Heidegger*, pp. 193 - 194.

③ Levinas, *Humanisme de l'autre homme*, p. 63.

④ “Absolution”及其动词形式“absoudre”多指天主教的赦罪、赦免，列维纳斯在此的使用可以被理解为主要从该词的词根“solution”上考虑的。“solution”的原意是构成答案的总体数据，而“ab-solution”则指在这些总体数据之外。

⑤ Levinas, *En découvrant l'existence avec Husserl et Heidegger*, p. 194.

⑥ Levinas, *Humanisme de l'autre homme*, p. 66.

⑦ E. Levinas, *Entre nous, Essais sur le penser-à-l'autre*, p. 68.

访”是一个末世论意义上的“事件”，它构成了对此世存在秩序的“打扰”以及对自在之物之自主性的质疑乃至颠覆，然而，其意义却并非消极性的。它将世界引向对另一种关系的发现，这个关系是所有关系的“例外”，即：“向饥饿的人发怜悯，使穷苦的人得满足”(《以赛亚书》58：10)。这是他人的“面容”在对方全然不知的情况下对我的心灵发出命令。这“面容”赤裸的贫困、它在死亡面前的无助都在呼唤我的责任，这责任先于我的意愿，属于一个“不可逆转(irréversible)的过去”①。

列维纳斯为什么要通过“面容”作为“踪迹”来思考上帝的临到？在他看来，面容是上帝既进入又拒绝世界的“唯一敞开(l'unique ouverture)”②。除此之外，任何对上帝的揭示(或遮蔽)都是不可能的，因为上帝既不“存在”，也不是神学，上帝不“是 XX”。“踪迹”既不揭示也不象征，而仅意味着某种东西已经经过——有一个不可逆转的“过去”。这个“过去”比世界和存在更古老，古老得“不可追忆(immémoriale)”③——它先于记忆。在此，“过去”不是一个自然物理时间上的先后秩序，而是一种完全脱嵌于现在之记忆的“异时性(diachronie)”关系。④ 列维纳斯指出，末世论(l'eschatologie)之不同于目的论(la téléologie)，就在于末世论属于这种异时性关系。⑤ 而他之所以如此强调“过去”，乃是由于这个“过去”意味着善对于存在的在先性。⑥ 只有如此，上帝的踪迹对于存在的秩序才能构成一种“扰乱”，对于存在的中性(亦即对他人的忽视和遗忘)才会成为一个问题。

踪迹内含了一个悖论：绝对缺席者的临到。也就是说，那本不可能显现的绝对缺席却能够来“造访”我们。这如何可能？显然，这个末世论“事件”不是任何物理学、科学意义上的事实，但也不能简单作为

---

① Levinas, *Humanisme de l'autre homme*, p. 64.

② Ibid.

③ 同上，此外亦参见 Levinas, *Entre nous*, *Essais sur le penser-à-l'autre*, pp. 176 – 178.

④ Levinas, *Entre nous*, *Essais sur le penser-à-l'autre*, p. 177.

⑤ Levinas, *Totalité et Infini*, p. 7.

⑥ Levinas, *Autrement qu'être ou au-delà de l'essence*, p. 88.

某种心理学意义上的冲击来看待，不应当被视为感情冲动或主观信念。正如列维纳斯的写作所不得不大量使用的那种否定句式："既非……，亦非……，而是……"，踪迹意味着，真理在存在或非存在的二元对立之外有一条别样的道路。"在踪迹中，被意指的事物（signifié）和意谓（signification）并不是对应关系，而是错开的（l'rrectitude）。"[①]这个"错开"正是给别样的道路留下的空间："从面容到大写的缺席，这一关系外在于一切的揭示和隐藏——一条被排除在这些矛盾之外的第三条路。"[②]这第三条道路作为启示，就是面容所体现出来的与他人"面对面"的真理。此真理不同于认识论或存在论秩序，但却为古往今来许多人的生命所见证，被一个"同世界一样古老"[③]的传统坚持。"犹太-基督精神所启示的上帝保留了他在缺席中蕴含的全部无限性，这个缺席中的无限性就体现在人的'命令'当中。上帝只通过他的踪迹来显现自己，就像《出埃及记》33 章所写的那样。朝向上帝，并非要追随这个不是记号的踪迹，而是要朝向他者，他者正是由于踪迹的他性（l'illéité）而存在。他性处于经济与世界的计算和相互性之外，正是通过这个他性，存在有了一种意义，此意义不是目的。"[④]踪迹的他性乃是上帝作为第三人"他（Il）"，但这个大写的"他"既不同于"这一个"或"那一个"存在者，亦超越了存在与存在者的区分[⑤]：上帝是一个没有存在，但却通过他人的"面容"临到的、独一无二的"他"。

不过踪迹的他性还只构成了"第三条道路"的一半，另一半则需要我对这一踪迹的接待，取决于我对他者的"好客"与否。事实上，列维纳斯关于他者、关于上帝的全部思考都是为了将人的主体性重新奠定在"好客性（l'hospitalité）"上面。与其说列维纳斯在谈论上帝，不如说，他是在谈论我应当如何见证上帝。列维纳斯既不赞同古典神学对

① Levinas, *Humanisme de l'autre homme*, p. 64.

② Ibid., pp. 63 - 64.

③ 这是列维纳斯在《塔木德四讲》中第四讲的标题。Levinas, *Quatre Lectures Talmudiques* (1968), Paris, Minuit, 2005.

④ Levinas, *Humanisme de l'autre homme*, pp. 69 - 70.

⑤ Ibid., p. 68.

上帝的本体论证明,也不赞同现代神学将信仰变成了对主体之神圣性的表达,而是试图将上帝之名奠定在对邻人负责的伦理之上。“我们完全有理由追问:使这种宗教——它起初便同爱邻人、同对正义的关怀不可分离——富有活力的虔敬难道不应当在这种伦理本身中发现其语义学的源头?并发现它对那些与太一有无限差别的存在具有‘并非无所谓(non-in-différence)’的含义,而不是将那些存在归结为认识的不足?”①如果说信仰和虔敬应当是在爱邻人的伦理中“发现其语义学的源头”,那么真正与上帝相关的词语,既不是上帝是否“存在”,亦不是“我信还是不信”。在列维纳斯看来,只有“见证”是得当的。上帝并不在场,无论是以客观还是主观(即通过人的认识或信念)的方式。上帝是对在场的超出,唯有这种超出能体现其荣耀。② 上帝的荣耀在我对邻人的责任和义务的不对等中体现出来:我的责任超出了我的义务,而且我越是想去承担责任,责任就越在增长,仿佛是一笔永远无法偿清的债务。③ 正是这笔“债务”、这种“欠负”在我的内心深处提示了同一位古老得不可记忆的“他者”的关系。如果说上帝的真理是他的“他性”,是体现在“他性”中的谦卑自隐,那么这一真理也是只有通过我的担当,通过对他人说“我在此(me voici)”才能存在。

“我在此”,其中没有出现上帝之名,对上帝的见证不同于“我信上帝”的信仰告白。见证首先是我面对他人的“言说”,不能被还原为任何思想、行为、态度或心理活动,而唯独体现我的真诚。上帝的踪迹由此经过,这是他者在我里面醒来,“我在自己的声音中听到命令,而不是在任何别的地方看到一个偶像般的权威”④。这说明了:“上帝有一个声音,一个住在其见证人肉身上的声音”⑤。而我是在倾听之前便已回答了这个声音,我的遵行先于命令,在列维纳斯看来,这个悖论当中

---

① Levinas, *Entre nous*, *Essais sur le penser-à-l'autre*, pp. 145 - 146.

② 关于荣耀的论说参见 Levinas, *Dieu*, *la mort et le temps*, pp. 227 - 230.

③ Ibid., p. 227.

④ Ibid., p. 234.

⑤ Catherine Chalier, «Témoignage et Théologie», intervention au colloque Philosophie et théologie, janvier 2006.

包含了主体性的全部秘密。

在法语"我在此"中，"我"乃是一个宾格而非主格状态的主体。这一句式"体现了人的归属，而没有作为沉思的主体的强势"[①]。真正的主体性诞生于这个宾格的"我(moi)"，而非作为主格的"我(Je)"。主体性不是我原本拥有的东西，而是在回应"无限他者"时所获得的赠予。"通过见证的真诚性之涌现，外在性变成了内在性：心灵(le psychisme)的深处是先知精神(le prophétisme)。内在性不在我身上的某个秘密之处，而是无法命题化的外部事件的返回。"[②]

通过见证，列维纳斯试图向我们指出一种先于存在论的真理，它既不是知识，也不是作为主观倾向的直觉、意见或信心。虽然在被唯智主义占主导地位的西方哲学传统中，见证被当作非理性来对待，然而列维纳斯却试图让哲学重新面对欧洲精神的另一个源头——先知精神，让先知精神作为他者，激发哲学从存在论的睡眠中醒来。与希腊教父奥古斯丁、阿奎那一样，列维纳斯试图让启示成为对哲学话语的超越，然而不同的是，这种超越在教父们那里，是让上帝成为"实体中的实体""最高的同一"，在列维纳斯那里，则是上帝的"他者"性和非自明性。也就是说，对于这个世界而言，上帝只有"踪迹"。"踪迹"意味着，上帝既没有"死亡"，也不强加于人；"踪迹"不是自明的光亮，而是黑夜中的闪烁，它的光只对有心人存在。通过他人的面容，"踪迹"早已来到我们当中，作为"同一中的他者"。这个特定的表达不是用来描述黑格尔的自否定主体，而是指他者摇撼同一，直至同一出现了裂隙，这裂隙就是心灵，就是主体性。因此，无限"infini"中的"in"既是"non"，也是"dans"，表示无限不同于有限，但又在有限当中，在"我"的主体性当中。[③]

先知是那些被上帝的呼唤攫住、不得不亲自用口舌及行动来为其代言的人。他们虽不像利未人或法利赛人那样，拥有正统的祭祀

---

① Levinas, *Dieu, la mort et le temps*, p. 231.

② Ibid, p. 229.

③ Levinas, *De Dieu qui vient à l'idée*, p. 106; Levinas, *Dieu, la mort et le temps*, p. 250.

或解经地位，然而却是对上帝之言最纯粹的见证，体现了上帝的声音居住在其见证者的肉身。当列维纳斯说到先知精神时，他指的就是这种“遵行先于命令”的主体性。主体性是“超越性的庙堂或剧院”①，对于它，思想和行动同源，不存在“知先于行，抑或知行合一”的问题。

让哲学面对先知精神，是不是哲学的倒退？是不是将哲学追求确定性的根基置于流沙般不可把握的宗教经验上？列维纳斯认为恰恰相反，哲学不应该是一个封闭的体系，它需要先知精神所代表的“超越存在的善”来保证其尊严，这正是20世纪的社会历史灾难向我们昭示的。在此意义上，我们也看到列维纳斯哲学的独特之处。他并不像一般的哲学家那样，假设在向不知名的大众作理性的独白或演讲，谈论放之四海皆准的理论。他的思考首先面对的，是每一个作为“心灵”而存在的“我”。“心灵”之为“心灵”，在于它不只是包含了理性，也包含了情感。理性追求自足，而情感则是非自足性的（也许哲学家的“eros”除外）。在对于亲情、友情和爱情的渴望当中，心灵显示了它的脆弱——它对他者的需要。但列维纳斯更想告诉“我”的是：只有当心灵对他者的需要能逆转为对他者的责任之时，“我”的独一性和上帝的荣耀才会真正诞生。列维纳斯当然知道，这不是一个哲学能够完全论证清楚并彻底解决的问题，他只是尝试从现象学方法开始，来接近和深化这个问题。但“踪迹”虽然是通过现象学方法呈现出来的，其最终的意义却超越了现象学。所以列维纳斯说：“如果踪迹的意义在于示意（signaler）而非显现（apparaître），如果踪迹建立了与他性的关系……如果踪迹由此而不属于现象学、不属于对显现和隐藏（le se dissimuler）的理解，人们至少能够经由另一条道路来接近它，通过把踪迹的意义放置于现象学，而这个意义又构成了对现象学的打断。”②

---

① Levinas, *De Dieu qui vient à l'idée*, p. 124.

② Ibid., p. 65.

第二节　方法论的反思：现象学与超越

为什么列维纳斯要用现象学方法来讨论“超越”？或者，更具体一点，为什么他要用“面容”“见证”这些听上去过于感性的词汇，而不是较为传统的语言，诸如“创世”“启示”与“救赎”，来讨论这个主题？

在《总体与无限》之前言中，列维纳斯即已表明，罗森茨威格的《救赎之星》对于他批判哲学之整体性的思路具有决定性的影响，然而在对概念的使用和发展上，其方法论要归功于现象学。[1] 的确，我们可以在《救赎之星》中发现很多足以被称为“新思维”的见地，例如：批判黑格尔式抽象整全的真理观，认为真理不可能脱离哲学家的个人的立场、经验和主观境遇；指出真理不是非时间性和静态的，而必须面对个人的死亡这一生存的有限性问题。罗森茨威格对死亡和个体的发现与存在主义有很多相近之处，然而与海德格尔不同的是，他强调“新思维”是犹太-基督教的思维：正是基于强大的圣经传统，犹太-基督教即便在宗教化之后，也能够重新获得克服教条僵化的活力。可以说，列维纳斯在很多方面对哲学传统的批判以及对犹太教传统的引入，都继承了罗森茨维格的“新思维”；不过，借助于现象学方法，他对罗森茨维格的宗教主题有了很大的拓展。通过“他人面容的造访”和“见证”，传统的圣经主题（如“创世”-“启示”-“救赎”）以一种具体的事件性方式“临到”，这种看似不够理性的“临到”比任何一种主题化的论述所能思考得更多。“这当然也是罗森茨维格所不了解的胡塞尔现象学的贡献之一。”[2]

列维纳斯试图通过一种不同于存在-神-学（onto-théo-logie）的、严格的哲学语言来讨论伦理乃至信仰问题。他认为，现象学提供了一种方法论，描述人的注意力是如何可能被引向属于天空的智慧。现象

① Levinas, *Totalité et Infini*, p. 14.

② Levinas, *Entre nous*, *Essais sur le penser-à-l'autre*, p. 129.

学方法使得关于对象的认识不再是一种自然主义的反映论，也不再是一种本质与现象、精神和质料的柏拉图式二元对立，而是能够从先验自我出发来构造存在的价值和意义。通过悬搁对客体的自然主义的态度，再加上对自我的严格的内在反思，哲学家从此可以不带幻觉（本质与现象、精神和质料的二元对立）地从纯粹意识的本相出发来思考世界，“不仅仅回答‘这是什么’这种知识的问题，而且也回答‘如何是什么，是什么意味着什么’这样的问题”①。也就是说，现象学使我们不再是从一个封闭的系统、从一个意义与其它意义的相对性出发，而能够从不可还原的心灵出发，来澄清意义。② 意义取决于意义的给予（Sinngebung），这就是激发了现象学思想的关键。③ 心灵获得了不可还原的结构，先于任何数学与逻辑的秩序；这不可还原的心灵所要寻找的乃是意义的起源——意义的意义。④ 现象学严格的科学方法提供了一种新的哲学工作方式，使哲学能够面对那些逃避认知、但又具有起源性意义的事物，并通过一系列意识的接近步骤来照亮和揭示出现象的丰富含义。

在列维纳斯的牵引下，现象学这一 20 世纪哲学最重大的主题与耶路撒冷的气息相遇了，这相遇对现象学而言是启示也是创伤。在列维纳斯那里，对现象学的关注始终是与一种超越性相关，这种超越性就是他者对于我的意向性的溢出。从一开始他就认为，现象学的活力在于发现了在意识中孕育着一个朝向他者的运动——意向性。意向性的朝向不是基于一种知识，而是基于被他者激发的注意力，这种注意力中已经包含着某种情感或渴望。但他者既不是传统哲学中的主客二元结构中的客体，亦不是胡塞尔的意向性结构中的“意向相关项”。他者不“是什么”，甚至也没有现象，因为他者完全异质于存在。然而通过作为“踪迹”的“面容”，通过“面容”在“神显”中坚持的对其实体性的否认，他者却可以吸引我的注意力。不过，意向性的作用也由

① Levinas, *Ethique et Infini*, p. 21.

② Levinas, *De Dieu qui vient à l'idée*, p. 192.

③ Ibid., p. 193.

④ Ibid.

此被颠倒：在胡塞尔那里，意向性将世界带向意识，实际上是一个去他者化的步骤；而在列维纳斯那里，意向性就是自我无可逃避地呈现于对他者的责任之下，是一种"反向"的意向性。如此，列维纳斯的现象学方法自成一家：一种"非意向"的意向性，甚至是"非现象"的现象学。在这里，对他者性的执著使得现象学被带向它的极限，拒绝了经典现象学具有的思辨性结构（"意向行为-意向相关项"）以及这种结构中不可缺少的实体性质，直至发生一种"内爆"。

列维纳斯一生都在坚持这种对于现象学的创造性和修正性理解。他一方面认为现象学方法为哲学开启了新的可能性，另一方面又批评胡塞尔的理智主义（Intellectualisme）是对他者的同一化。在他心目中，现象学不但不应当同一化他者，而且恰恰是作为无限和超越的他者，使得现象学成为真正意义上的现象学。这一点体现在他者究竟是如何被给予的这个问题上。如果说在经典现象学里，他者总是作为某种可感材料来呈现给意识的话，在列维纳斯那里，他者或者"面容"则是从对言语行为构成的观察当中"升华"出来的意义。"做现象学，不仅仅只是要保证语言的意思不受到抽象性和断章取义的损害，反对对意义隐瞒、忽略或张冠李戴；也并不仅只是在反思中澄明被语言遮蔽或遗忘的思想，以此来控制语言。现象学最重要的是在那些围绕抽象材料的首要'意图'敞开的视域中寻找和回顾'人的关联（l'intrigue humaine）'，或者说是人际之间的[关联]。这种关联是不被材料思考的确定性，是对抽象性进行一种必要的'场景化（mise en scène）'。而抽象性是在言说中将语词和主题同场景分离。现象学是试图把人的和人际的关联作为最高理解力的编织物。"[①]将言语行为"升华"为"面对面"的首要事件，这就是列维纳斯的"回到事情本身"。在此，绝对他者不是任何实质性内容，而"我"亦无法看到"面容"，"面容"是看不到的，"我"只有通过"不可杀人"这一上帝无声的命令、寂静中的声音，来"听见"它。"'回到事情本身'被列维纳斯解释为对非实存性气息的去蔽（désoccultation du souffle non substantiel）工作（他后来将这一工

① Levinas, *Entre nous, Essais sur le penser-à-l'autre*, pp. 229 – 230.

作等同为异于存在)，这些非实存性气息被实证主义所遮蔽。在实证主义中，我们的看迷失在自然主义的素朴态度当中，迷失在感觉、尤其是科学和西方哲学当中——也许最后这一点对列维纳斯尤为重要。”①列维纳斯所要通过现象学呈现的这一“非实存性气息”，其实就是他所说的伦理的“光/看见(optique)”②，亦指人对圣言的倾听。

显然，对于“经典”现象学而言，列维纳斯这种将现象学伦理化的理解构成了“离心倾向”。③ 这使得他作为现象学者进行的研究曾长期被萨特和梅洛—庞蒂的存在主义光芒所掩盖，但最终，他对现象学传统的创造性更新还是得到了承认，虽然这种承认直到20世纪的最后30年才姗姗来迟。或许就像马利翁所说的：“无疑，真正伟大的哲学家能够从迟到的被阅读中获益，这种迟到是无法避免的，但从某种意义上说也是保护性的。”④施皮格柏格主编的《现象学运动》代表了相当一部分学者的观点：“列维纳斯由于开拓了一个更深的层次，而扩大了现象学思想的前景。”⑤利科认为列维纳斯是法国现象学的奠基人，两人运用现象学方法围绕一些共同的主题展开研究，这些问题包括宗教、解释学、悲剧和恶的问题以及自我与他人关系的问题等等。马利翁尽管在一些观点上与列维纳斯有争议，但却始终在自己的研究中吸收列

① François-David Sebbah, *Levinas*, Paris: Edition Perrin, 2010, p. 128.

② “optique”在列维纳斯的词汇中常常特指伦理的“看见”，是一种相对于实证主义的看而言的另一种光源、另一种看。这个词多次出现在列维纳斯的文本中，例如：“伦理就其本身而言，已经是一种‘看见’。”Levinas, *Totalité et Infini*, p. 15.

③ 倪梁康先生在介绍胡塞尔去世之后的现象学发展时指出过现象学意识在哲学史上的必然效应：“向心倾向”与“离心倾向”。“离心倾向”是指现象学意识所引起的对于传统哲学的转变和突破一再被重复。“一旦现象学成为新的传统，那么它所主张的对传统的反叛迟早也会适用于自身。事实上，正是这种一再重复转变的可能性规定了现象学运动后来的进一步发展以及它不断分化的趋向。因此可以说，在现象学最初所提出的主张中便隐含着现象学运动自身分裂的前提。”在这种意义上，列维纳斯对于古典现象学所构成的，可谓是一种“离心倾向”。参见：倪梁康，“埃德蒙德·胡塞尔的现象学”，作为“编者引论”收入《胡塞尔选集》，上海：上海三联书店，1997，第26页。

④ Levinas, *Positivité et Transcendance*, *suivi de Levinas et la phénoménologie*, sous la direction de J.-L. Marion, Presses Universitaires de France, 2000, p. VI.

⑤ 赫伯特·施皮格伯格，《现象学运动》，王炳文、张金言译，北京：商务印书馆，1995，第879页。

维纳斯的成果，并且积极肯定列维纳斯对于现象学作出的贡献。他在法国从现象学角度主持和推动了对列维纳斯的研究，并且声称列维纳斯“首要地”是一个现象学家。①

尽管如此，对列维纳斯背叛了现象学的动议仍时有发生，例如法国学者 Dominique Janicaud 撰写的《法国现象学的神学转向》一书。这本小书旨在继德贡伯的《同一与他者》(英文名及中文译名为《当代法国哲学史》)之后，概括从 70 年代中期到 1990 年这近 15 年间法国哲学发展的状况。该书把列维纳斯对经典现象学的越界作为批评的焦点。作者固然承认了列维纳斯的哲学才华和贡献，但也尖锐地批评他用宗教启示的跳跃代替了脚踏实地的现象学方法，以一种神学的既定意义破坏了胡塞尔现象学自由与自律的精神。作者认为，在现象学的精神那里，意向性的本质是从现象的固有性(内在性)中发生的，而如果有一种意向性的超越，这种超越应当在它在世界的给予中被把握。“自然态度的悬搁不是为了导向朝另一世界的逃遁，或者导向对一个绝对唯心主义的建立，而是导向直面经验(并且为了经验)的超越性后退的深化。”②

作为最早将现象学介绍到法国的人，列维纳斯当然不会不懂现象学的“规矩”。但在他看来，这种“经典”现象学所寻求的，是意向行为和意向相关项的对等，实际上，是在“让”世界的给予正好“满足”意识的需要。在此过程中，看似被动的意识，实则在经验的生成中扮演了主动性的角色；而所谓的意向性超越，不过是在内在性中摆动，“貌似”超越罢了。列维纳斯评价说：这种现象学在根本上“是无神论的”③，但事实上，“现象学已经得益于犹太-基督教智慧。当然，意识并不在智慧中吸收一切，而唯独将那些懂得把智慧支撑在空中的部分归结为现象学。”④列维纳斯坚持：胡塞尔现象学对思想的贡献是超出他的方

① 这方面的代表性成果收录于 Levinas, *Positivité et Transcendance* 一书。

② Dominique Janicaud, *Le tournant théologique de la phénoménologie française*, Paris: Edition de l'Eclat, 1991, p. 25.

③ Levinas, *Entre nous*, *Essais sur le penser-à-l'autre*, p. 228.

④ Ibid., p. 65.

法论的，这种贡献在于，人们可以从思想的显示本身中发现“意义每一次都在更新的维度”①。“现象学不是建立事情本身的现象，而是把事情本身带向它们显示的视域，带向它们的现象性的视域，在实体的显示背后，让显示本身显示出来，哪怕这种显示没有把它的模态刻画在其看得见的意义里面。”②所以，他认为自己关于“面容”“言说”的发现正是现象学，只不过是一种“夸张(emphase)”③的现象学。但这种“夸张”正是对胡塞尔现象学的一种继承的方式：不是继承其“低端”的部分，而是对其进行“升华”。④

最终看来，是否能够认同列维纳斯对现象学和无限之关系的理解，取决于我们如何理解理性和启示的关系：理性是应当完全向启示关闭，还是应当倾听来自启示的呼唤？哲学的终极，是否是“超越存在的善”？所以哲学工作是否也是一种心灵的“皈依(con-vertir)”和转向，而不仅仅是一种“原住民”那种牢牢附着于大地、附着于自我的推理和认知？

此外，从列维纳斯的角度我们可以提出这样的问题：仅仅按照传统哲学方法论中的那种透明化的要求来衡量他的思想，这难道不恰恰是他的思想所批评的吗？说到底，列维纳斯想要通过一种可交流的理性的语言来表达的，恰恰是他者不可被主题化、透明化地观照。那么，这不可被实体化的他者的面容如何能够被哲学言说，这不单是对哲学，也是对哲学方法论的提问。事实上，列维纳斯并不是没有对哲学的方法论加以反思。在他看来，思想应当遵守理性的法则(因为他看重思想所承担的交流和教育的使命)，但却不能等同于方法论。“以方法的原则来肯定事物的根基(假如形而上学的终结还是允许谈论事物的根基的话)显然是一种简单而草率的精神的做法。”⑤“我既不相信在方法上有一种透明的可能性，也不相信哲学可能是透明的。那些用全

① Levinas, *De Dieu qui vient à l'idée*, p. 140.

② Ibid.

③ Ibid., p. 141.

④ Ibid., p. 142.

⑤ Levinas, *Humanisme de l'autre homme*, p. 96.

部生命来弄方法论的人写了很多书来取代他们本来可以写得更为有趣的书。想要在阳光下行走却没有影子，这样的哲学没有意思。”①

也许我们需要理解的是，激发了列维纳斯的哲学思考和写作的，是对20世纪恐怖的刻骨记忆以及一种“为他人”的深深不安，这种记忆和不安并不能够为概念和理论所平息。为此列维纳斯并没有走传统哲学那种“理性＝治疗”的“爱智慧”的道路，②而是走在了另外一条道路上，这就是他的“面容＝踪迹”的思想所显明的道路：唯有回应他人（为他人负责），才有可能逃出存在的悲剧命运。如果我们愿意从这样的角度来完整对待，那么，他哲学生成论和方法论的关联，他的“双重忠实”立场中的张力，应当成为理解他思想的原创性的关键，正是这种关联和张力照亮了他思想的独特运动。

第三节　对存在神学的批评以及对汉语神学的启发

列维纳斯从“无限（上帝）”的角度对“整体（西方哲学传统的总体化惯性）”提出了大胆批评，并因这一批评而闻名于世，致使很多人认为他是一位神学思想家，可实际上，他对神学的批评比起对哲学有过之而无不及。在其著作的很多地方，他都表达了对神学的不满：“我的出发点绝对不是神学的，我非常坚持这一点。我不是在做神学，而是

---

① Levinas, *De Dieu qui vient à l'idée*, p. 143.

② 理性包含着医治心灵的功能，这基本上是西方哲学的一个重要传统。我们不妨回忆一下柏拉图的洞穴说：是理性的光辉将人的心灵带出黑暗的洞穴。“自从亚里士多德开始，尤其是在斯多葛、伊壁鸠鲁和怀疑主义学派那里，医治的比喻已经常常被用来指示哲学的道路，这条道路表现为对于 *Pathos*（该词在希腊词源的意义上意味着敏感、遭受、受动性，是一种使主体处于受制状态的激情甚至是滥情）的幻象和魅惑的极端蔑视。对于表象的好的使用和对于逻各斯的耐心学习应该导向一种知识和智慧。在驱逐了烦恼和痛苦之后，这种知识和智慧将给予心灵宁静与欢乐。因此斯宾诺莎继续谈论他借助于对思辨命题的耐心而有步骤的研究来‘医治并纯化知性’的决心，以便于认识一种永远不变的欢乐。”Catherin Chalier, *La Trace de l'infini*, Paris: Cerf, 2002, «Introduction».

做哲学。"①"如果说有关圣经中上帝的智力活动——神学——还不如哲学思考的水准，这不是因为神学把上帝当作存在者，却没有首先澄清'该存在者的存在'，而是因为，通过将上帝观念化，神学将上帝纳入了存在的运行之中。"②

在列维纳斯看来，通过存在来思考上帝，将上帝当作一种存在论或者神学，是对上帝的扭曲。这种扭曲是希伯来圣经在希腊化过程中所面对的最大危险：上帝由此失去了人格性，变成一个抽象的观念。列维纳斯在很多地方都指出，西方哲学乃至神学传统是一个用观念的上帝来代替"亚伯拉罕、以撒、雅各的上帝"的传统。从哲学史上看，柏拉图的"上帝"是一个非人格性的至善理念；亚里士多德的"上帝"是一个并不关心人类、而只沉思着自己的神；同样，斯多葛学派的世界理性和普罗提诺的"太一"，作为存在整体的至高者，都是抽象的观念。这些抽象观念经历了现代阶段哲学重心从本体论到认识论的位移，最终在黑格尔的百科全书体系中达到顶点，实现了历史与逻辑的统一。在此意义上，列维纳斯认同海德格尔在《形而上学的存在神学机制》(1957)中作出的判断：西方形而上学实际上是一个存在神学的建构机制，这样一个机制是需要终结和批判的。③ 然而，批判之后，二者的差别在于：海德格尔要完成一个存在论差异的倒转，用动词性的存在来代替名词性的存在者；④列维纳斯则是要质疑把存在论当作最终意义、当作上帝的出发点。"根据存在神学思考上帝，是错误地思考了存在(海德格尔的主题)，还是错误地思考了上帝？上帝难道不正意味着**超越存在**？"⑤列维纳斯意图将上帝与存在神学分离，从而为上帝保留异于存在的"无地之地(le lieu sans lieu)"；而海德格尔则是以神圣的口吻大谈存在，以致用存在来取消上帝。同时受到海德格尔和列维纳斯影响的法国解构主义思潮代表人物布朗肖、德里达等，虽然也谈论

---

① Levinas, *Liberté et commandement*, Montpellier: Fata Morgana, 1994, p. 116.

② Levinas, *De Dieu qui vient à l'idée*, p. 95.

③ Levinas, «Commencer avec Heidegger,» *Dieu, la mort et le temps*, pp. 137 – 142.

④ 海德格尔：《形而上学导论》，熊伟、王庆节译，北京：商务印书馆，1996，第 54—58 页。

⑤ Levinas, «Commencer avec Heidegger,» p. 144. 字体强调为原文所有。

绝对他者，但最终都没有脱离存在论差异的运动，只不过是以“写作(écrir)”来替换动词性的存在，但亦以“写作(écrir)”取消作为他者的上帝。列维纳斯的他者同他们所谈论的他者最大区别在于：是否以“面容”来作为他者的决定性特征。

然而，尽管批评形而上学的存在神学机制，列维纳斯却并不打算否定哲学。在他看来，哲学虽不是最高意义出发的地方，但对于人类智识的进步却不可或缺。正是通过哲学这种理性化的认知活动，人类摆脱了如同原始黑暗大地般的蒙昧主义。借助于分类、概念、计算、反思等理性活动，人类从自然那里获得了越来越多的自由。这自由既包括物质，也包括精神生活的改善，如：个体人格独立和公共政治的民主化。因此，列维纳斯虽否认自己是在做神学，却不否认自己在用哲学的方式来思考上帝，通过理性的语言来接近一个非哲学的上帝。在此意义上，他对那种将“亚伯拉罕、以撒、雅各的上帝”和哲学家的上帝截然对立的做法表示怀疑，[①]因为“这种对立建构了一种二者的相互替换(alternative)”。[②] 他既不赞同用存在论的语言来谈论上帝，亦不赞同让信仰成为非理性的专利。虽然德里达在《暴力与形而上学》中批评列维纳斯在语言和思想上的悖论，却没有妨碍列维纳斯坚持：希腊语言能够用来表达非希腊性的智慧——希伯来精神；反之，希伯来精神也需要通过希腊语言来说出，当然，希腊语言不能因此而替代希伯来语言。二者之间有张力，然而却不是非此即彼；相反，正是二者之间的张力构成了欧洲文明的活力。

然而在什么意义上希腊性的语言能够说出非希腊性的东西？列维纳斯绝非不懂得思想和语言的同一性。他深刻地了解，希腊哲学的特征就是显现(manifestation)和存在的一致、语法范畴和存在范畴的一致，因此在柏拉图的《美诺》篇(82b)中，苏格拉底说，让他教授奴隶

---

① 赞成这种截然对立，也就是说信仰必然反对理性的观点的大家在神学史上不少，例如传说有名言“因为荒谬，所以相信”的德尔图良，还有存在主义神学的代表人物克尔凯郭尔。列维纳斯本人举例的有十二世纪西班牙犹太诗人哲学家耶胡达·哈列维(Yehouda Halévi)和法国哲学家帕斯卡。Levinas, *De Dieu qui vient à l'idée*, pp. 96–97.

② Ibid., p. 95.

学哲学的必要条件，是这个奴隶懂得希腊文。[①] 不过列维纳斯指出，语言并不仅仅只有逻辑上的内容——“所言(le Dit)”，还包含了逻辑内容之外的意义，即“为了如此去说(pour-ainsi-dire)”——“言说(le Dire)”。“言说”是语言的伦理意义，是一人同另一人面对。“言说”呼唤“解所言(dédire)”，因此我们“需要把语言当作问题”[②]。这个问题并非“让肯定性减少”，而是“质疑存在论的优先性”。不过，“这种质疑是在以哲学的方式反对哲学，它在我们寻找另一种意义的源泉的同时，要求我们不驱逐哲学。在此，离异和不离并存，这是所有当代思想的典型处境。当代思想既在寻找不同于理念性的事物，又在其言说方式上是哲学的(这就好像是对亚里士多德那句话的应用：不做哲学，仍然是在做哲学)”[③]。由此可见，对列维纳斯而言，哲学虽然起源于希腊思想，但却完全有可能受非希腊精神启迪，说出比纯希腊思想更多的东西。事实上，这也是他在柏拉图、笛卡尔、康德乃至现象学当中的发现。在他看来，当代哲学的使命，在所谓“哲学终结”之后，不是理性地言说非理性，而是理性地接近一种超理性的意义。它不是非理性，而是理性的源头，用柏拉图的话来说，它是“超越存在的善(Bien au-delà de l'être)”。

所以，列维纳斯对神学的批评并非出于神学在理性地思考上帝，而是出于神学将上帝变成了存在论。如果说这种存在论对于哲学是很难避免的，但以之谈论上帝，却是不可接受的。在他看来，存在论是一个封闭的内在性(immanence)结构、一个经济学的自因(conatus)系统。它通过命题式的语言(“……是……”)来自我确认：一方面存在本身借助人的认识和自我意识来肯定自己，另一方面，存在论成为一种“自我学(égologie)”，即：自我通过自否定来获得更大的肯定，直至达到某种不朽，以对抗生存之脆弱性和偶然性。“这种肯定乃是一种姿态：在坚实土壤上并立足于土壤中最坚固的位置——尘世。这个

---

① Levinas, *Dieu, la mort et le temps*, p. 146.

② Ibid.

③ Ibid., pp. 146 - 147.

如此自我安置的存在的观念有一个条件：尘世的坚固性本身。在所有的运动和停滞下面，本质（essance）的肯定性本身假定了这种休息（repos），这种实体性（sub-stance）。在被语法学家们轻描淡写地称为'助动词'的动词'存在'中，回响着彻底休息的基调，而这个休息也就意味着尘世。"①在此，列维纳斯描绘了存在的实证性：存在虽然是一种哲学乃至灵性的活动，但在伦理基调上，它是自我中心的。它的运动始终是一种回归，朝向作为本质的自我；它的运动并不为他人所动。列维纳斯称这种运动是"休息的行动（acte du repos）"②，并指出，这个听来自相矛盾的命题，却是希腊人所认为的"纯粹的行动（acte pur）"③。"休息"是一种自在自为的伦理态度：他人与我何干呢？"我岂是看守我兄弟的吗？"（《创世记》4：9）——这正是《创世记》中，杀害兄弟的该隐对上帝的回答。

列维纳斯对存在论的批评并不是想说，哲学家和神学家都是自私冷漠的，而是要说：理性的抽象化和逻辑化虽然很多时候是人们生存的惯性，但用这种惯性面对他人的时候，可能会有一种遗忘他人痛苦、抽空他人的具体性和特殊性的危险；理性的唯心主义和理想主义有时对他人可能是一种漠视。柏拉图在《爱欲篇》中已经借蒂欧提玛之口说了，那最美丽最值得爱的，不是凡人。帕斯卡在《思想录》中也说过，如果有上帝，不要爱那不完美的受造物，而去爱那完美的造物主。而黑格尔在《法哲学原理》中展现的雄辩，则不幸成为20世纪社会历史灾难的美妙序曲。在这支序曲当中，个体的意义唯有通过整体才能实现，于是人类历史的美好蓝图，便描画于无数牺牲者的尸体之上。

如果对于哲学来说，美德的基础是知识，而当这种价值观渗透在神学当中，爱的实践相对于爱的知识就会成为次要的。如此，教义凌驾于他人的面容，神圣权威高于一切人间疾苦，十字架借助刀剑的血与火来征服外邦人，这一切不正是圣经在希腊化的历史过程中曾走过

---

① *Dieu, la mort et le temps*, p. 147.

② Ibid., p. 148.

③ Ibid.

的弯路？随着基督教在罗马帝国的胜利，神学也在新柏拉图主义的影响下成形。圣经中的上帝和人之间那种呼唤和应答的关系、圣约关系，逐渐让位给了“太一”对“理智”和“杂多”的统摄。从此，爱，首先意味着逻各斯的乡愁。个体对于永恒不过是沧海一粟，由于其天然的缺陷，其存在的意义就是对永恒的虔敬，此外皆可忽略。瞬间的意义只是整体朝圣之链中的一环，这刻同那刻没有根本差别：“时间是对永恒的纯粹剥夺，或者说是对永恒的模仿：‘流逝的一切皆相似’”[①]。从此，圣经中那位谦卑自隐的上帝登上了历史的显位，作为“最完美的存在者”“全知、全能、全善的至高者”进入世界历史，逐渐拉开历史哲学的序幕。

随着现代哲学与神学的分离、自治，现代神学进入了一个内在性的倒转，即从神本主义转向了人本主义。如果说，列维纳斯和现代神学一样，赞同人的解放和上帝的隐匿，那么他们的分歧则在于如何理解这个问题：隐匿的上帝究竟如何与此世相关？对这个问题的回答体现了列维纳斯同康德以及康德之后的现代神学（特别是19世纪的浪漫主义和存在主义神学）的重要差别，亦对当代汉语神学中的审美化和智识化倾向构成批判。

康德首先宣告了对上帝本体论证明的破产，这是他对神学的一个伟大贡献。然而为了实现至善（德福一致）的需要，他又重新在其体系中引入上帝存在的公设，提出一种道德目的论的神学证明。如此，康德一面批判上帝的本体论证明这种简单的理性主义，一面又挽救了神学的唯智主义，只不过这种唯智主义是以人的理性作为出发点。由此被“解放”了的神学，无论是理性还是非理性的，都越来越多地强调个体自由和意志。启蒙之后的神学发展同人们从信仰中寻找主体绝对性的需要相结合，既使信仰“无限”主体化，也使主体“无限”神圣化，这就意味着个体内在性必须不断地自我超越、自我探索，没有穷尽。这样一种结合可以体现为以施莱尔马赫为代表的浪漫主义神学，它将信仰奠基于主体神秘的、生存性的宗教情感；也可以体现为黑格尔的绝

① Levinas, *Entre nous, Essais sur le penser-à-l'autre*, pp. 146 - 147.

对精神——作为圣灵的一种变形，它注定要在辩证法中超越现实宗教；还可能体现为克尔凯郭尔对黑格尔这个绝对精神的辩证法系统的批判，因为这个系统最终将主体还原为具有普遍性的客观存在，抹杀了主体的绝对性。在克尔凯郭尔看来，主体的绝对性乃是一种高于普遍性，因而高于伦理的信仰的激情，因为伦理还是处于普遍性的阶段；只有个体在孤独中完成了朝向上帝的荒谬一跃，才能获得人的绝对性。

列维纳斯和启蒙思想家们同样认为，自由是信仰不可或缺的条件。信仰虽然不以人的自由本身为目的，而是以人的受教为旨归，但教育的意义正在于将受教者视为自由的存在来对待，因为“自由始终是人们能够达到的一切价值的条件。”[1]启示是圣言向每一独特个体的理智和心灵说话，它不是一次性完结的过去，而是始终在进行时中，向着未来开放的过程。只有通过这种自由的内在化的过程之后，被人类选择接受的“神迹”才不会像巫术一样破坏人的尊严和负责任的行动能力。在此意义上，列维纳斯赞同启蒙之后神学视角的扭转。他说：“人类的生存虽然有本体性的欠缺，但正由于这种欠缺，由于这种欠缺所带来的痛苦、焦虑和批判，人的生存成为神圣话语与人的理解力相遇的地方，在这里，神圣话语失去了它剩下的那些所谓的神秘特质。”[2]然而，和那些声称上帝死了的现代哲学家不同，列维纳斯坚持，失去了前现代之威权和神秘特质的神圣话语并未失去其圣洁性（la Sainteté），不但如此，他和罗森茨威格一样看到，对于笼罩在异教精神和死亡焦虑下的现代人而言，上帝话语的圣洁性对于人类摆脱虚无主义的暴力具有极其重要的意义。

但是，和浪漫主义或存在主义神学家不同，列维纳斯强调：人与圣洁性的关联不在于人类精神中的某种高贵，而在于恢复我与他人的回应关系。而康德以及康德之后的现代神学所走的道路，实际上是将对上帝的本体论证明颠倒为了对某种主体神圣性的证明，如：康德的

---

① Levinas, *Difficile liberté* (1963), Paris, Albin Michel, 1976, p. 32.

② Ibid., pp. 33 - 34.

道德意志、施莱尔马赫的宗教情感、黑格尔的“精神”或者克尔凯郭尔的个人与“绝对”的直接关系。在此，上帝的缺席虽然并没有等同于上帝的死亡，但却需要奠基于主体的绝对性之上；上帝被吸收进入一个由主体中心所统治的系统之内，不再具有“绝对他者”的意味。至此，传统神学的同一性结构并没有根本的改变，只是发生了一个倒转，即从过去的神本主义转向现代人本主义，而他者在同一性结构里则始终处于被压抑的地位。

当代汉语神学深受现代神学，尤其是浪漫主义和存在主义思潮之影响，这种影响体现为将信仰理解为一种个体性的存在主义言述，即信仰首要关系于在生存之偶在性中的个人灵魂得救。以刘小枫的《拯救与逍遥》为例，现代神学进入汉语语境时传达了两个主要信息：其一，生存的个体性，与此相应，克尔凯郭尔和海德格尔的存在主义成为基本的理论参照。其二，对中国传统文化的批判，这种批判是对 80 年代文化热所秉持的新启蒙精神的延续，而且不只是强调个体精神自由，还说明这种精神自由背后的信仰根基。这两个信息的传达可谓是有得有失，值得我们从诸多角度对其进行反思，笔者对此所提出的问题是：如此将信仰纯粹理解为存在主义式的个体灵魂得救，固然是回避了民族主义的质疑，并且深化了国人对于个体性之精神内涵的理解，但不也从此将汉语世界的信仰言路领入到新的危险之中？这种危险在于：当存在主义以个体性和内在性之名义取消了上帝作为“他者”和外在性的伦理维度之时，神学就可能沦为对上帝观念的偶像崇拜，其实质只是一种自我欲望之投射，一种如列维纳斯所说的“自我中心学(egologie)”。事实上，我们已经看到，这种危险的处境不仅是西方思想界的问题，亦是当代中国“文化基督徒”的危机。在此，“文化基督徒”不是泛指有文化爱思考的基督徒，而是特指热爱从学理上谈论上帝，但却缺乏伦理践行的基督徒。笔者在这里无意否定现代神学的引入对中国思想文化界的卓越贡献，只是想借助列维纳斯的思想来反思其局限性所在，并试图呈现出一位“别样地”来到观念中的上帝。

结语：责任的秘密

本书以三位重要的“后奥斯维辛”哲学家对恶的思考为线索，对20世纪的道德危机与时代困境进行了检视与探讨。本书旨趣不在于对恶进行一种本体论追溯，而是想思考，在某些如20世纪曾经历过的极端时刻，人类个体道德责任是否可能？何以可能？因此，作为书的结尾，责任的“秘密”应当有所揭橥。

第一节　阿伦特：责任作为悲剧的智慧

“黑暗时代”在阿伦特那里，是社会危机和历史转折时期的隐喻，此时，过去处理人类事务的传统、习俗和规范不再可靠，人们必须依赖个人良知和判断来生活与抉择。阿伦特从托克维尔那里发现了这一洞见：在危机时代或独特的转折时刻，“过去不再把它的光亮投向未来，人类精神在晦暗之中徘徊”。[1] 她在黑暗时代呼唤公共领域的敞开能提供一个显现的空间来照亮人类事务，而在此种澄明到来之前，她期待一种启明：“这种启明或许并不来自理论和概念，而更多地来自一种不确定的、闪烁而又经常很微弱的光亮。这些光亮源于某些男人和女人，源于他们的生命和作品，它们在几乎所有情况下都点燃着，并把光散射到他们在尘世所拥有的生命所及的全部范围。”[2]

① 阿伦特：《过去与未来之间》，第73页。

② 阿伦特：《黑暗时代的人们》，第3页。

在阿伦特这里，“启明”源于每一个体内心的独立思考和判断，诉诸每一个体承担责任的能力。这种对启明的期待，似乎与她对公共领域之光的呼唤有所矛盾，然而却是使她所期待的澄明空间得以可能的基础。因为，尽管始终强调以“世界”为中心的人类行为的政治关切应当优于以自我为中心的道德关切，她也不得不承认，在某些极端的边缘境域，当政治关切在严峻的现实面前全然无能为力之时，坚持“与自我进行无声的交谈”“同自己生活在一起”的苏格拉底式道德形式就变得极为重要。此时，道德关切与政治关切融为一体；“与自我的交谈”也是与自我中的他者交谈；“同自我生活在一起”便是带着想象力，同那些眼下虽不在场，却与我共同构成与分享世界的已逝者和未生者生活在一起——因此，阿伦特不厌其烦地重复福克纳的名言：“过去从没有死去，它甚至都没有过去”。

对个体内在启明的关注也体现在她的思想者素描《黑暗时代的人们》一书中。阅读《黑暗时代的人们》能最深切地感受到她的思考中跳动的光芒。此时，思想转化为一个个温暖鲜活的生命，有执着、热切、激情和痛苦。思想的全部意义，正在于能同现实经验以及人们的行动和生活发生直接关系，带着对世界的关爱与责任。《黑暗时代的人们》是另类政治哲学写作，有着普通专业学术著作常缺少的魅力。这种魅力来自阿伦特在书中提到的讲故事的魅力——故事是意义的彰显之地。“没有什么意义可以离开故事而存在，这一点我们通过自己的非诗意的经验就可以知道。所有的哲学、分析和格言，无论它们多么深刻，在意义的强度和丰富性上，都不能与一个讲得好的故事相提并论。”[①]《黑暗时代的人们》便以类似讲故事的形式，呈现出人物内在人格同外在行动之间、自我与他人之间、个体行动与行动的共同体后果之间的交相辉映。行动的意义既不完全在于行动过程，也不在对行动的理论、分析和论证中，而是在行动被完成并成为一个可叙述的故事时，才能够显示出来的。此时，人们在这些故事中，不但能较完整地认识他人和自我，而且能看到责任的要求。

---

① 《黑暗时代的人们》，第19页。

归根结底，在阿伦特那里，责任的秘密在人们追问“我是谁?”的激情中，始于从古希腊开始的传统。在这里，人们无论演出还是观看戏剧，制作还是欣赏雕塑，作为城邦公民参政作战还是作为个体同自我对话思考，无不同对“我”自由与卓越的追求和塑造相关。然而，与现代较为单一狭隘的人权观不同的是，在阿伦特这里，“我是谁?”始终跟他人——作为已逝者或未来者的他人，以及世界——作为人类政治共同体形式或者说“戏剧”的世界，息息相关，是一个具有“面具、表演”意味的人格概念。责任也如此，既意味着自由追求个人的卓越与开端启新，也同时意味着在行动中不断承认与呈现他人的共在，以及这种共在对自己成为某个“谁?”不可或缺的意义。正如有学者指出，在阿伦特那里，“当一个人的自由所为代表了他人的行动和遭受，当一个人接受了自己与某个具体共同体及其传统的关联，当一个人的行动不可摆脱地与共同体及其成员的命运关联在一起，他就是有责任的。一切试图切断那些再现被给予之物的关系的做法，都是意识形态。”①

由此，通过责任，行动者得以同自己的所为与遭受，同世界与他人达成和解。在阿伦特看来，这正是希腊悲剧，也是一切悲剧的本质所在：“‘与现实和解’，即净化，在亚里士多德看来，是悲剧的本质，而在黑格尔看来，是经由回忆之泪产生的历史最终目的。”②责任是悲剧的出口，是悲剧观众和悲剧人物应当从一出悲剧中收获的智慧。正是对这个具有悲剧智慧意味的“我是谁?”的挂怀，使得阿伦特对独裁统治下人们以“齿轮”说法偷换个人责任概念的做法毫不通融，并多次尖锐地点明：即便活在前所未有的极权社会，人们在“服从还是不服从”“支持还是弃权”之间，仍有一定的选择空间。这个也许最初仅关系到“小恶”与“小善”的选择，最终却是导致“根本恶”能否发生的关键，故而她指出：

---

① 安娜贝尔·赫佐格：“责任”，收于《阿伦特：关键概念》，帕特里克·海登主编，陈高华译，重庆：重庆大学出版社，2017，第227页。

② 阿伦特：《过去与未来之间》，第41页。

向那些参与罪行并服从命令的人提出的问题绝不应该是“你为何服从”，而应该是“你为何支持”。这种用语的改变，对于那些知道单纯的“词语”对人的心灵具有奇怪而强大影响的人来说，就绝非只是语义的区别了。如果我们能够把“服从”这个毁灭性的词语从我们的道德和政治思想词汇中剔除，那我们就会受益匪浅。如果我们对这些事情深思熟虑，我们就有可能重新获得一些自信的财富，甚至骄傲，这就是说，重新获得从前时代被称为人的尊严或光荣的东西：也许不是关于人类的，而是关于人之为人的地位的。①

第二节　帕托什卡：责任与皈依

帕托什卡的哲学思考整体都和责任问题密切相关。他批评现代技术文明是一种以物质主义为取向的堕落文明，呼吁人们重新关怀灵魂，回到他所定义的生活世界的第三种运动，即：在人类的有限生存同世界整体的本真关系中，将“历史”作为向真理开放的、没有答案的问题来经历。此时，责任不是既定的规则与套话，而是经过思想斗争的道德决断与信念。它以一种问题的形式存在，远非自明。正如存在的意义只能保持在对意义的追问中，问题也应当始终成为问题。在此意义上，帕托什卡谈论一种“否定的柏拉图主义（Platonisme negative）”，也就是说，既坚持对真理的形而上学追问，又否定任何结论性答案。② 为此既要恢复苏格拉底式对智慧动词形态的爱——这是哲学作为爱智的本意，又放弃将柏拉图的理念作为实存世界的系统性知识，而视之为一种人类自由的象征和超越世界的能力。

① 阿伦特：《责任与判断》，第 38 页。

② Jan Patočka, “Negative Platonism: Reflections concerning the Rise, the Scope, and the Demise of Metaphysics- and Whether Philosophy Can Survive It”, in Jan Patočka, *Philosophy and Selected Writings*, ed. Erazim Kohák, Chicago: The University of Chicago Press, 1989, pp. 175 - 206.

在帕托什卡看来，自由和责任构成了人类生存意义的核心，因而是人类历史的实质与内涵。当然，他所说的"历史"不同于我们的日常用法。一般我们所说的历史是指"过去的事情"或"对过去事情的表述"，而帕托什卡的历史却是指生活世界经历第三种运动——真理运动——的事件。帕托什卡认为，由于对人类自由和责任的追求发源于古希腊，特别是其城邦政治和哲学思考，所以古希腊是人类真正的历史开端，罗马和基督教文明是其延续。他在其《关于历史哲学的异见集》中指出，这一有关责任的历史有两次重大转折或者说"皈依(conversion)"[①]：第一次是从神灵崇拜的神秘主义转向柏拉图主义，第二次是从柏拉图主义转向基督教。

第一次转向中，柏拉图主义以哲人对不朽灵魂的关怀、对超越存在的绝对善的爱来"扬弃"了此前那种神明崇拜的混沌阶段。那个在帕托什卡看来属于"前历史"的阶段虽不乏神明、不朽和迷狂，然而却没有绝对的善、责任以及对个体灵魂的关怀，因此也没有一个自由主体"我"的诞生。"在柏拉图那里……人之所以是一个负责任的自我就在于，通过直面死亡和对话虚无，他获得了每个人只能独自在自身身上实现的东西，那使他无法被替代的东西。"[②]

第二次转向是以基督教位格性的上帝来取代柏拉图主义的理念性的善，从而使得心灵与理念善的外在关系转化为心灵与化身人格的上帝间的内在关系。这种内在关系仍保留了某种神秘和超理性的特质——这也是一切宗教的特点。他以"le mysterium tremendum"[③]来描述"我"与来自上帝的凝视相遇时那种神秘的激动与喜悦。第二次转向虽使哲学受制于基督教，但在帕托什卡看来，基督教和柏拉图哲学一样关怀个体心灵，激励人们进入到生活世界的真理运动中，让人们在对灵魂救赎的忧虑中超越日常生活的计算。上帝以其死亡的赠与(指耶稣为我的罪而被钉十字架)传递给我的无限爱帮助我发掘心

① Jan Patočka, *Essais hérétiques sur la philosophie de l'histoire*, p. 136.

② Ibid., p. 139.

③ Ibid., p. 138.

灵的深度，实现了人生意义与责任，与此同时也实现了我的个体性。在基督教那里，每个人都是个体意义上的罪人，也在个体意义上被拯救："个体性形成于同无限爱的关系中；人之所以是个体就在于，背离这爱，他就是有罪的，永远有罪。经由那将其置于罪的一般性中的事物的独一性，每个人都作为个体被决定。"[①]因此帕托什卡认为：就其帮助人类抵抗堕落而言，基督教始终是最伟大而不可超越的依凭，且仍有待被进一步发现。[②]

德里达在他晚年讨论责任与宗教的书《赠予死亡》[③]（1999）中，以追问"欧洲责任的秘密"为线索，对帕托什卡《关于历史哲学的异见集》进行了大胆解读。这种解读一如德里达处理其他哲学家的一贯风格，是一种对帕托什卡不完全忠实的创造性理解。在这里，他沿用了帕托什卡的问题、思路和语言，但又对其焦点和重心进行了调整和挪移，以便聚焦于他自己打算在《赠予死亡》中处理的问题：何为责任的"秘密"？

为何德里达的讨论始于帕托什卡？显然因为，帕托什卡的身份和哲学都始终同"欧洲的责任""个体责任"这一关键问题密切相联。对此，德里达不无亲身体验。在1977年帕托什卡因长时间审讯而脑溢血去世之后，一群牛津大学的哲学家于1980年创建了"扬·胡斯(Jan Hus)教育基金"。这个机构努力提供诸如禁书、研讨课和授课教授等各种条件，来帮助捷克知识分子们学习哲学，坚持"在真理中生活"。当时这个机构的法国分会主席是让-皮埃尔·韦尔南，副主席就是德里达。1981年，德里达曾因前往布拉格，开设讲授笛卡尔哲学的地下研讨班，而导致在打算乘飞机返法时，被捷克警察以贩毒罪名拘捕，获刑两年。后由于法国政府出面干预，才得以从监狱中被保释。[④]

而更重要的原因，是晚期德里达的关怀明显转向了伦理与道德。

---

① *Essais hérétiques sur la philosophie de l'histoire*, p.139.

② Ibid., pp.140–141.

③ Derrida, *Donner la mort*, Paris: Galilée, 1999.

④ 伯努瓦·皮特斯：《德里达传》，魏柯玲译，北京：中国人民大学出版社，2013，第21章"布拉格之夜(1981—1982)"。

这使得他同本书所涉三位“后奥斯维辛”哲学家关于恶和责任的思考有了深度交集：总体而言，他们都在一种后形而上学思想背景下探寻政治性的道德和宗教性的伦理，最后都将面对责任的“秘密”。如果说列维纳斯的他者伦理对德里达后期思想的重要影响早已历历可见，那么在《赠予死亡》中，德里达则通过读者们不甚熟悉的帕托什卡，揭示了一种体现为基督教特点的责任的秘密。不过这种基督教特点不同于基督教的传统教义，而是体现出德里达后期主张的“非宗教的宗教观”。尽管德里达未能完全忠实于帕托什卡的本意，且他对宗教的解构立场也未能说服笔者，但他对帕托什卡的阐发展现了帕托什卡思想中极具启发性的方面，有助于我们从一个侧面理解这位“后奥斯维辛”哲学家留下的思想遗产，对我们思考责任的“秘密”很有帮助。

德里达在书的开头便指出，帕托什卡对责任的思考同列维纳斯颇为相似：在二者那里，责任作为一种同自我牺牲、皈依乃至死亡相关的、非同寻常的事件，拥有一个宗教性的“秘密”；与此同时，二者也都特别强调要将责任同灵异的神秘（le mystère du sacré）或类宗教迷狂区分开来，因为这种神秘或者迷狂仅以自我满足、放纵或自我投射为目的，它们并不负责任。对于二者，宗教的本质是要在责任和迷狂之间进行区分：宗教意味着“自由的我对责任的承担”，[1]或者说，宗教是一种去除迷狂的责任意识。

就我们此处要讨论的问题而言，此书的耐人寻味处在于：尽管帕托什卡对基督教与责任的关系有较为积极的看法，但其思想面貌总体而言是一个“否定的柏拉图主义”者，并不以基督教思想为中心，然而在德里达的笔下，帕托什卡的责任的秘密，俨然就在基督教中——当然，那是带着德里达解构色彩的基督教观点。在此书中，德里达一方面拓展帕托什卡的思想，另一方面表达自己的观点。他通过对帕托什卡的创造性解读——甚至是某种轻微的误读，让帕托什卡的思想同海德格尔、列维纳斯以及克尔凯郭尔围绕“责任”这一主题发生对话。他仍然延续贯有的写作策略：一边解构我们习惯性理解的“责任”，一边

---

① Derrida, *Donner la mort*, p. 15.

重新恢复这个词的意义——不是一般的意义，而是“绝对”的意义，一种十分接近列维纳斯他者伦理的“绝对”，然而是一个深受列维纳斯他者伦理启发的基督教版本，再加上“非宗教的宗教”这一解构主义色彩。

德里达解构和重构了帕托什卡的文本和思想，其旨趣显然不是要忠实于作者本意来发展其思想，而是要探讨其思想问题进一步合理延伸和拓展的方向：让否定的柏拉图主义经由责任这一重心而向犹太-基督教人格皈依。德里达揭示责任的秘密在宗教的“赠予(le don)”中——无论是将自身的死亡赠予我们的基督教上帝的赠予，还是来自他人的犹太教的赠予。这种处理帕托什卡思想与文本的方法是一种德里达常说的“不忠实的忠实”。而这种不忠实的忠实，在很大程度上揭示出，在经过20世纪的种种灾难与反思之后，探讨责任问题所能够和应当抵达的深度。在对这个问题的发掘上，也许人们不得不承认，列维纳斯的他者伦理走向了一个标志性的深度，成为思考责任问题的一个标杆。而我们最后就来看看，列维纳斯如何谈论责任的秘密。

第三节　列维纳斯：从根本恶到无限责任

1990年，列维纳斯给他发表于半个世纪前的文章《关于希特勒主义哲学的几点反思》①(1934)撰写后记。在这里，他用到一个无论从字面还是上下文内涵来看都同阿伦特的“根本恶”既有相似性，又有差异性的法语表达“Mal élémental”。就“élémental”的词根“élément”(要素、成分)而言，这个法语词组的中译可以是“根本恶”或“本质恶”。他在这篇后记中指出，“国家社会主义血腥暴行的根源在于，好的逻辑能导向本质上是‘根本恶’的可能性，而西方哲学却不一定能反对这种可

① Levinas, *Quelques réflexions sur la philosophie de l'hitlérisme* (1934), Editions Payot & Rivages, 1997.

能性。”[①]正如阿伦特在《起源》最后揭示意识形态对极权社会和“根本恶”的“卓越贡献”，列维纳斯也同样指出，“根本恶”的能量内置于存在自身的重力，亦即存在的过度性倾向中。而存在的重力和过度性倾向同阿伦特对意识形态的描述有种惊人的内在一致性。阿伦特指出，以科学性自我标榜的意识形态总是从一个简单的前提来进行推论，以观念逻辑的合理性掩盖事实上的不合理，而且这个作为前提的观念最终并不重要，重要的只是使其逻辑发展过程符合现行统治者的需要。列维纳斯则从现象学哲学角度揭示，存在的重力和过度性意味着不仅从逻辑连贯性，也从生存利益方面追求自我回复和扩张的同一化运动。

但两者的差异也是根本的：阿伦特坚持传统不能提供任何资源帮助理解“根本恶”，而列维纳斯的词组“Mal élémental”从语义上便已借助两希资源来理解现代恶的问题。在列维纳斯的词汇中，“élémental”是先于人的思想对象、但却让主体“我”沉浸其中，支持主体行为的原始物质。它是物质的同义词，然而却是外在于人的再现的无名、无形状的物质。在《从存在到存在者》中，列维纳斯描绘纯存在“il y a”及其给人的晦涩感受，例如“夜”时，便是在描绘一个纯粹“élémental”的世界：这里既无自我也无他者，既没有开端也没有终结，仅有混沌黑暗，如《圣经·创世记》中创世前的景象：“地是空虚混沌，渊面黑暗”(《创世记》1：2)。这个原始的物质世界虽外在于人的思想和再现，但却通过感性(la sensibilité)与人发生关系。在《总体与无限》中，“élément”除了同人的享受之感性相关，除了作为无任何起源和边界的永恒物质延续为“il y a”，还被视为“神话格式(le format mythtique)”[②]：“元素黑夜般的延展就是神话神明们的统治。”[③]然而这是一些“没有面容”“非人的”神明，“不会向人言说”，它们“标志着那围绕着享受的自我中心的虚无”。[④] 这个“神话格式”是列维纳斯讨论存

① *Quelques réflexions sur la philosophie de l'hitlérisme*, p. 25.

② Levinas, *Totalité et Infini*, p. 149.

③ Ibid., p. 151.

④ Ibid.

在时常常借助希腊悲剧揭示的混沌世界：在这个受诅咒（Malédictions）世界里，人的行动受制于存在的重力，犹如受制于命运圈套。[①] 因此，当列维纳斯用“élémental”来说明“Mal”时，他已是在希腊悲剧和圣经的双重意义上理解恶，包括 20 世纪恶的问题。[②] 这是他同阿伦特在“根本恶”之理解上的一个根本差别。

在列维纳斯那里，对责任的思考就是关于如何摆脱悲剧命运诅咒、获得救赎的思考，是关于如何打断存在的自我同一化运动，异于存在的思考。他提出：责任如其词根“répondre”所示，是“回应他人”。“回应他人”在他那里不是一个简单的对他人的应答行为，而是关切他人，正如与他人“面对面”，意味着看见他人面容后的苦弱，牵挂他人的不幸，分担世界（和上帝）的重担。这些由于列维纳斯他者哲学的广泛影响而在今天听来可能不觉特别奇怪的表达，其实包含着与我们日常责任观的巨大的断裂。一个值得思考的问题是，在列维纳斯那里，一种经由两希传统视野启发的对 20 世纪恶与责任的理解，为何导致一种跟过去完全不同的责任观？什么是我们现有责任观中缺乏的东西？

过去以及现在绝大多数时候，包括在阿伦特和帕托什卡那里，当人们谈论责任时，主要是指（在他人面前）为自己的行为和行为结果负责。这些责任一般包括法律责任、公民责任和人伦道德责任等不同层面。而无论我们在哪个层面谈论，责任通常都包含某种契约性、相互性和对称性关系假定。也就是说，法律责任同法律权利相关，公民责任同公民的政治自由和权利相关，人伦和道德责任则同个体自由和权利相关。责任作为一个具有法律或行为规范性质的概念，是自由的外延、权利的衍生物。没有自由和权利，就没有责任；而对于仅拥有有限自由和权利的个体，责任也是有限的。康德所说的“自由即自律”以及

① 对此列维纳斯经常使用的词汇是“天谴（le condamnation）”和“责罚（rançon）”。参见 Emmanuel Levinas, *De l'Existence à l'Existant*, p. 45, p. 50; Emmanuel Levinas, *Le Temps et l'Autre*, p. 38.

② 参见 Eli Schonfeld, «Sur le Mal élémental: Emmanuel Levinas entre Tragédie et Révélation», *Cahiers d'Etudes Lévinassiennes*, N° 7: *Le mal*, 2008, éd. Par Carine Brenner, Éditions Verdier, pp. 137 – 156.

实践理性的绝对命令："如此行动，仿佛所有人都应当如此去行"，便是主体自由与责任之对称关系的著名体现，也是自由的最高境界——道德责任担当——之体现。但即便在康德那里，自由必须先于责任，是责任的必要条件。自由意志是责任的立法者。然而，这些在我们看来早已属于常识的关于自由、责任和主体性之关系的观念，在列维纳斯这里却被颠覆了。

列维纳斯改变了责任这个词的内涵，使责任从通常认为的"为自己负责"转向"为他人负责"。而且他的"为他人负责"不是就自己的行为和行为后果对他人的影响而言，不是"为自己负责"的道德表现，例如：作为老师为学生负责，作为医生为病人负责，作为企业为顾客负责。列维纳斯的"为他人负责"远远超出我们通常认为的责任范畴，是指为同我的行为和行为后果无关、并非由我造成的他人的过错或痛苦负责。这是一种形而上的责任，其中回荡着陀思妥耶夫斯基的小说《卡拉马佐夫兄弟》中佐西马长老的声音——醒悟自己应当在世上一切人面前，为人类的一切罪恶负责。但比小说更早的是圣经传统：在这里，约伯懊悔自己把个人苦难看作世界的中心，以致冒犯上帝和忽视他人；在这里，犹太教神秘主义传统中的上帝通过自我收缩来创造世界，而这个世界多亏有了 36 个无名的义人在帮助上帝同恶征战，才得以不被摧毁；在这里，基督教的上帝亲自上十字架，以自己的死亡作为爱的馈赠。而这些在传统哲学看来只能属于文学和宗教的非理性与非哲学思想，第一次在列维纳斯这里获得了哲学表达，并深刻质疑了西方哲学传统对自我同一性的诉求，这便是列维纳斯的哲学有时被某些人视为过于"激进"，甚至难以接受的原因。

然而，这并不意味着列维纳斯关于责任的哲学可被简化为某种犹太思想或神学。责任的哲学贯穿于他的哲学思考和文本中，只不过起初，这种责任观还是"为自己"的，直到 70 年代出版的《异于存在或本质之外》一书中，一种为他人的责任观才发展到高潮，变得立体、完整、丰富和成熟。然而，即便在早期"为自己"的责任中，一种责任先于自由的观点也已在对个体性的探讨中孕育。

列维纳斯对个体性的深入探讨首先出现在《从存在到存在者》中。在此，个体性作为自身同一性(identité)，内在地包含了一种分裂与融合事件：既是从当下在场(present)这一事件起源向存在返回，也是由自我(moi)向其所承受的存在的重量撤退，接受一种"终极性地与无可更改地朝向自身(soi)返回"。[①] 在列维纳斯看来，个体性内部在自我与存在之间已包含了一场自由和责任的争讼，而他描绘道："(存在的)悲剧不来自自由与命运间的争斗，而来自自由向命运的转折，来自责任。"[②]

在《总体与无限》中，自我与自身存在的戏剧性得到了更深入、细致的描绘。列维纳斯在这里论证：一方面自身存在对自我的自由虽构成一种约束和限制，但另一方面也构成了自我的幸福之源，让自我"痛并快乐着"。列维纳斯说："痛苦(la souffrance)既对被牢牢系缚于存在感到绝望，又爱着这将其捆绑的存在……这是怎样的悲剧，怎样的喜剧！……绝望并不会妨碍喜悦……实际上，悲观主义有种家政学的(économique)内层结构……"[③]这里描述的自我与存在的关系，作为一种为自己的责任，体现了自身存在的严肃性、压迫感和肉身的沉重。它既使自我感到被剥夺的痛苦绝望，但也是自我之所以可能的基础。自我不得不认真面对自身存在的责任，才可能拥有自由。"为自己"负责是先于"我"的自由的绝对要求。这已然是一场日后在"我"的自由与"为他人"的责任间的戏剧性预演。不久，这种为自己负责的要求被提升为另一种更严苛的要求——为他人负责；与此同时，为自己负责的痛苦就转化为被他人的不幸击中的痛苦。

这种提升和转变始于在《总体与无限》中深度展开的"他者作为面容"的现象学。这本出版于60年代初的哲学著作由此具有划时代的思想意义。在《总体与无限》中，面容既非实体亦非现象，既感性又抽象，既不可被打量，却又让人"看见"裸露于他人皮肤上的悲惨。这超

① Levinas, *De l'existence à l'existant*, p. 136.

② Ibid.

③ Levinas, *Totalité et Infini*, p. 155.

越一切现实背景而呈现的面容对我无声地言说，也向我传达了我无法推卸的责任或者说命令。正是在这种面容的表达（l'expression）中，过去那种"冻结一切笑声的无法回避的存在的重力"，那种为自己的责任秩序转变为这样一种秩序："此处，自由不可能不被诉诸，因为存在无法减免的重量激发我的自由"。[①] 在这种新的责任和自由秩序里，为他人的责任不是我的自由的限制者，相反，它激发了我的自由和善。

然而，为他人的责任却并非出于我的自由和选择，而是"我"受到一种无法回避的召唤，"我"被他人的不幸困扰和攫住。这种对他人之苦弱的敏感性（sensibilité）仿佛我身上某个致命的创伤，成为了我的苦弱。在此意义上，为他人的责任不源于我强大的意志、能力和英雄气，而源于我的"脆弱"与"敏感"——某种女性特质，甚至是隐喻意义上承受着他人生命之重负的母性特质。"为他人的责任便是没有任何立锥之地的主体性的地盘，一个失去了询问'这是哪里？'之权力的地盘。"[②]由此，一系列同为他人之责任相关的主题构成了《异于存在或本质之外》一书的内在线索。列维纳斯通过为他人的责任而发展了他独特的主体性思想：所谓主体性，并非我们通常认为的主体的本质、自由意志、自律、自决、本真性和对世界的介入（engagement）等等，而是主体身上那种易受他人苦难影响的"软弱"，一种为他人的同情心。主体性意味着如其词根"subjet（臣民）"所示地服务他人，直到成为他人的"人质（Otage）"，直到"为他人的痛苦而痛苦"成为一种奉献，从而将自身作为一种赠品，一种对他人的"替代"。这种痛苦和替代，这种没有开端也永远无法完成的责任，仿佛一种无限的爱的债务。不过这笔债务不会摧毁我和我的自由，相反，它将成为我在黑暗中的启明，让我发现超出想象的我的独一性所在。由此，列维纳斯以为他人的责任哲学动摇了西方哲学传统和主流对主体性的理解，朝向对存在之悲剧的超越和救赎。

---

① Ibid.，p. 218.

② Levinas，*Autrement qu'être ou au-delà de l'essence*，p. 24.

参考文献

1. 阿伦特著作及相关研究资料

1.1 阿伦特西文原著及中译

—*The Origins of Totalitarianism*, New York: Harcourt Brace Jovanovich, (originally published in 1951), 1979.

—《极权主义的起源》，林骧华译，北京：生活·读书·新知三联书店，2008。

—*The Human Condition*, (2nd ed.), with an Introduction by Margaret Canovan, Chicago & London: The University of Chicago Press, 1998.

—《人的境况》，王寅丽译，上海：上海人民出版社，2009。

—*Eichmann in Jerusalem: A Report of the Banality of Evil*, (the Viking Press, 1963); Penguin Books, 2006.

—《平凡的邪恶：耶路撒冷大审纪实》，施亦如译，台北：玉山社，2013。

—《艾希曼在耶路撒冷》，安尼译，南京：译林出版社，2017。

—*On Revolution*, New York: Viking Press, 1963; Published in Penguin Books with an introduction by Jonathan Schell, 2006.

—《论革命》，陈周旺译，南京：译林出版社，2007。

—*Between Past and Future: Eight Exercises in Political Thought*, (1961), Penguin Books, 2006.

—《过去与未来之间》，王寅丽、张立立译，南京：译林出版社，2011。

—*Men in Dark Times*, New York: Harcourt Brace Jovanovich, 1968.

—《黑暗时代的人们》，王凌云译，南京：江苏教育出版社，2006。

—*Responsibility and Judgment*, edited and with an introduction by Jerome Kohn, New York: Schocken Books, 2003.

—《责任与判断》，陈联营译，上海：上海人民出版社，2011。

—*The Life of the Mind*, New York: Harcourt Brace Jovanovich, 1978.

—《心智生命》，苏友贞译，台北：立绪文化出版社，2007。
—*Lectures on Kant's Political Philosophy*. Edited and with an interpretive essay by Ronald Beiner. Chicago: University of Chicago Press, 1982.
—《康德政治哲学讲稿》，曹明、苏婉儿译，上海：上海人民出版社，2013。
—*The Jew as Pariah: Jewish Identity and Politics in the Modern Age*, New York: Grove Press, 1978.
—*Essays in Understanding: 1930 - 1954*, edited and with an introduction by Jerome Kohn, New York: Harcourt Brace & Company, 1994.
—*Hannah Arendt/Karl Jaspers. Correspondence 1926 -1969*, ed. Lotte Kohler and Hans Saner, New York: Harcourt Brace Jovanovich, 1992.
—*The Portable Hannah Arendt*, Edited with an Introduction by Peter Baehr, Penguin Books, 2000.
—《汉娜·阿伦特与海茵利希·布鲁希尔通信集》，罗·科勒尔编，孙爱玲、赵薇薇译，贵阳：贵州人民出版社，2004。
—《朋友之间：汉娜·阿伦特、玛丽·麦卡锡书信集 1949—1975》，章艳译，北京：中信出版集团，2016。

1.2 有关阿伦特的研究性著作和论文

1.2.1 西文类

ASCHHEIM, S.

(ed.), *Hannah Arendt in Jerusalem*, Berkeley: University of California Press, 2001.

BENHABIB, Seyla

The Reluctant Modernism of Hannah Arendt, Alta Mira Press, 2000.

"Arendt's Eichmann in Jerusalem," in *Cambridge Companion to Hannah Arendt*, ed. Dana Villa, Cambridge University Press, 2001.

"Who's on Trial, Eichmann or Arendt?" *The New York Times*, September 21,2014.

"Richard Wolin on Arendt's 'Banality of Evil' Thesis," *Jewish Review of Books*, October 14,2014.

BERKOWITZ, Roger

"Lonely Thinking: Hannah Arendt on Film," *The Paris Review*, May 30,2013.

"On Mark Lilla on Hannah Arendt," www. hannaharendtcenter. org, November 15,2013.

"Arendt & Eichmann," *The New York Review of Books*, December 13,2013.

"Did Eichmann think?" *The American Interest*, September 7,2014.

BERNSTEIN, Richard

Hannah Arendt and the Jewish Question, Cambridge: Polity Press, 1996.

"Did Hannah Arendt Change Her Mind?" in *Hannah Arendt: Twenty Years Later*, edited by Larry May and Jerome Kohn, Boston: The MIT Press, 1996.

Radical Evil: A Philosophical Interrogation, Polity Press in association

with Blackwell Publishers, 2002.
ELON, Amos
"Introduction," in Hannah Arendt, *Eichmann in Jerusalem: A Report of the Banality of Evil*, (the Viking Press, 1963); Penguin Books, 2006.
ELSHTAIN, Jean Bethke
"Augustine's Evil, Arendt's Eichmann", Augustine and the Limits of Politics, Notre Dame, IN: University of Notre Dame Press, 1996.
EUBEN, J. Peter
"Arendt's Hellenism," in *Cambridge Companion to Hannah Arendt*, ed. Dana Villa, Cambridge University Press, 2001.
KIESS, John
Hannah Arendt and Theology, New York: T&T Clark Bloomsbury US, 2016.
KOHN, J. and May, L.
(eds.), *Hannah Arendt: Twenty Years Later*, Cambridge, MA: MIT Press, 1996.
LAQUEUR, Walter
"A Reply to Hannah Arendt", *The New York Review of Books*, Februrary 3, 1966. 后收于 Hannah Arendt, *The Jew as Pariah: Jewish Identity and Politics in the Modern Age*, New York: Grove Press, 1978.
LILA, Mark
"Arendt & Eichmann: the New Truth," *The New York Review of Books*, November 21, 2013.
"Reply to Roger Berkowitz's 'Arendt & Eichmann'," *The New York Review of Books*, December 19, 2013.
NEIMAN, Susan
"Theodicy in Jerusalem", in *Hannah Arendt in Jerusalem*, edited by steven E. Aschheim, Berkeley, Los Angeles and London: University of California Press, 2001.
POCHE, Fred
Penser avec Arendt et Lévinas: du mal politique au respect de l'autre, Lyon: Chronique sociale; Bruxelles: EVO; Genève: Tricorne éd., 1998.
PARVIKKO, Tuija
"A Note on Max Weber's Impact on Hannah Arendt's Thought," in *Max Weber Studies* 4.2(2004)235-252.
ROBIN, Corey
"The Trials of Hannah Arendt," *The Nation*, May 12, 2015.
SCHUEEELER, Jennifer
"Book Portrays Genocidal Nazi as Evil, but Not Banal." *The New York Times*, September 3, 2014, page C1.
STANGNETH, Bettina
Eichmann Before Jerusalem: The Unexamined Life of a Mass Murderer, translated by Ruth Martin, Alfred A. Knopf, 2014.

TOPOLSKI Anya

Arendt, Levinas and a politics of relationality, London, New York: Rowman & Littlefield, 2015.

VILLA, Dana

Politics, Philosophy, Terror: Essays on the Thought of Hannah Arendt, Princeton: Princeton University Press, 1999.

(ed.), *The Cambridge Companion to Hannah Arendt*, Cambridge: Cambridge University Press, 2000.

VOEGELIN, Eric

"The Origins of Totalitarianism" (1953), in *The Collected Works of Eric Voegelin, Volume 11, Published Essays: 1953 - 1965*, Columbia and London: University of Missouri Press, 2000.

WOLIN, Richard

Heidegger's Children: Hannah Arendt, Karl Löwith, Hans Jonas, and Herbert Marcuse, Princeton: *Princeton University Press*, 2001.

"The Banality of Evil: The Demise of A Legend," *Jewish Review of Books*, Fall 2014.

"Thoughtlessness Revisited: A Response to Seyla Benhabib," September 30, 2014, *Jewish Review of Books*.

"Arendt, Banality, and Benhabib: A Final Rejoinder," October 14, 2014, *Jewish Review of Books*.

YOUNG-BRUEHL, Elisabeth

Hannah Arendt: For Love of the World, (1982), New Haven: Yale University Press, 2004.

1.2.2 中文类

阿洛伊斯·普林茨:《爱这个世界》,焦洱译,香港:社会科学文献出版社,2001。

孙传钊主编:《耶路撒冷的艾希曼:伦理的现代困境》,孙传钊等译,长春:吉林人民出版社,2003。

理查德·沃林:《海德格尔的弟子》,张国清、王大林译,南京:江苏教育出版社,2005。

朱莉亚·克里斯蒂瓦:《汉娜·阿伦特》,刘成富等译,南京:江苏教育出版社,2006。

王寅丽:《汉娜·阿伦特:在哲学与政治之间》,上海:上海人民出版社,2008。

史华慈:《政治的宗教:对汉娜·阿伦特思想的若干反思》,张放译,《现代哲学》,2012年第6期。

卡诺凡:《阿伦特政治思想再释》,陈高华译,北京:人民出版社,2012。

塞瑞娜·潘琳:《阿伦特与现代性的挑战:人权现象学》,张云龙译,南京:江苏人民出版社,2012。

帕特里夏·奥坦伯德·约翰逊:《阿伦特》,王永生译,北京:中华书局,2014。

理查德·J.伯恩斯坦:《根本恶》,王钦、朱康译,南京:译林出版社,2015。

沃尔夫冈·霍尔、贝恩德·海特尔、斯特凡妮·罗森穆勒主编:《阿伦特手册:生平、著作、影响》,王旭、寇瑛译,香港:社会科学文献出版社,2015。

伊丽莎白·扬-布鲁尔:《阿伦特为什么重要?》,刘北成、刘晓鸥译,南京:译林出版社，2008。
——《爱这个世界——汉娜·阿伦特传》，陈伟、张新刚译，上海：上海人民出版社，2017。
卡罗勒·维德马耶尔：《政治哲学终结了吗？阿伦特 VS 列奥·施特劳斯》，杨嘉彦译，上海：华东师范大学出版社，2016。
沃格林："极权主义的起源"，孙嘉琪译，未刊稿。
帕特里克·海登主编：《阿伦特：关键概念》，陈高华译，重庆：重庆大学出版社，2017。
洪亮："卡尔·巴特与汉娜·阿伦特论恶与约"，《基督教文化学刊》，2018 年第 1 期。
达纳·维拉主编：《剑桥阿伦特指南》，张笑宇、陈伟译，南京：译林出版社，2018。

2. 帕托什卡法文译著及相关研究资料

2.1 帕托什卡法文译著

—*Platon et l'Europe*, Trad. du tchèque par Erika Abrams, Lagrasse: Verdier, 1983.
—*Essais hérétiques sur la philosophie de l'histoire*, Trad. du tchèque par Erika Abrams, Lagrasse: Editions Verdier, 1990.
—*Liberté et Sacrifice*: *Ecrits Politiques*, Trad. du tchèque et de l'allemand par Erika Abrams, Grenoble: Editions Jérôme Millon, 1990.

2.2 有关帕托什卡的研究资料

CRÉPON, Marc
Altérités de l'Europe, Paris: Galilée, 2006.
EVINK, Eddo
"Patočka and Derrida on Responsibility," https://www.academia.edu/8992305/Patočka_and_Derrida_on_Responsibility, 2006.
GASCHÉ Rodolphe
"European Memories: Jan Patočka and Jacques Derrida on Responsibility," *Critical Inquiry*, Vol. 33, No. 2 (Winter 2007), pp. 291 - 311.
JAKOBSON, Roman
"Le Curriculum Vitae d'un philosophe tchèque," in Jan Patočka, *Essais hérétiques sur la philosophie de l'histoire*, *Trad. par Erika Abrams*, Lagrasse: Editions Verdier, 1990.
LAIGNEL-LAVASTINE, Alexandra
Esprits d'Europe: *Autour de Czeslaw Milosz*, *Jan Patočka*, *István Bibó*, Paris: Gallimard, [2010], c2005, (Collection folio/essays).
Jan Patočka: *l'Esprit de la Dissidence*, Paris: Editions Michalon, 1998.
SRUBAR, Ilja
"Phénoménologie asubjective, monde de la vie et humanism," in *Jan Patocka*: *philosophie*, *phenomenology*, *politique*, Textes réunis par Etienne Tassin et Marc Richir, Grenoble: Editions Jérôme Millon, 1992.

3. 列维纳斯著作及相关研究资料

3.1 列维纳斯法文原著及中文译著

—*Positivité et Transcendance*, (1928 - 1929), *suivi de Levinas et la phénoménologie*, sous la direction de J.-L. Marion, Presses Universitaires de France, 2000.
—*Quelques réflexions sur la philosophie de l'hitlérisme* (1934), Editions Payot & Rivages, 1997.
—*De l'évasion* (1935), Montpellier, Fata Morganan, 1995.
—*De l'existence à l'existant* (1947), Paris, Vrin, 1998.
—*Le Temps et l'autre*, Montpellier (1947), Fata Morgana, 1979.
—*En découvrant l'existence avec Husserl et Heidegger* (1949), Paris, Vrin, 2001.
—*Totalité et Infini*, La Haye, Maritnus Nijhoff, (1961); rééd. Biblio Essais, 1990.
—*Difficile liberté* (1963), Paris, Albin Michel, 1976.
—*Quatre Lectures Talmudiques* (1968), Paris, Minuit, 2005.
—*Altérité et Transcendence*, (1970), Biblio Essais, 2006.
—*Humanisme de l'autre homme*, Montpellier, Fata Morgana, 1972.
—*Autrement qu'être ou au-delà de l'essence*, La Haye, Martinus Nijhoff, 1974; rééd. Biblio Essais, 1990.
—*Noms Propres*, Montpellier, Fata Morgana, 1976.
—*Sur Maurice Blanchot*, Montpellier, Fata Morgana, 1976.
—*Du sacré au saint. Cinq nouvelles lectures talmudiques*, Paris, Minuit, 1977.
—*Au-delà du verset. Lectures et discours talmudiques*, Paris Minuit, 1982
—*De Dieu qui vient à l'idée*, Paris, Vrin, 1982.
—*Ethique et Infini*, Paris, Fayard, 1982.
—*Hors sujet*, Fata Morgana, 1987.
—*A l'heure des nations*, Paris, Minuit, 1988.
—*Entre nous, Essais sur le penser-à-l'autre*, Paris, Grasset, 1991.
—*Dieu, la mort et le temps*, texte établi et annoté par J. Rolland, Paris, Grasset, *1993*.
—*Les Imprévus de l'histoire*, Montpellier, Fata Morgana, 1994.
—*Liberté et commandement*, Montpellier, Fata Morgana, 1994.
—*De l'oblitération: entretien avec Françoise Armengaud à propos de l'oeuvre de Sosno*, Paris: Éd. de la Différence, 1998.
—《上帝、死亡和时间》,余中先译,上海:上海三联书店,1997。
—"存在论是基本的吗?"刘国英译,收入《面向实事本身——现象学经典文选》,倪梁康主编,北京:东方出版社,2000。
—《塔木德四讲》,关宝艳译,香港:香港道风出版社,2000;商务印书馆,2002。
—《从存在到存在者》,吴蕙仪译,王恒校,南京:江苏教育出版社,2006。
—《总体与无限》,朱刚译,北京:北京大学出版社,2016。

3.2 关于列维纳斯的研究资料

3.2.1 西文类

CALIN, Rodolphe:

Levinas et l'excéption du soi, Paris: Presses Universitaires de France, 2005.

CHALIER Catherine:

Figures du féminin, «La nuit surveillée», repris par Verdier, 1982 ; réédition augmentée de l'essai l'Extase du temps, Des femmes-Antoinette Fouque, 2006.

La Persévérance du mal, Paris, Cerf, 1987.

Levinas, L'Utopie de l'humain, Albin Michel, 1993.

L'inspiration du philosophe, Albin Michel, 1996.

Pour une morale au-delà du savoir, Albin Michel, 1999.

De L'intranquillité de l'âme, Edition Payot&Rivage 1999,2005.

La Trace de l'infini : *Emmanuel et la source hébraïque*, Cerf, 2002.

«" Dieu de notre côté ", Levinas et R. Haïm de Volozin», intervention au Colloque *Levinas et Lecture*, Mexico, mars 2006.

«Emmanuel Levinas: «J'ai ouvert…il avait disparu» (Cantique des cantique 5,6)» in *Expérience philosophique et expérience mystique*, publ. à location d'un colloque organisé par l'institut catholique de Paris, les 20, 21 et 22 novembre, 2003; Philippe Capelle éd. , Cerf, 2005.

«L'acuité de l'espoir», intervention au colloque de collège international de philosophie, *Emmanuel Levinas*: *«des territoires de la pensée»*, mars 2006.

«Témoignage et Théologie», intervention au colloque Philosophie et théologie, janvier 2006.

DERRIDA Jaque:

«Violence et métaphysique: Essai sur la pensée d'Emmanuel Levinas» (1964) in *L'Ecriture et la différence*, Paris: Seuil, 1967.

«En ce moment même dans cet ouvrage me voici», in *Texte pour Emmanuel levinas*, éd. Par François laruelle, Paris: J.-M. Place, 1980.

Adieu à Emmanuel Levinas, Galilée, 1997.

FAESSLER Marc:

En Découvrant la transcendance avec Emmanuel Levinas, *Cahiers de la revue de théologie et de philosophie*, n°22, Genève Lausanne Neuchâtel, 2005.

GRITZ David:

Levinas face au beau, Préface de Catherine Chalier, Paris, Editions de l'éclat, 2004.

POCHE Fred:

Penser avec Arendt et Lévinas: *du mal politique au respect de l'autre*, Lyon: Chronique sociale ; Bruxelles: EVO ; Genève: Tricorne éd. , 1998.

POIRIE François:

Emmanuel Levinas: *Essai et Entretien*, Arles: Ed. ACTES SUD, 1996.

SCHONFELD, Eli

«Sur le Mal élémental,» *Cahiers d'Etudes Lévinassiennes*, *N° 7*: *Le mal*,

2008, éd. Par Carine Brenner, Editions Verdier, pp. 137 - 156.
SEBBAH François-David
Levinas, Paris: Edition Perrin, 2010.
集体著作:
Cahier de l'Herne sur E. Levinas, dirigé par Catherine Chalier et Miguel Abensour, Paris, Edition de l'Herne, 1991, (2006).
Le Vocabulaire de Levinas, par R. Calin et F.-D. Sebbah, Ellipse Edition Marketing, 2002.
Emmanuel Levinas et les territoires de la pensée, éd. Par Danielle Cohen-Levinas, Bruno Clément, publié par le Collège international de philosophie, Paris: Presses Universitaires de France, 2007.
The Cambridge Companion to Levinas, edited by Simon Critchley and Robert Bernasconi, Cambridge, New York: Cambridge University Press, 2002.
Emmanuel Levinas: Critical Assessments of Leading Philosophers, eds. by Claire Katz with Lara Trout, Routledge, 2005.
3.2.2 中文类
杜小真:《列维纳斯》,香港:香港三联书店,台北:台湾远流出版公司,1994。
——“列维纳斯是谁?”收于《遥远的目光》,上海:上海三联书店,2003。
——“圣洁性的哲学——阅读列维纳斯的几点笔记”,《江苏社会科学》,2006年第6期。
柯林·戴维斯:《列维纳斯》,李瑞华译,南京:江苏人民出版社,2006。
孙向晨:《面对他者:莱维纳斯哲学思想研究》,上海:上海三联书店,2008。
王恒:《时间性:自身与他者——从胡塞尔、海德格尔到列维纳斯》,南京:江苏人民出版社,2006。
刘文瑾:《列维纳斯与“书”的问题:他人的面容与歌中之歌》,北京:生活·读书·新知三联书店,2012。
朱刚:《多元与无端:列维纳斯对西方哲学中一元开端论的解构》,南京:江苏人民出版社,2016。

4. 其他参考文献

4.1 西文类

ADORNO Theodor W.
Negative Dialectics, 2nd edition, tran. by E. B. Ashton, New York: Continuum Publishing Company, 2007.
BRECHT, Bertolt
The Resistible Rise of Arturo Ui, trans. by Ralph Manheim, ed. and introduced by John Willet and Ralph Manheim, New York: Bloomsbury, 1981, (Format Kindle 2015).
CRIGNON, Claire
(ed.) *le Mal*, textes choisis et présentés par Claire Crignon, Paris: Flammarion, 2000.
DERRIDA Jacques

Donner la mort, Paris: Galilée, 1999.
FARIAS Victor:
Heidegger and Nazism, Philadelphia: Temple University Press, 1989.
GORDON, Peter
Rowsenzweig and Heidegger: Between Judaism and German Philosophy, University of California Press, 2003.
Migrants in the Profane: Critical Theory and the Question of Secularization, Yale University Press, 2020 (forthcoming).
(ed.) *The Cambridge Companion to Modern Jewish Philosophy*, edited by Peter Gordon and Michael Morgan, Cambridge University Press, 2007.
HILBERG, Raul
The Destruction of European Jews, (1961), New Haven: Yale University Press, 2003.
JANICAUD Dominique:
Le tournant théologique de la phénoménologie française, Edition de l'Eclat, 1991.
KAHN, Paul W.
Out of Eden: Adam and Eve and the Problem of Evil, New Jersey: Princeton University Press, 2007.
LACOUE-LABARTHE Philippe
Le Mythe nazi, Edition de l'aube, 1991.
MAIMONID
Le Guide des Egarés, trad. par Salomon Munk, Paris, Verdier, 1979.
MERLEAU-PONTY Maurice
Humanisme et terreur: essai sur le problème communiste, Paris, Gallimard, 1947.
MILGRAN, Stanley
Obedience to Authority: An Experimental View, Harper Perennial Modern Classics, Reprint Edition, 2009.
MOSES Stéphane
Système et révélation, *La Philosophie de Franz Rosenzweig*, Seuil, 1982.
NEIMAN, Susan
Evil in Modern Thought: An Alternative History of Philosophy, with a new afterword by the author, Princeton an Oxford: Princeton University Press, 2015.
NUSSBAUM, Martha C.
The fragility of goodness: Luck and ethics in Greek tragedy and philosophy, 2nd edition, Cambridge University Press, 2001.
PASCAL
Mémorial in *Œuvres complètes*, Paris, Gallimard, « Bibliothèque de la Pléiade», 1954.
Ricoeur Paul
Parcours de la reconnaissance, (Stock, 2004, et Gallimard, « Folio

essais», 2005.

Le Mal: *Un défi à la philosophie et à la théologie*, Genève: Labort et Fides, 2004.

Le Conflit des interprétation, Paris: Seuil, 1969.

ROSENZWEIG franz

L'Etoile de la rédemption, Seuil, 2003.

STERN, J. P.

Hitler: *The Führer and the People*, Berkeley, California: University of California Press, 1992.

STRAUSS Leo

Faith and political philosophy: *the correspondence between Leo Strauss and Eric Voegelin*, *1934 -1964*, Translated and Edited by Peter emberley and Barry Cooper, University Park, Pa.: Pennsylvania State University Press, c1993.

VRIES, Hent de

Minimal Theologies: Critiques of Secular Reason in Adorno and Levinas, Translated by Geoffrey Hale, The Johns Hopkins Uiversity Press, 2005.

4.2 中文类

《圣经》中英文对照 NRSV 版本,中国基督教协会,1995。

北大哲学系编译:《古希腊罗马哲学》,北京:商务印书馆,1982。

《古希腊悲剧经典》,罗念生译,北京:作家出版社,1998。

《古希腊戏剧选》,罗念生等译,北京:人民文学出版社,1998。

《赫拉克利特著作残篇》,T. M. Robinson 英译、评注,楚荷中译,桂林:广西师范大学出版社,2007。

《柏拉图全集》第二卷,王晓朝译,北京:人民出版社,2003。

亚里士多德:《诗学》,陈中梅译注,北京:商务印书馆,1999。

《莎士比亚全集(五)》,朱生豪译,北京:人民文学出版社,1995。

康德:《纯粹理性批判》,邓晓芒译,杨祖陶校,北京:人民出版社,2004。

——《实践理性批判》,邓晓芒译,杨祖陶校,北京:人民出版社,2003。

——《判断力批判》,邓晓芒译,杨祖陶校,北京:人民出版社,2002。

——《单纯理性限度内的宗教》,李秋零译,北京:中国人民大学出版社,2003。

——《道德形而上学原理》,苗力田译,上海:上海人民出版社,2002。

——《实用人类学》,邓晓芒译,上海:上海人民出版社,2002。

黑格尔:《精神现象学》,贺麟译,北京:商务印书馆,1996。

——《哲学史讲演录》,贺麟译,北京:商务印书馆,1996。

——《美学》,朱光潜译,北京:商务印书馆,1996。

《荷尔德林文集》,戴晖译,北京:商务印书馆,1999。

帕斯卡尔:《思想录》,何兆武译,北京:商务印书馆,1997。

克尔凯郭尔:《恐惧与颤栗》,一谌等译,北京:华夏出版社,1999。

——《基督徒的激情》,鲁路、冯文光译,北京:中央编译出版社,1999。

——《致死的疾病》,张祥龙等译,北京:中国工人出版社,1997。

——《或此或彼》,阎嘉译,北京:华夏出版社,2007。

托克维尔:《旧制度与大革命》,冯棠译,北京:商务印书馆,1992。

尼采：《哲学与真理：尼采 1872—1876 年笔记选》，田立年译，上海：上海社会科学出版社，1993 年。
——《悲剧的诞生》，杨恒达译，南京：译林出版社，2007 年。
——《论道德的谱系》，谢地坤、宋祖良、程志民译。桂林：漓江出版社，2007 年。
马克斯·韦伯：《新教伦理与资本主义精神》，于晓、陈维纲译，北京：生活·读书·新知三联书店，1987。
——《学术与政治》，冯克利译，北京：生活·读书·新知三联书店，1998。
胡塞尔：《欧洲科学的危机与超越论现象学》，王炳文译，北京：商务印书馆，2001。
海德格尔：《存在与时间》(中文修订第二版)，陈嘉映、王庆节译，北京：商务印书馆，2016。
——《海德格尔选集》，孙周兴选编，上海：上海三联书店，1996。
——《形而上学导论》，熊伟、王庆节译，北京：商务印书馆，1996。
——《林中路》，孙周兴译，上海：上海译文出版社，1997。
——《在通向语言的途中》，孙周兴译，北京：商务印书馆，1997。
——《路标》，孙周兴译，北京：商务印书馆，2000。
——《荷尔德林诗的阐释》，孙周兴译，北京：商务印书馆，2000。
卡夫卡：《卡夫卡全集》，叶廷芳主编，洪天富等译，石家庄：河北教育出版社，1996。
马克斯·霍克海默、西奥多·阿多诺：《启蒙辩证法》，渠敬东、曹卫东译，上海：上海人民出版社，2003。
阿多诺：《否定的辩证法》，张峰译，重庆：重庆出版社，1993。
埃里希·奥尔巴赫：《摹仿论》，吴麟绶、周新建、高艳婷译，北京：商务印书馆，2014。
卡尔·洛维特：《世界历史与救赎史：历史哲学的神学前提》，李秋零等译，北京：生活·读书·新知三联书店，2002。
西蒙娜·薇依：《在期待之中》，杜小真、顾嘉琛译，北京：生活·读书·新知三联书店，1994。
雅克·卡博：《信仰与重负——西蒙娜·韦伊传》，顾嘉琛、杜小真译，北京：北京大学出版社，1997。
加缪：《加缪全集·戏剧卷》，李玉民译，石家庄：河北教育出版社，2002。
让-皮埃尔·韦尔南：《希腊思想的起源》，秦海鹰译，北京：生活·读书·新知三联书店，1996。
——《神话与政治之间》，余中先译，北京：生活·读书·新知三联书店，2001。
——《古希腊的神话与宗教》，杜小真译，北京：生活·读书·新知三联书店，2001。
——《古希腊神话与悲剧》，张苗、杨淑岚译，上海：华东师范大学出版社，2016。
——《宇宙、诸神与人》，马向民译，上海：文汇出版社，2017。
德里达：《书写与差异》，张宁译，北京：生活·读书·新知三联书店，2001。
保罗·利科：《恶的象征》，公车译，上海：上海人民出版社，2003。
以赛亚·伯林等：《消极自由有什么错?》，达巍、王琛、宋念申编，北京：文化艺术出版社，2001。
汉斯·约纳斯：《奥斯维辛之后的上帝观念——一个犹太人的声音》，张荣译，北京：华夏出版社，2002。

赫伯特·施皮格伯格,《现象学运动》,王炳文、张金言译,北京:商务印书馆,1995。
伊森·克莱因伯格:《存在的一代:海德格尔哲学在法国1927—1961》,北京:新星出版社,2010。
《西方现代性的曲折与展开》,贺照田主编,长春:吉林人民出版社,2002。
哈贝马斯:《公共领域的结构转型》,曹卫东等译,上海:学林出版社,1999。
——《现代性的哲学话语》,曹卫东译,南京:译林出版社,2011。
鲍曼:《现代性与大屠杀》,杨渝东、史建华译,南京:译林出版社,2002。
哈维尔:《无权者的权力》,吴小洲、张娅曾、刘康译,收于《哈维尔文集》,崔卫平等译,2003。http://www.shuku.net/novels/zatan/haweier/haweier05.html
津巴多:《路西法效应——好人是如何变成恶魔的?》,孙佩妏、陈雅馨译,北京:生活·读书·新知三联书店,2010。
戴维斯:《哲学之诗——亚里士多德〈诗学〉解诂》,陈明珠译,北京:华夏出版社,2012。
纳斯鲍姆:《善的脆弱性——古希腊悲剧与哲学中的运气与伦理》,徐向东、陆萌译,南京:译林出版社,2007。
菲利普·拉古-拉巴特:《海德格尔、艺术与政治》,刘汉全译,桂林:漓江出版社,2014。
居伊·珀蒂德芒热:《20世纪的哲学与哲学家》,南京:江苏教育出版社,2007。
斯蒂芬·平克:《人性中的善良天使——暴力为什么会减少?》,安雯译,北京:中信出版社,2015。

后记

一个半世纪以前，狄更斯为《双城记》写下这个著名的开头：

“这是最好的时代，这是最坏的时代；
这是智慧的年代，这是愚蠢的年代；
这是信仰的时期，这是怀疑的时期；
这是光明的季节，这是黑暗的季节；
这是希望之春，这是绝望之冬；
人们拥有一切，人们一无所有；
……”

这几行文字似乎总结了一切动荡时代的特点：启明与黑暗并存，启明愈明，则黑暗愈重，仿佛启明加深了黑暗，黑暗则使得启明像一种虚幻，仿佛黑暗比启明更真实。这个开头尤其揭示了处于启蒙之后的“现代”时刻中的黑暗：这黑暗不在于没有理性，而在于人们理性而绝望地生活着，仿佛此即生活的常态。人们理性地知晓明明可见的欺诈与残暴，却只能理性而沉默地与其共存乃至共舞，绝望久了，便连绝望也被遗忘了。在灾难降临之前，人们以各种快乐和幸福来遮蔽自己，怀着或许自己能够幸免的心理。而这种侥幸心理其实只是一种下意识的盲目，一种不去采取任何措施的措施。

有人开始时带着悲哀行走，如履薄冰，然后便越来越平静，深谙布莱希特在《致后代》中的诗句：“在那里，合理的憎恨只会使人脾气变坏，而有理由的愤怒也只是使自己的声音变得刺耳”。有人“温顺地走进那个良夜”——转借于狄兰·托马斯——逐渐适应了黑暗及其中的活法，并在其中练就了独到的眼光与感统能力，可以健步如飞，得心应手。还有人高声颂扬黑暗，如同颂扬光中之光，愿迫不及待地献身，做巫师和门徒。

黑暗并非无光，这里充斥着种种真理、言谈和说教，以致所有真理都变得空洞无聊。黑暗并不平静，充斥着种种不可见的操控、有形无形的暴力，以及光鲜赤裸的诱惑，以致日常生活的每个毛孔都失去内外之分、真假之别与善恶之辨。黑暗从不单调，融汇了各种色彩、激情和欲望，以此遮蔽生命的贫乏与人生意义的荒芜。

对黑暗不适的人，对光明自然格外向往。如果说阿伦特、列维纳斯与帕托什卡的著作成为一些人书架上的明灯，原因再自然不过：他们沐浴黑暗却点亮明灯，带着对黑暗的洞察和对光明的渴望。因此，无论外面的世界如何，当我的目光掠过书架，便能得到一份支持和安心，尽管深知这些书并不能使人免于遭受世界的风暴。

它们只是展示一种尚未被贪婪与疯狂攫取的人类心灵的模样。在这个物质和利益的控制日益深入人类精神各个毛孔的时代，能够在日常生活中与这些书对话，寻求滋养和能量的人，是幸福的。如果还能够分享和传递这一份幸福，此生夫复何求？斯宾诺莎在《知性改进论》开篇如此论及哲学和幸福的关系：人们贪恋的，不外财富、感官快乐和荣誉这些变幻无常的东西，它们只会带来嫉妒、恐惧和怨恨，引起心灵的烦恼；唯有永恒无限的东西，才可以培养我们的心灵，令心灵愉悦，给人带来真正的善。虽然斯宾诺莎并非总是正确，但在此问题上，他的智慧足以帮我澄清许多暧昧不明的欲望。

此书从构思到写作完成，历时八载有余，中间穿插各种人生与职业要务，也穿插着儿子的成长。如今书的模样虽未令人满意，但终不得不搁笔。此书前身为本人主持同名国家社科基金项目（批准号：12CZX050）结项报告，部分内容曾作为阶段性成果发表。感谢上海三联书店黄韬先生对本书出版工作的大力支持，也感谢在这些年里陪伴、鼓励和帮助我的师友家人，他们的名字是我黑暗中的微光。

图书在版编目(CIP)数据

道德崩溃与现代性危机:三位"后奥斯维辛"思想家的遗产/
刘文瑾著.—上海:上海三联书店,2021.3
(思想与社会)
ISBN 978-7-5426-6815-8

Ⅰ.①道… Ⅱ.①刘… Ⅲ.①道德—研究—西方国家②现代主义—研究—西方国家 Ⅳ.①B82-095②B089

中国版本图书馆 CIP 数据核字(2019)第 293207 号

道德崩溃与现代性危机:三位"后奥斯维辛"思想家的遗产

著　　者 / 刘文瑾

责任编辑 / 黄　韬
装帧设计 / 徐　徐
监　　制 / 姚　军
责任校对 / 张大伟　王凌霄

出版发行 / 上海三联书店
(200030)中国上海市漕溪北路 331 号 A 座 6 楼
邮购电话 / 021-22895540
印　　刷 / 上海惠敦印务科技有限公司

版　　次 / 2021 年 3 月第 1 版
印　　次 / 2021 年 3 月第 1 次印刷
开　　本 / 640×960　1/16
字　　数 / 200 千字
印　　张 / 16
书　　号 / ISBN 978-7-5426-6815-8/B·654
定　　价 / 52.00 元

敬启读者,如发现本书有印装质量问题,请与印刷厂联系 021-63779028